中国公共经济与社会治理调研报告

方　芳 ◎ 主编

上海财经大学出版社

图书在版编目(CIP)数据

中国公共经济与社会治理调研报告/方芳主编. —上海:上海财经大学出版社,2021.5

ISBN 978-7-5642-3701-1/F·3701

Ⅰ.①中…　Ⅱ.①方…　Ⅲ.①公共经济学-关系-社会管理-调查报告-中国　Ⅳ.①F062.6②D63

中国版本图书馆 CIP 数据核字(2021)第 007483 号

□ 责任编辑　刘　兵

□ 封面设计　贺加贝

中国公共经济与社会治理调研报告

方　芳　主编

上海财经大学出版社出版发行

(上海市中山北一路 369 号　邮编 200083)

网　　址:http://www.sufep.com

电子邮箱:webmaster @ sufep.com

全国新华书店经销

江苏凤凰数码印务有限公司印刷装订

2021 年 5 月第 1 版　2021 年 5 月第 1 次印刷

787mm×1092mm　1/16　17.25 印张(插页:2)　337 千字

定价:88.00 元

目 录

1. 财政收支分类科目改革的调研报告

1.1 引　言

基于经济发展的新形势，为提高政府治理能力，我国正推进新一轮财税体制改革并取得了阶段性的成就。现行财政收支分类科目将政府的财政收支活动基本纳入预算管理，初步形成了全口径的预算管理体系，为进一步建设现代预算体系打下了坚实的基础。值得注意的是，我国政府预算对政府活动的反映虽然全面但不够清晰，存在政府其他支出规模过高等一些需要完善的问题。其他支出过高会掩盖财政资金被不规范使用的情况，不符合现代财政制度中“全面规范、公开透明”的制度要求。目前，我国政府预算中其他支出占总支出的比重普遍偏高。这一现象引起了全国人大和财政部等部门的重视，并在 2018 年财政预算报告中增加了“完善政府收支分类科目”的要求。

以中央财政预算为例，根据《2018 年中央本级基本支出预算表》，按照经济性质分类科目统计，加总所有款级其他支出科目后发现，其他支出占“中央本级基本支出”的 30％左右，2019 年略有下降，占比仍达到 27.3％；按照功能分类科目统计，加总所有项级其他支出科目后发现，其他支出占“中央本级支出”的 10％左右，2019 年略有下降，占比为 7.6％。地方政府预算中其他支出的情况因地区而异，但相比于中央预算，这一比重普遍会更高。

根据以往经验分析，其他支出超比重过高的原因可能有财政收支分类科目存在不合理之处，政府实践工作中科目使用不规范，预算工作人员对科目理解不准确等。这些猜测具有合理性却不够深刻，上述因素到底有多大的解释力，是否存在遗漏，出现这些现象的深层原因是什么以及是否存在解决措施等，都是有待深入探讨的问题。故本课题选择了某地区的省、市、县三级地方政府，分别对它们的其他支出占总支出比重的情况进行了实地调研，研究分析其比重过高的成因，并针对成因从长期和短期两个角度提出改革思路，以期循序渐进地解决这一不规范现象。

1.2　主要原因

政府预算其他支出占总支出比重过高这一问题的成因涉及多个方面。这不是一个简单的技术问题,实质上是一个综合性的财政问题。从宏观层面上看,经济政策的不确定性和部门职能的交叉客观上造成其他支出的出现;从中观层面看,现有支出分类科目中部分科目设定不能满足工作实践需求,导致部分支出只能计入其他支出;从微观层面看,存在政府财务人员对收支分类科目使用不规范的现象,其他支出科目出现了滥用。所以,其他支出占总支出比重过高的问题既有经济环境的方面的原因,又有制度方面的原因,既有不可避免的社会现实原因,又有宏观体制安排等人为原因,需要逐一分析。

1.2.1　经济政策的不确定性

经济政策的不确定性导致政府在预算编制时对下一年的财政收支情况难以准确预测,为避免出现财政资金不足的情况,就需在预算编制时预留一部分资金作机动使用。这部分预留的财政资金去向通常是难以明确的,难以归入现有科目。预算编制人员通常会根据往年的情况预估所需资金的规模,将这部分预留资金计入其他支出科目,以避免预算与决算有过大出入或频繁进行预算调整。目前,可能造成经济政策不确定性的原因主要有三种。

一是我国预算周期不尽合理。一方面我国预算从1月1日开始执行,而中央政府预算草案要等到次年3月份举行的全国人民代表大会审批通过。根据各地各级人民代表大会的召开时间,各级地方政府预算草案通常在三四月份审批通过。这必然导致年初的政府支出的不确定性。另一方面,政府预算编制通常始于五六月份,于9月份进行"一上"(各部门要财政部门提交部门支出计划),在11月或12月初完成"三上",基本确定下一年的预算支出草案。但是,我国下一年的经济政策通常由年尾的经济工作会议确定。这意味着政府预算编制时是不了解下一年的经济政策安排的,只能按照往年经验编制。上述两种情况造成政府未来财政支出的不确定,而不确定的政府支出很大一部分会计入其他支出科目。

二是政府转移支付的不确定性。首先,政府转移支付的规模难以确定。地方政府,尤其是市县级地方政府,只能大致预测部分财力性转移支付规模,对分类转移支付和专项转移政府资金规模通常难以预期。其次,政府转移支付下达的时间具有不确定性。转移支付没有明确规定下达时间,资金层层下达至使用部门时甚至已到年底。最后,部分转移支付要求配套资金,又增加了政府资金安排的不确定性。政府部门在安排财政支出时就需要安排预备费以外的调剂资金以保证配套资金的需求，即项目资金形式的部门机动资金。这一笔资金通常没有具体科目，只能暂时归入其他支出，也有财政资金使用不规范的潜在风险。

三是不可预期的随机经济事件的冲击。随着我国国际影响力的不断提升，不可预期的世界经济波动对我国的影响也越来越大。例如，按照预算法第六十八条的规定："在预算执行中，各级政府一般不制定新的增加财政收入或者支出的政策和措施，也不制定减少财政收入的政策和措施。"始于 2018 年的中美贸易摩擦不可避免对我国国内经济政策产生影响，既包括对政府财源的直接冲击，又包括后续应对措施的间接冲击。目前，这种情况涉及国内政策调整，并不能通过预备费和预算调整来简单解决，而也没有明确规定如何化解这种不可预期冲击，一种做法就是在其他支出中预留应对资金。

1.2.2 部门职能存在交叉

部门职能交叉导致一个具体项目可能同时涉及多个科目，导致难以进行归类，最终只能计入其他支出。这种职能交叉的情况一种可能是因为权责不清导致一项事务同时由两个或两个以上部门负责，另一种可能是因为事务本身复杂导致需要多部门协作。

例如，城乡社区建设支出最为典型，这一支出的资金既有来自财政部门的划拨资金，又有来自发改委的项目资金。地方政府同时将两个来源的资金用于一个城乡社区建设项目，故此项目将同时受两个部门的监管。这一项目在实施过程中又涉及医疗卫生、节能环保、科学技术等方面多个政府部门，项目支出无法找到一个具体的分类科目进行记录，只能归入其他城乡社区建设支出。目前其他城乡社区建设支出在地方政府预算中普遍数额巨大。再如，我国有一些重大政策实施由于需要不同部门的协作，也常常出现难以确定具体分类科目的情况。我国精准扶贫政策为取得根本性成效，就需要多部门的通力协作。故扶贫资金既包含专项扶贫资金，又包含教育扶贫资金和产业扶贫资金等。这种项目通常会纳入专门的政府项目库管理，但在计入政府预算时难以清晰界定归属科目。

之所以出现上述情况还有一部分原因是目前我国预算中支出功能分类和支出经济分类都是从整体上记录政府资金活动，缺少项目形式的政府资金活动记录，但我国政府资金中有很大一部分却是以项目形式落实的。所以当涉及多部门交叉的事务时，难免出现职能交叉不清、难以归类的情况。

1.2.3 部分科目设定不能满足工作实践需求

具体工作的操作实践具有复杂性，部分政府收支分类科目并不能完全满足日常的政府工作使用需求。这种不匹配是由多方面原因造成的。

首先,当今社会发展日新月异,新的事物不断出现,新的生产、生活方式不断涌现,不断产生新的需求,这与政府预算框架稳定性、可比性的要求客观上存在矛盾。例如,随着社会保障水平不断提高出现的残疾人康复支出、新农合医疗欠费处理支出等,随着城市基础设施水平不断提高出现园林路灯维护等新的开支类别。再如,新的改革政策出台,通常会给予一定的配套资金,由于政府业务自身的复杂性,这项资金可能同时用于多种用途。如果随着新的政策出台,没有说明其对应的收支分类科目,难以明确的部分就会被归入其他支出中。此外,随着部门调整出现的财务切割、归并的情况也会造成收支分类科目的使用困难,导致其他支出比重提高。社会进步必然产生现有科目难以记录的新业务。

其次,区域异质性引致地方政府地域性特色支出。由于地域的异质性,对同一政策目标,各地可能制定不同的调控政策。例如,为引进人才,部分地区实施的是购房补助政策,部分地区实施的是租房补贴政策。这种地域特色支出除因地而异外,又常具有业务发生的偶然性的特点,政府工作人员无法根据以往经验归类,又找不到专门的科目分类的情况下,会被计入其他支出。

最后,个别部门特殊业务对科目有特殊需求。这种特殊需求发生的一种情况是单个数额小、事项具体、性质特殊、难以归类,如园林路灯、小数额公安警械耗材等;另一种情况可能是专有业务需求,如人民法院的诉讼费存在先收后退的支出等。这种财政支出虽然单次数额不大,但具有共性,会经常发生、固定发生,有条件也有必要通过完善收支分类科目将其从其他支出中剥离。

1.2.4 政府财务人员对收支分类科目的不规范使用

造成政府财务人员对收支分类科目使用不规范的原因主要有:财政收支分类科目使用说明不够详尽、预算编制人员财政专业素质不足,地方政府本身也存在一些不规范资金使用行为。

第一,相较于美国近千页的操作手册(OMB A-11 公告),我国现行的《2019 年政府收支分类科目》对一个科目的解释大多只有简单一句话,说明不够详细。简略的解释提高了收支分类科目的使用门槛,基层工作人员在面对一些具体事务时,对科目的选择就难以把握。为防止出错,工作人员通常会保守计入其他支出。以对退伍军人的教育培训为例,既可以计入“退役士兵能力提升”科目(2050804),也可以计入“退役士兵管理教育”科目(2080904)。再如,一所高技术医院的建设在支出功能分类中既可以分为“医疗卫生与计划生育支出”(210),也可以归为“科学技术支出”(206)。这就给实际使用人员造成困惑,为防止归入错误科目,就可能计入其他支出科目。具体事务自身的特殊性、多样性及复杂性与不明晰的收支分类说明导致归入其他支出的情况在实际工作中经常发生。

第二，对收支分类科目使用的不规范，还可能是政府工作人员，尤其是基层政府工作人员自身专业水平不足的问题。政府收支的记录不仅仅是一个财务会计问题，还牵涉到财政专业和预算专业的知识水平，存在一定的专业门槛。整个预算流程牵涉编制人员众多，不仅仅是财政部门需要专业的政府财务人才，所有政府部门对这方面的人才均有很大需求。但目前我国这种复合型专业人才是稀缺的，而人才缺口在基层政府工作单位尤其突出。政府财务人员仅仅具有一般财务会计知识的情况比较常见。字面上相同或相近的概念在预算工作和会计工作使用上存在差异，如办公软件的购买在财务会计中应计入无形资产，但在部门经济分类中虽有“无形资产购置”科目(31022)，但实际应计入“其他资本性支出”(31099)；需要指出的是，一个部门中的财务人员只会频繁使用一大类政府收支科目。若偶然发生需计入其他大类的政府资金项目，财务人员就可能将其计入错误的分类科目。例如，一个交通部门需要建设一个教育学院，交通部门应在支出功能分类中将其计入“教育支出”大类下的对应科目。但由于交通部门财务人员日常工作中比较熟悉“交通运输支出”大类，不了解如何处理“教育支出”大类下的对应科目，就会把这项支出错误计入“交通运输支出”大类下的其他支出中。政府工作人员专业水平不足、收支分类科目使用的不规范导致其他支出规模扩大。

最后，地方政府过去以及现在本身存在一些不规范的财政收支行为。地方政府不规范举债行为导致的地方债务的还本付息支出、先征后返的税收优惠、对地方国有企业的注资等在过去均有计入其他支出的情况，甚至目前这种情况仍可能在部分地区存在。比如，为完成规定教育支出等考核指标，地方政府也有激励将一些本应归属其他科目的支出计入对应考核科目下，如为实现财政收入和招商引资目标，将原来先征后返的支出以财政奖励的形式计入其他支出等。

1.3 政策建议

解决其他支出在总财政支出中比重过高问题不是为了完全消除其他支出，而是为了防止财政资金因不透明、缺乏监督而被滥用，提高财政资金的使用效率，目的是提高预算透明度和财政管理水平。根据前文的分析，这一问题的成因是多样复杂的，不仅是一个技术性问题，更是一个综合性财政问题。如果单纯以行政命令限制其他支出规模则会导致政府规避行为。编制人员就会功利性地拆分现有其他支出归并至其他科目，对财政透明没有实质性地改善。所以，要从财政改革的全局视角出发，从长期改革和短期改革两个维度同时着手来解决这一问题。

1.3.1　长期改革思路

1.3.1.1　逐步推动部门预算项目化改革

政府各部门是政府活动的主要执行者，而部门项目又是政府具体活动的主要体现形式。因而，项目预算是部门施政信息的最重要载体。加强部门的行政能力、完善政府部门预算，有必要推动部门预算项目化改革。部门项目预算将部门的各项支出分解到各个具体的项目之中，将部门的各项开支全部以具体项目的形式呈现，可以避免无法归类的其他支出的产生。推动部门预算项目化改革，将财政资金以项目形式记录，有利于解决收支分类过细造成的资金碎片化和资金沉淀问题，提高财政资金的规模使用效率；也有助于明确部门职责归属，为部门行政问责、绩效评价提供制度基础，推动部门预算绩效管理改革。此外，随着政府部门财务水平的不断提高和国库集中收付制度的完善，引入项目预算已具有可行性。当前部门会计通常是按项目记录资金流动，项目预算不会增加现有资金统计的工作量，可与当下政府绩效管理改革协同推进。

1.3.1.2　继续深化政府部门权责体系改革

部门职能交叉造成的其他支出，可由明确部门间分工来化解。我国各级政府现已基本完成政府部门权责清单工作，但仍存在部门权责交叉的模糊地带。即使已经纳入清单的部分，涉及行政权力部分也缺乏足够的约束力，权责清单的落实和相应监督体制构建尚未完成。只有政府各部门明确其职能和责任范围，才能减少政府预算中不清晰的其他支出，提升财政透明度。另外，因改革任务的艰巨性和复杂性、需多个部门协同完成的重大项目，项目安排中应说明每个部门具体的权责，明确主要负责部门和协同部门间的关系，落实每一笔财政资金的责任人。根据财政资金的划拨、使用情况据实计入对应科目，减少因权责不清造成的其他支出。

1.3.1.3　提高政府经济政策稳定性和可预期性

经济政策的波动，既不利于企业形成稳定预期，进行长期投资和技术研发，也不利于维护政府预算的严肃性。如果经济政策频繁波动，企业会减少长期投资，减少突破性创新行为，不利于我国产业结构的转型升级。地方政府对技术创新等长期扶持政策也会因为政策频繁变动造成前期投入资金的浪费，不利于提高财政资金的使用效率和使用规范。

对于提高经济政策的稳定性，第一，可以加快推进中长期预算的编制，构建稳定的中期财政框架。这既可以保证宏观政策的稳定性和可预期性，也可以从战略高度规划长期改革，预防政府债务风险等长期财政风险。第二，可以借鉴国际上先进国家经验，在国务院设置预算指导机构，协助财政部进行预算编制的指导，提高预算编制的准确性，例如，美国设置有预算管理办公室（OMB）、日本设置有经济财政咨询会议以及英国设置有预算责任办公室(OBR)等,在更高层级设置预算编制的指导部门,体现了财政在国家治理中的基础和重要支柱的定位,有利于各部门在预算编制过程中把握好未来的政策方向,提高预算编制的准确度和精确度,从源头上减少其他支出的规模。第三,还应优化预算流程和转移支付流程,解决预算周期和预算执行问题,保证地方政府财政收支的稳定性。

1.3.1.4 加强财政专业人才培养

对于财政专业人才短缺的情况,第一,要加强政府部门与科研院校的合作,根据社会需求改进教育培养方案,培养出更多专业化、高质量人才;第二,对于基层政府机关,既要引导现有人才流向基层部门,又要加强现有人员的技术培训,综合提高基层工作人员的专业素质;第三,对于日常发生业务比较简单、固定且人员匮乏的基层部门,可根据实际情况经上级部门审核,安排财政资金的统一核算,不再要求每个部门单独设置财务人员,实现规模效益。

1.3.2 短期改革思路

1.3.2.1 为其他支出科目使用设定使用规范

财政事务错综复杂,其他支出科目的存在有其必要性,但必须将其控制在合理规模之内,避免此科目被滥用,使其成为财政资金不规范使用的避风港。首先,要制定其他支出规模的合理标准。现计入其他支出科目的支出中有一部分是可以明确分类科目,但工作人员出于规避出错或减少工作量的动机错误计入的。规定其他支出总体规模可以提高不规范使用科目成本,减少不规范使用行为。其次,要减少政策文件中规定计入其他科目的支出。不少现行政策文件规定文件相关的财政支出计入其他支出科目(通常是对应的项级其他支出)。这种行为会造成政府支出行为的不透明,不利于加强财政监管,应尽量避免。政策文件制定之初就应充分考虑财政资金的处理,确定明确的财政收支分类科目的归属。最后,对于特殊情况,若存在超出规模标准或者单项规模过大且需要计入其他支出项目的财政支出必须添加说明增加备注,说明其他支出的具体用途,接受人大等审查管理部门的审核监督。

1.3.2.2 完善政府收支分类说明

完善政府收支分类说明,目的是降低现行收支分类科目的使用难度,从提高收支分类科目使用的规范方面减少其他支出规模。第一,应编制更加详尽的收支分类使用说明,降低使用门槛。政府收支分类科目的使用者可能不具有财政专业知识,所以应编制更加详尽的使用指南,使其更加明确易懂,减少工作人员对科目存在理解困惑、无所适从的情况。第二,逐步统一政府文件中的概念口径。这种口径不统一的情况既普遍存在于跨部门政策适用方面,又存在于财政部门内部预算语言和财务语言适用方面。故避免同一概念在不同文件代表含义不同，既要从宏观出发加强部门间的协调能力，也要从实践出发在文件发布时明确概念准确的适用范围。第三，每一个政策文件都应明确涉及的政府收支分类科目，明确其归属。除去上文提到的政策文件会要求计入其他支出科目的情况，还存在政策文件下达时未说明对应的财政收支分类的情况，下层政府工作人员在实际操作中难以确定时就会计入其他支出。这种支出在预算编制中就难以有清晰反映。所以，无论从提高预算收支分类的严肃性的角度，还是提高政府工作人员的工作效率的角度，明确的科目归属都是十分必要的。

1.3.2.3　根据实践要求调整现有科目

现行的政府收支分类科目基本可以满足日常财政记录需要，下一步需要根据新的实践要求完善政府收支分类科目，使其更加贴近政府工作的日常使用需求。一方面，就总体框架而言，以新的工作实践要求为准绳优化调整现有收支分类科目。这种优化调整一部分是为新事物、新业务以及过去遗漏事务添加新的科目，另一部分是要精简一部分现有科目，减少目前预算中使用少、主要计入其他支出的支出科目。细化收支分类科目可以提高预算透明度这点很容易理解，但是过细的收支分类科目则会有工作量过大导致科目闲置、难以使用，资金碎片化，过细科目本身难以实现等弊端。所以，收支分类科目的增减在加强财政管理的同时，必须参考实际工作需要。另一方面，就微观具体科目而言，可以制定临时科目的使用规范，允许地方政府在最低一级收支分类科目中根据工作需要增减临时科目。临时科目可以在保持预算基本框架的同时，增加对社会现实迅速变革的适应能力。具体工作部门可以根据工作需要提交临时科目的增减申请，说明科目需求和现实情况在上级部门报备、批准后增减底层个别科目，且在预算说明中增加具体说明报人大审批。

1.3.2.4　进一步深化经济分类科目改革

相较于支出功能分类科目，工作人员对支出经济分类科目的使用困难更多，更易归于其他支出。第一，就科目设置而言，现行经济分类科目不够细致。支出功能分类的理解问题可能仅仅是对某项的具体归属问题，经济分类的理解问题甚至在类级科目。例如，“商品和服务支出”(科目编码:302)就是一个地方政府工作人员普遍反映的难以准确理解的类级科目。款级科目则主要存在科目设置不够科学、科目间出现重叠、无法归类的问题。第二，经济分类中机关单位和事业单位、企业单位的科目分类不一致。这意味着在机关单位可以清楚计入经济分类的支出，在事业、企业单位就可能找不到归属，只能计入其他支出。第三，政府预算与部门预算两套支出经济分类科目可能会造成一定理解上的混乱。政府预算与部门预算两套支出经济分类科目有很多重合的地方，政府预算中除部门预算的非预算单位的预算和部门预算也有很多重合部分。两套经济分类科目既增加了财务人员的工作量，一部分资金分别计入两套科目不同科目时也会存在使用偏差。所以，经济分类科目的改革思路，一方面需要对现有科目进行细化，使科目名称或说明更加简洁易懂；另一方面可以考虑机关单位与企、事业单位，部门与非预算单位预算分类的统一，合并简化部门与政府预算两套分类科目以及经济分类科目与支出功能分类科目的衔接问题。

1.4　成果汇报：其他支出比重偏高降低财政透明度

主要观点：

• 政府预算中一般公共预算支出科目下其他支出占总预算支出比重普遍偏高且此现象普遍存在于各级政府预算中。

• 其他支出比重偏高的主要原因有经济的不确定性、部门职能存在交叉、部分科目设定不能满足工作实践需求以及政府财务人员对收支分类科目的不规范使用等。

• 解决其他支出比重偏高问题，从长期角度，一要逐步推动部门预算项目化改革，二要继续深化政府部门权责体系改革，三要提高政府经济政策稳定性和可预期性。

• 解决其他支出比重偏高问题，从短期角度，一要为其他支出科目使用设定使用规范，二要细化政府收支分类说明，三要根据实践要求调整现有科目，四要进一步深化经济分类科目改革。

其他支出是指各级政府一般公共预算收支科目中计入类、款、项级其他支出科目下的财政支出，具体是指一般公共预算收支科目中支出功能分类科目与支出经济分类科目下含有“其他”字样的支出科目。经实地调研和整理政府预决算公开文件可以发现，其他支出占总预算支出比重普遍偏高且此现象普遍存在于各级政府预算中。其他支出占总支出比重过高不利于财政资金的规范使用，不利于财政透明度和政府治理能力的提高。

1.4.1　其他支出占总支出的基本情况

目前，其他支出占总预算支出比重普遍偏高。2018 年中央财政预算中《2018 年中央本级基本支出预算表》下，按照经济性质分类科目统计，加总所有款级其他支出科目后发现，其他支出占“中央本级基本支出”的 30％左右，2019 年略有下降，占比仍达到 27.3％；按照功能分类科目统计，加总所有项级其他支出科目后发现，其他支出占“中央本级支出”的 10％左右，2019 年略有下降，占比为 7.6％。地方政府预算中其他支出的情况因地区而异，但相比于中央预算，这一比重普遍会更高。

1.4.2　其他支出比重偏高的主要原因

1.4.2.1　经济政策的不确定性

经济政策的不确定性导致政府在预算编制时对下一年的财政收支情况难以准确预测，需预留一部分机动资金，由于财政资金去向通常是难以明确的，故计入其他支出科目。导致经济政策的不确定性的原因主要有三种：一是我国预算周期不合理。二是政府转移支付的不确定性。三是不可预期的随机经济事件的冲击造成的不确定性。

1.4.2.2　部门职能存在交叉导致单项大额其他支出开支

部门职能交叉的情况一种情况可能是因为权责不清导致一项事务同时由两个或两个以上部门负责，另一种可能是因为事务本身复杂导致需要多部门协作。又由于我国预算中支出功能分类和支出经济分类都是从整体上记录政府资金活动，资金落实却是以项目形式。部门职能交叉导致一个具体项目可能同时涉及多个科目，难以进行归类，最终只能计入其他支出，造成单项大额其他支出。

1.4.2.3　部分科目设定不能满足工作实践需求导致大量其他支出开支

首先，随着社会的进步必然会出现当前科目难以记录的新业务。其次，区域异质性导致部分地方政府地域特色财政支出，如用于精准扶贫的资金，不同地区因地制宜会有不同使用形式，无法确定具体科目。最后，个别部门特殊业务对科目的特殊需求，如园林、警械耗材与专用燃料费等支出。缺乏明确科目归属的支出累计造成大量其他支出。

1.4.2.4　政府财务人员对收支分类科目的不规范使用

造成政府财务人员对收支分类科目使用不规范的原因有财政收支分类科目使用说明不够详尽。现行的《2019 年政府收支分类科目》对一个科目的解释大多只有简单一句，说明不够详细，存在使用门槛。而又加之基层政府预算编制人员财政专业素养不足，工作人员通常会将难以自行判断的支出保守计入其他支出。最后，地方政府本身存在的一些不规范资金使用行为也表现为其他支出，如地方政府不规范举债的还本付息支出、对地方国有企业的不规范注资、为实现特定考核目标的调剂支出等。

1.4.3　解决其他支出比重偏高的政策思考和建议

解决其他支出占总支出比重偏高的问题，要从长期改革和短期改革两个维度同时着手来解决这一问题。

从长期来看，主要有三个方面的改革：一要逐步推动部门预算项目化改革。二要继续深化政府部门权责体系改革，三要提高政府经济政策稳定性和可预期性。

从短期来看，可以从四个方面着手。

1.4.3.1 为其他支出科目的使用设定使用规范。

首先,要制定其他支出合理规模的标准。其次,要减少政策文件中规定计入其他科目的支出。最后,对于特殊情况,若存在超出合理规模标准或者单项规模过大且需要计入其他支出项目的财政支出必须添加说明增加备注,说明其他支出的具体用途,接受人大等审查管理部门的审核监督。

1.4.3.2 要细化政府收支分类说明。

第一,应编制更加详尽的收支分类使用说明,降低使用门槛。第二,逐步统一政府文件中的概念口径,统一会计概念和财政概念。第三,每一个新下达的政策和项目文件都应明确涉及的政府收支分类科目,明确其归属。

1.4.3.3 要根据实践要求调整现有科目,对现行科目进行增减。

一方面,新增一部分科目适应新事物、新业务以及过去遗漏事务,精简一部分科目,减少目前预算中使用少、主要计入其他支出的支出科目。另一方面,可以制定临时科目的使用规范,允许地方政府在最低一级收支分类科目中根据工作需要增减临时科目。

1.4.3.4 要进一步深化经济分类科目改革。

现行经济分类科目存在分类不够细致,机关单位和事业单位、企业单位的经济科目分类不一致等问题。政府预算与部门预算两套支出经济分类科目也可能会造成一定理解上的混乱。所以,可以考虑对现有科目进行细化,实现机关单位与企、事业单位,部门与非预算单位预算分类的统一,合并简化部门与政府预算两套分类科目等。

2. 行政事业单位国有资产监督指标体系调研报告

为了进一步推进“行政事业单位国有资产监督指标体系”课题研究，本课题组利用暑假时间深入了解中央部门以及地方部门当前行政事业单位国有资产监督管理的实践经验以及主要问题并最终为课题研究提供充足实践依据，2019 年 7 月—8 月课题组对有关中央部门（主要包括财政部、教育部和科技部）以及上海市财政局与教育委员会展开了两次实地调研。

2.1 地方部门的调研总结

2019 年 7 月 26 日，课题组一行分别在上海市财政局以及上海市教委展开实地调研。上海市财政局资产处以及上海市教委财务处的相关领导以及工作人员参加了调研座谈会并提供了翔实的调研资料。

2.1.1 上海市财政局的经验总结

上海市财政局报告了三年的行政事业单位资产总量、资产结构情况。截至 2018 年年底，上海市行政事业单位资产总额约 10 907.19 亿元。其中行政事业单位资产总额 3 369.89 亿元，占比 30.9%，事业单位国有资产总额 7 537.3 亿元，占比 69.1%。按照资产结构划分，流动资产 6 049.94 亿元，占比 55.3%；固定资产 3 590.91 亿元，占比 32.9%；无形资产 161.92 亿元，占比 1.5%；其他资产 1 104.42，占比 10.1%。其他年份的资产结构与 2018 年变化不大，不做赘述。因此，上海市整体行政事业单位国有资产主要集中在事业单位，占比在 69%以上，从整体资产结构上看，各项资产占比最大的是流动资产。

从上海市行政事业单位国有资产的管理体制看来，上海市自 2017 年 10 月成立资产管理处以来，不断加强管理，逐渐完善资产处置、清查核实和产权登记。目前，上海市行政事业单位国有资产管理的主要格局是“财政部门综合管理、主管部门监督管理、单位具体管理”。上海市已经依据本市出台的相关管理办法和文件规范了资产出租出借、对外投资流程。

对于行政事业单位国有资产的监督，上海市制定了一些初步的方案。比如严控资产负债率，资产负债率超过50%的报市财政局审批。2018年起，上海市将市级部门国有资产考核纳入国库管理的部门预算管理考核中。考核内容为国有资产报表的数据真实性、准确性、完整性(5分)，以及编报资产报表的规范性、及时性。

上海市围绕行政事业单位国有资产管理也进行了改革，制定了一系列的改革措施，主要的经验是：一是规范房屋资产管理，切实提高资产使用效率；二是严格对外投资管理，清理规范行政事业单位所办企业；三是制定配套资产管理政策，保障重大改革顺利开展；四是推进资产管理信息化建设，夯实资产管理基础；五是探索建立公物仓管理机制，强化国有资产统筹管理。

2.1.2 上海市教委的经验总结

上海市教委是上海市国有资产体量较大的机构，因此我们选取该部门展开实地调研。上海市教委的资料报告主要包括2018年资产总体情况、管理情况。2018年，上海市教委国有资产总量为897.73亿元。其中，上海市教委资产构成主要是固定资产而不是流动资产，这一点不同于上海市整体的平均情况。上海市教委固定资产总额为482.28亿元，占比53.72%。这主要是因为市教委所属各级学校中的诸如教学设备类的固定资产比较多。

上海市教委对于资产基本情况的数据统计、清查核实工作较为完善。对于资产的清查核实工作包括资产总量情况、资产按照单位性质构成情况、资产结构情况以及固定资产二级科目资产数据统计。上海市教委对于资产管理工作中涉及的数据统计工作也较为完善，主要包括资产配置(新增资产)情况、资产使用情况(自用、出租出借、对外投资)、资产处置情况、资产收益情况(出租出借、对外投资、资产处置收益)。

当前上海市教委资产管理工作的成效以及经验主要是：一是在管理体制上进行重大调整；二是管理制度建设不断完善；三是定期开展资产管理工作的各类培训；四是加强资产处置审核；五是简政放权，提高国有资产处置效率；六是努力推进资产配置建设。通过以上六项举措提高上海市教委资产管理工作的成效。

此外，在调研过程中，上海市教委提出了当前国有资产管理工作中存在的主要问题以及改进措施。主要的问题集中在资产账不严谨、部分国资部门和财务部门年终未及时对账、部分单位对处置资产保管不力造成实物丢失、拆除以及改建房屋未履行报批手续等问题。针对上述问题，上海市教委提出了建立资产管理长效机制、加强事业单位管理培训、继续推进资产管理信息化建设等改进措施。

对于未来资产管理工作，上海市教委提出了三点建议。一是完善行政事业单位资产配置管理；二是建立行政事业单位资产调剂平台；三是逐步建立健全行政事业单位国有资产考核体系。

2.2　中央部门的调研报告

2019年8月13日，本课题组一行前往全国人大常委会预算工委，同时与来自财政部、教育部、科技部等部门负责资产管理相关人员共同开展了实地调研。以财政部和教育部为例，我们总结了中央部门国有资产管理的经验。

2.2.1　中央部门调研的基本情况

财政部提供的资料显示，截至2018年，中央行政事业单位资产总额为4.71万亿元。其中，流动资产2.01万亿元，占42.68%；固定资产1.82万亿元，占38.64%；无形资产0.08万亿元，占比1.7%。由此可见，中央部门行政事业单位资产占比最高的是流动资产。

当前财政部负责除全国人大常委会办公厅、政协全国委员会办公厅、国管局、中直管局以外的中央行政事业性资产。上述单位则根据有关规定负责本级国有资产管理工作。中央垂直管理系统的国有资产由财政部、中央垂直管理系统的主管部门、垂直管理单位进行监管。而对于一次性处置、调拨达800万元以上的国有资产需经过主管部门审核后报财政部审批，800万元以下的由主管部门进行审批。

教育部的国有资产总量在中央部门中占比较高，2018年年底，教育部行政事业性资产为8 637.01亿元，占全部中央行政事业单位资产总额的18.34%。教育部行政事业性资产中，流动资产、固定资产和无形资产分别占比47.68%、37.91%、1.69%。教育部行政事业性资产占比最高的也是流动资产。

而教育部财务司则根据国务院批复的“三定方案”，承担直属高校、直属事业单位国有资产管理职责。教育部设立了国有资产管理处来管理直属高校、事业单位国有资产。而教育部办公厅负责本部本级行政资产管理。

2.2.2　中央部门调研经验总结

近年来，中央部门不断推进行政事业单位资产管理的制度建设。中央部门印发了一系列的政策文件，通过政策文本推动国有资产的规范管理。主要包括分类细化改革中的资产管理政策的《财政部、中直管理局、国管局关于做好党和国家机构改革有关国有资产管理工作的通知》；规范党政机关公务用车，保障公务活动和节约型机关建设的《党政机关公务用车管理办法》；有效规范从事生产经营活动事业单位改革中的国有资产的管理的《关于从事生产经营活动事业单位改革中国有资产管理的若干规定》;规范行业协会商会脱钩过程中的国有资产管理工作的《关于加强行业协会商会与行政机关脱钩有关国有资产管理的意见》。

目前,财政部资产管理司成立了专项报告工作专班,相关工作正在有序开展。专项报告的报表设计、评价指标等情况目前尚未形成具体意见。在专项报告的开展中,面临的主要问题是:一是行政事业性国有资产覆盖面广,情况复杂;二是各地人大常委会听取和审议国有资产管理情况报告议题安排不统一,并且近一半省份未听取报告;三是部分单位、部分地方对资产管理工作不够重视。

在此次调研中,了解到教育部在资产管理与预算管理相结合的原则下,组织开展资产考核评价工作。自 2014 年以来,教育部对于直属高校资产管理制度建设、资产使用和处置规范性方面进行了量化评价。

2.3 地方以及中央部门调研的经验总结

在调研的过程中,课题组与各个部门的相关领导以及负责人员就一些具体问题进行了探讨。我们总结了当前各个部门面临的主要问题,以及一些行政事业单位国有资产监督管理的重要问题节点。

2.3.1 资产核实清查中的经验与主要问题

国有资产的清查核实工作是行政事业单位国有资产的监督的基础。2016 年以来,各部门对于所属国有资产总额以及资产结构的统计核实工作逐渐起步,基本能够提供初步的数据。然而,具体看来对于资产的处置、使用、收益情况的统计数据不详尽。

在资产的核实清查中,对于一些不便于计价的国有资产的统计有待于改善。比如土地资产的统计当前有的单位放无形资产里面,各部门统计过程中基本上是按照数量化的计价方式,没有价值。

目前,有些领域的资产难以统计,比如闲置资产。许多单位并没有统计闲置资产,这将低估了资产的总值。另外,有些单位其他资产的比例很高,但是对于其他资产的内容汇报并不清晰。

在实践中,可能面临各部门资产统计口径不统一的问题,由此以来,将会降低国有资产的监督指标体系的评价效果。统计口径不统一也不利于各部门以及地区之间的横向比较。

2.3.2 行政事业单位国有资产的制度建设经验

行政事业单位国有资产监督需要制度先行。从当前中央部门以及地方的调研情况看来，各部门都很注重资产管理的制度建设。教育部制定了9项行政事业单位国有资产管理相关政策文件。事业单位国有资产制度建设包括《直属高等学校国有资产管理暂行办法》等6项政策文件，行政单位国有资产制度建设包括《教育部机关固定资产管理办法》等3项政策文件。

在地方层面，上海市国有资产管理的制度建设也相对完善。根据财政部相关文件的规定，2010年上海市财政局印发了《上海市市级行政单位国有资产管理办法》，之后相继出台了关于行政、事业单位国有资产使用、资产处置、资产清查核实的相关文件。通过加强制度建设规范了上海市资产处置、对外投资、出租出借及清查核实等方面的管理工作。

2.3.3 监督指标体系尚处在初始阶段

在调研中我们发现当前行政事业单位国有资产的监督工作尚处在初步阶段，目前各部门并没有系统的监督指标体系。仅有教育部针对本部门的情况对其直属高校资产管理制度建设、资产使用和处置规范性等方面进行了系统的量化评价。教育部积极探索了资产管理绩效评价指标体系，目前已经初步形成了涵盖资产保障水平、管理水平、运营水平的3个一级指标、13个二级指标和38个三级指标的资产管理绩效指标体系。

调研中，各部门表示制定行政事业单位国有资产监督指标体系意义重大，是具有重要现实意义的课题研究。在肯定课题研究必要性的同时，各部门也表示愿意加强管理共同推进国有资产监督指标体系建设。各部门建议行政事业单位国有资产监督指标体系循序渐进，先选取重点监督的指标体系，然后再逐步完善。此外监督指标体系的设计不宜太过繁琐，应制定出精炼的指标体系。

3. 新区建设和环境保护调研报告

3.1 调研背景

本调研围绕城市新区建设和环保两大主题展开。自 2019 年 8 月 11 日至 2019 年 8 月 14 日，通过对陕西省西安市的西咸新区、空港新城和甘肃省兰州市的兰州新区进行实地调研，与当地新区相关部门主要负责人进行访谈，对城市新区建设的有关问题进行了深入探讨。同时，通过对陕西省西安市长安区环保局分别负责大气污染和水污染治理的副局长及相关工作人员进行面对面访谈，对于目前西安市的环保状况作了基本的了解。鉴于陕西省西安市在新区建设以及环保方面所具有的代表性，本次调研可以推及对长三角地区在上述两大主题的相关思考并提出可能的政策建议。

3.1.1 调研主题

在城镇化的大背景下，随着城市人口的不断增加、城市规模的扩张，不同的地区和城市如何能够依托自身地理和资源条件、提出有特色的城市发展策略，无疑是许多城市所面临的重要问题。在这一过程中，如何克服土地价格、拆迁成本以及人力成本上升等问题，有效推进城镇化的进程，大力发展当地经济，也是在各地在城镇化过程中亟待解决的重要问题。在这一背景下，新区建设成为各地争相推出的发展模式。毋庸置疑，新区建设能够克服不断上升的成本约束，快速推进城镇化的进度。然而，在开发新区的过程中，如何高效率地布置相关产业，推动经济的合理快速发展，也是城镇化过程中十分重要的政策落脚点。鉴于地方政府在这一过程中的重要作用，如何解决新区开发过程中的地方政府的资金筹集难题，有效稳定地提高财政资金效率，无疑构成了一项值得研究的重要问题。

另一方面，自十九大以来，环保问题成为影响我国经济、政治以及社会方方面面的重要决策。习近平总书记多次强调了环保的重要性，提出了“绿水青山也是金山银山”的重要理念。在这一理念下，各级政府以空前的力度对大气、水等方面的环境保护方面的问题进行了全方位、多角度的治理。这一举措不仅对地方经济产生了重要影响，而且牵涉中央与地方事权的划分，以及同级政府不同部门之间的协调联动机制，故而具有深远的影响。鉴于此，我们将环保这一带有全局性的战略问题也作为本次调研的主要选题之一。

3.1.2　调研地点

围绕调研主题，此次选定的调研地点为陕西省西安市和甘肃省兰州市。其中，调研活动主要以在陕西省西安市为主，在甘肃省兰州市的调研作为主体调研活动的补充。本次调研地点的选择主要基于以下三个方面因素的考虑。

首先，调研地点的代表性。围绕新区建设和环保两大主题，本次调研对地点的选择首先考虑被调研地的代表性问题。考虑到西安市是陕西省的省会，为全省的经济中心，城市规模庞大，不同区域存在各自的区位和资源优势。因此，在具体实施新区规划的过程中，针对不同区域的特征，西安市的新区建设呈现出“多样化、互补性”的特征。在全国范围来看，这一新区建设模式颇具特点，具有较高的调研价值。同时，在“秦岭别墅”事件之后，环保也成为陕西省委省政府格外重视的重大问题。从省委到基层各县区，均将环保问题放在了日常工作的首位，不仅力度空前，而且在积极落实相关政策的过程中，总结出了很好的经验，构成了考察环保问题综合社会影响一个很好的样本。此外，甘肃省兰州市由于地理条件的限制，新区选址明显带有“地理决定论”的特点，在全国新区建设的实践中也表现出了一定的特色，具有一定的调研和研究价值。

其次，调研成本。为了保证调研经费使用的经济性，本次调研在调研地点的选择上尽量保证不走循环路，采用围绕一个中心调研地进行周边展开的调研策略，在保证对调研主题能够获得深入了解的同时，以最为经济的方式使用调研经费。本次所选择的主调研地（陕西省西安市）和辅助调研地（甘肃兰州市）在新区建设这一主题方面均具有一定的调研价值，同时两地之间的交通成本较低，体现了调研经费的经济性。

最后，被调研单位的可获得性。为了能够围绕两大调研主题，深入了解其在现实中的具体体现，无疑需要被调研地对方单位的高度配合。在这一过程中，与对方单位的熟悉程度越高，调研的准确性无疑会更高。鉴于本次调研成员中通过同学等关系能够与被调研地的对方单位建立高度信任，从而能够达到有效调研的效果，也是选择上述调研地的重要依据。

3.2 新区建设

3.2.1 全国新区基本情况

国家级新区始于1992年，1992年10月上海浦东新区成立，此后一直未再有新区设立。2006年，天津滨海新区升格为国家级新区，此后重庆两江新区、浙江舟山群岛新区、甘肃兰州新区、广东南沙新区、陕西西咸新区、贵州贵安新区、四川天府新区、南京江北新区、江西赣江新区等陆续成立。至2017年底，中国至少还有9个城市新区已经提出要打造国家级新区，分别是：武汉长江新区、合肥滨湖新区、郑州郑东新区、南宁五象新区、乌鲁木齐新区、沈阳沈北新区、石家庄正定新区，以及唐山曹妃甸新区、杭州钱塘新区等。此次调研涉及两个国家级新区：陕西西咸新区和甘肃兰州新区。

3.2.2 西咸新区空港新城的具体调研情况

3.2.2.1 空港新城的由来及基本规划情况

2013年9月和10月，国家主席习近平在出访中亚和东南亚国家期间，先后提出共建"丝绸之路经济带"和"21世纪海上丝绸之路"（简称"一带一路"）的倡议。2015年3月国家发展改革委、外交部、商务部联合发布了《推动共建丝绸之路经济带和21世纪海上丝绸之路的愿景与行动》，其中明确指出将支持西安建设航空港，发挥陕西综合经济文化优势，打造西安内陆型改革开放新高地。2014年1月6日，国务院发布国函〔2014〕2号文件，正式批复陕西设立西咸新区。至此，西咸新区正式成为国家级新区，是中国的第7个国家级新区。2014年5月14日，空港新城被中国民航局批复为西安国家航空城实验区，成为我国首个以发展航空城为定位的国家级临空经济区。规划延续西咸新区总体规划的整体空间结构，在空港新城形成"两片一核双环多点"的空间结构。通过泾河、北辰谷两条大型生态长廊，以及功能区间的生态廊道为分隔，形成"功能片区有机聚合、生态廊道穿插渗透"的田园城市总体空间形态，构筑生态化、点状化的空间布局体系。

3.2.2.2 空港新城开放过程中的政府管辖权演变

从空港新城以及西咸新区的开发过程中，其经历了管辖层级的变更。通过实地调研，我们了解到，西咸新区设立的最主要的初衷是为了能够扩大西安市的经济体量，推动其成为我国直辖市过程中的产物。因此，西咸新区的管辖权一直位于陕西省这一层级。除了这一考虑之外，另外一个重要的因素是，由于受到西安市城市布局的限制，西安的机场并没有建在西安市的辖区之内，而是建在了位于西安西侧的咸阳市的辖区之内。很明显，在这一过程中涉及不同地区之间公共基础设施的外溢性和协调问题。随着西安咸阳机场的落成，以及时任西安市委书记（同时任陕西省委常委）认为，陕西省的新区建设片区较多，同时管辖权并不整齐划一，不利于基层政府结合自身优势对新区进行针对性的开发和发展。因此，西咸新区以及其中的空港新城的管辖权由陕西省下沉至西安市。从目前的情况来看，这一管辖权的转变还没有完全完成，西咸新区的财政收入依然由陕西省进行统筹。

3.2.2.3 空港新城所依托的优势

从西咸新区以及空港新城的历史由来不难看出，其主要依托西咸机场这一航空交通枢纽展开，从其引入的企业以及产业的构成方面来看，物流业都占有举足轻重的地位，成为其主要产业之一。在调研过程中，对方单位仅和我们沟通了空港新城的基本情况，并没有过多提及有关空港新城的基本经济数据。为了能够从更加量化的角度考察空港新城中的交通运输业的重要性，并限于数据可得性，我们从其 2018 年财政支出的执行情况间接判断其交通运输业的重要程度：从 2018 年一般公共预算支出情况来看，其交通运输执行数为 1.262 亿元，在一般公共预算支出中，除去保证日常行政事务运营这一主要项目之外，在其他预算支出中，该项位居前列。此外，目前空港新城尚有较为充沛的待开发土地，预计未来能够带来比较显著的财政收入。从其 2019 年政府性基金预算来看，预算土地出让收入共计约 29.6 亿元，比 2018 年的快报数增长 60%以上。

3.2.2.4 空港新城的人员配置

根据我们的调研所了解到的情况，从编制角度来讲，人员大致可以分为三类：公务员编制、事业编制以及合同制。其中，事业编制占据了空港新城人员的主题。公务员编制相对较少，且比较集中。根据我们了解到的情况，公务员编制主要集中在空港新城管委会的人员构成之中。管委会主任以及副主任均为公务员编制，主要源自西安市原先的政府机关单位。我们从空港新城官方网站中的领导信息也证实了这一点。根据官方网站信息，目前空港新城管委会党委书记、主任原为西安市公安局阎良分局局长、党委书记。在其目前任现职的 5 位管委会副主任，原先均具有政府机关单位或国有企业任职经历。通过调研访谈，我们了解到，对于公务员编制的人员来讲，囿于在政府体制中上升空间的限制，任职空港新城在保留原先职级的同时，还能够获得更高的经济收入，对于他们而言，是激励相容的。同时，对于广大的事业编制的工作人员来讲，经济收入的显著提升也是其有意愿任职空港新城的主要动因。根据我们了解到的数字，对于空港新城的普通科级干部而言，一年的收入应在 36 万元上下，结合西安当地的物价、房价和消费水平，应该说还是相当令人满意的。尽管从西安市区到空港新城有一定的通勤距离，但是伴随着两条高速公路的铺设，其通勤成本大大降低。在调研过程中，对方单位的访谈对象向我们告知，在广东一些比较富裕的地区，新区的工作人员每月的收入应在 20 万～30 万元，其主要采取的是对当年 GDP 的承包体制。综合上述情况，在行政职级不发生重大改变的前提下，经济收入是吸引人们到新区工作的最为主要的驱动力。

图 3—1 调研团队与空港新城管委会相关负责人合影

3.2.2.5 空港新城发展中的潜在不足

根据本次调研所见，我们能够感觉到空港新城的两点不尽如人意的地方：(1)通过实地调研其一体化政务大厅，发现来办理企业相关的业务的人数很少。正常的工作时间，在空旷的大厅里面几乎无人。电子滚动屏中不断更新的业务信息也是当地为特定企业开具增值税发票的一些业务。在同相关人员交流过程中，我们了解到，在吸引企业、招商引资的过程中，实际中的认定的标准是税收注册地。也就是说，一个企业在空港新城投资，需要将税源注册地确定在空港新城，而其主要业务可能主要并不在空港新城本地，这也就是为什么代开增值税发票成为一体化政务大厅“主要”业务的原因。我们无法确定这种以税源注册地为确定招商引资依据的做法在全国范围的代表性如何。但是，这一现象也意味着，在了解一个地区招商引资状况中的实际情况，需要深入实际，仅从数字来进行判断可能存在高估的可能性。(2)尽管空港新城的规划面积相对较大，但是从其实际可利用面积来看，似乎缩水较为严重。其中的原因主要是两个因素：一是和西安自身悠久的历史渊源有很大关系。由于各朝各代的皇家陵寝较多，所以在开发过程中，出于对文物保护方面的考虑，不仅提高了开发成本，而且延缓了开发进度。另一方面，由于耕地红线的存在，空港西城的可利用开发面积受到了一定程度的限制。

图 3—2 陕西省西咸新区空港新城自贸区一体化政务大厅

3.2.3 甘肃省兰州新区

3.2.3.1 兰州新区概况

兰州经济技术开发区(简称兰州经济区)建于 1993 年,2002 年经国务院批准,成为甘肃省首家国家级经济技术开发区。地处甘肃省省会——兰州市的安宁区,位于城区中心西北黄河北岸。地势由西北向东南倾斜,海拔 1 517.3 米至 2 067.2 米,是兰州经济技术开发区核心地带,规划面积 9.53 平方公里,濒临百里黄河风情线,气候温和、地势平坦、环境幽雅,绿地覆盖率达 26%。区内入住各类企业 500 多家,有长风集团、兰州飞控仪器总厂、万里机电总厂等国有大中型企业 21 家。经过 25 年的发展,目前形成了“一区六园”(安宁园区、西固园区、红古园区、皋兰园区、机场北高新园区、皋兰生态修复与产业发展示范区)的空间布局,入驻企业 1 283 家,其中,工业企业 539 个,规模以上工业企业 67 家,高新技术企业 36 家。

3.2.3.2 本次调研概况

限于时间,本次我们利用一个下午的时间对兰州新区进行了初步的调研。从调研的结果来看,我们发现兰州新区有其自身的发展约束和条件:从发展约束来看,兰州新区无论从选址、项目选择还是发展现状看,都受到了兰州市地理条件的限制。从兰州的地理位置来看,其南北两面环山,中心城区的发展受到了很大的限制。不仅如此,缺乏平原地带,产业布局的便利性较差。兰州新区的选址位于其中心城区的西侧的一片

图 3—3　兰州新区展览馆相关介绍

存在一定平原面积的地带，距离中心城区约有 60 公里左右，其间需要通过一段狭长地带（见图 3—4）。将兰州新区选于此处，并非因为周围不环山，而是因为周围的山的土质相对松软，通过爆破等手段能够相对低成本地扩大平原面积。兰州新区和中心城区之间构成了一个“葫芦形”。

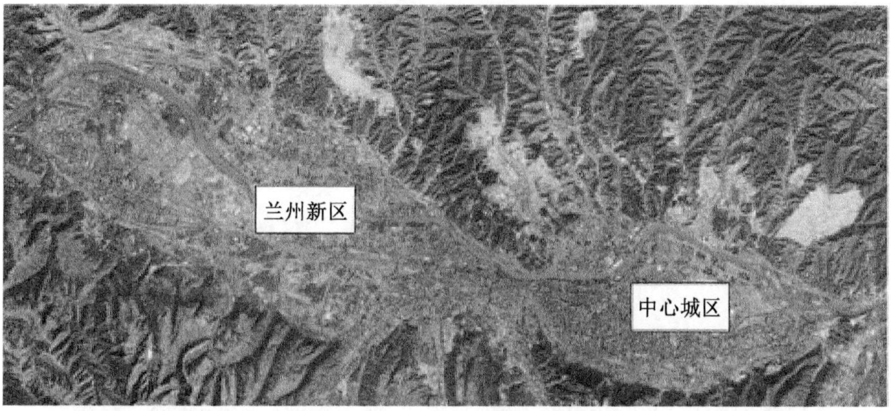

图 3—4　兰州中心城区与新区

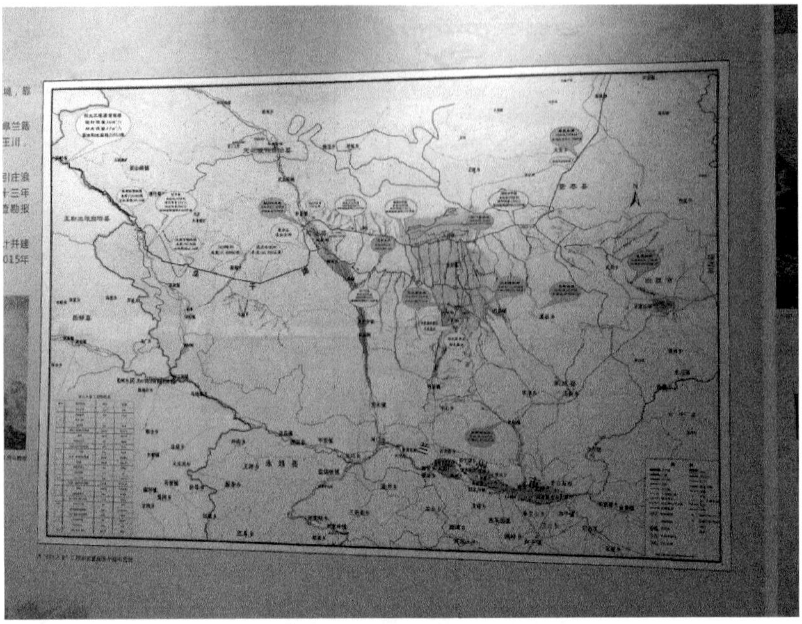

图 3—5 兰州新区地理位置

从我们此次重点调查的兰州新区的西固地区附近，能够看出其发展尚处于起步阶段见图 3—6 至 3—8。尽管已经有一些学校搬迁至该处，但是基本尚处于建设阶段。周围地区的房价在近期除了一定程度的上涨，基本延续“政府土地出让→扩大基建、土地整治→居民购房”等基本的开发模式。随着新区配套设施的不断改善，居民入住新区的意愿有所增强。

图 3—6 兰州新区职教园区规划图

图 3—7　兰州新区街道

图 3—8　兰州新区职教园区

3.3　环境保护问题

环境保护是本次调研的另一个核心主题。本次调研围绕大气和水两个方面。本次调研通过西安市长安区环保局出了解在了解大气和水污染治理的现实落实情况，以及在这一过程中政府间事权的相关调整。

3.3.1　西安落实环境保护政策的特殊背景

自十九大以来，习近平总书记曾多次重申了“绿水青山就是金山银山”的环保执政理念。环保是否达标成为各地各级政府重要的考核指标，在这一过程中伴随着地方政府行为的改变，环保政策的落地对经济和社会产生了深刻的影响。在环保问题上，西安面临着尤为突出的压力。由于在“秦岭别墅”事件中，陕西省委的前期督办不力，随着后期对这一问题的整顿，陕西省各级政府针对环保问题相比之于其他地区更为重视，实施措施更强，力度也更为显著。例如，时任陕西省常委、西安市委书记王永康，上任之初便登上西安城墙，发起了所谓的“捡烟头”行动。同时，随着 2016 年西安环境监测造假案的暴发及其得到的严肃处理，不难预见，之后西安市加强了环保措施实施力度以及相关环保措施的落地程度，这也为我们调研环保措施的实际操作和相关影响提供了难得的契机。

3.3.2　环保职能的政府间划分

从理论上讲，环保职能应该主要归于地方政府。基于对环保相关信息了解的便利性，原则上讲环保职能需要尽可能地下沉到基层的政府。然而，根据我们调研所见，实际情况与上述理论原则存在一定的距离。在现实中，伴随着监测技术的发展，上一级政府往往会在下一级行政区设立监测站，对空气、水污染的情况进行实时监测和监管。同时，区级政府的环保局也负责对本区空气、水污染进行监测。还是以陕西省为例，中央政府在陕西省设立国控空气质量监测站，实施纵向管理。而陕西省政府在下辖各市区也设立省控空气质量监测站，实施专门管理。这种模式一直落实到区县一级。

对于区县一级的环保部门，除负责本区的环境质量检测之外，更为主要的职能体现在两个方面：一方面，从平级机构横向来看，环保部门起到了居中联络协调的角色，这一角色并非只有象征性，而是发挥着实质性的作用，背后的重要原因是地方党委或政府的最高长官将环保指标放在了十分靠前的位置，给予高度重视。同时，环保部门的居中协调作用几乎涉及政府的所有职能部门，甚至包括了公检法部门，这是因为在日常处理环保事务的过程中，法律和公安事务时有发生。从实际情形来看，环保部门在政府职能部门中的地位日渐突出。另一方面，从环保部门与更为基层的治理机构（例如街道）之间的关系来看，通过微信等通信工具在日常工作中的运用，基本能够做到对于污染源地的实时监控、实时发现污染源，并迅速采取实际措施化解污染源，以维持环境监测指标在合理区间。从具体操作环节来看，各个区下辖各街道的环保专员、环保部门以及各相关职能部门有一个日常的工作微信群，其工作机制是：环保部门一旦发现环境监测指标出现异常，会迅速划定异常区域，相关区域的街道会迅速派出专门的负责人员去排查可能的污染源，锁定之后，迅速将污染源的信息以及可能的解决办法发送在微信群中，环保部门会同相关部门的负责人员会迅速采取措施前往污染源采取相关的措施。整个反应过程非常迅速。

除了上述体制机制的保障之外，环保任务的完成还与环保部门以及地区党政一把手的工资奖金相挂钩。以区环保局为例，如果环保任务的完成位于全市前列（一般是前三名），那么年末区环保局主要领导会有四万元左右的奖金，下辖相关人员也会有金额不等的奖金。如果完成全年环保任务（例如，全年空气质量优良的天数等指标），但是没有排进全市前几名，那么区环保局主要领导的奖金就会被削减甚至取消，但下辖相关人员的奖金仍然保留。如果全年的环保任务没有完成，那么所有相关人员的奖金将被全部取消，这种从领导到基层人员递减式的激励模式更加强化了区环保局主要领导的责任，进而始终保证了环保问题在较高领导层级上始终得到持续关注。此外，从更高级别政府官员（如区政府、市政府和省政府领导）的考核来看，实行环保的一票否决制，即如果环保不达标，则对其业绩考核即为不合格，这也保证了环保问题在相关处置上的“高级别”特征。

和大气监测有所不同的是，在水污染监测的过程中，责任落实更加分工明确，同时依然保持了“高级别”的特征。伴随着“河长制”的落实，在不同的行政区域内，都配有高级别的领导干部作为河长。仍然以西安市为例，在西安市辖区的河流，党委一把手亲自担任河长，然后不断将河流分段，由不同级次的领导担任科长。落实到长安区环保局，最起码的要求也是副局长负责某一段流域的督查任务。在“河长制”的实际落实过程中，往往形成了“以上促下”的局面：即伴随着上级领导相对频繁、随机地视察所负责流域的污染情况，对下级负责人产生了较大压力，使其形成了定期视察、现场解决问题的工作方法和作风。

此外，和大气监测有所不同的另外一个方面是，水污染在城乡之间存在较大差别。由于监测设备更加便于在市城区进行安装并进行实时监测，城区的水污染状况相对较好。另外，与空气治理类似，不少重度污染的企业要么被要求限期整改，要么被勒令搬迁，要么被关闭，因此对城区的影响相对有限。与此同时，水污染标准的不断提高，水污染对于城市居民的影响越来越小。但是，在农村地带，水污染的问题相对更为严重。由于农村地区缺乏完备的、能够达到相关标准的污水处理装置、难以监管，以及部分产业天然对水资源的污染（例如，养猪行业）等因素的存在，对于农村地区的水污染监测和治理的工作难度很高，也是目前西安市长安区水污染监测和治理的重点和难点。

3.3.3 环保政策的实施效果

从西安市长安区的实际情况来看，从环境监测指标的角度讲，其环保政策实施的效果十分显著，全年空气质量优良的天数明显增加，地下水质量显著改善，在目前环保工作“高级别”执行的情况下，取得的成绩并不令人感到意外。尽管这些成绩背后包含了基层人员所付出的大量努力和具体细致的工作，但是不断提升的环境质量的确改善了市民日常的生活环境。不可否认的是，环保政策如此严苛地执行也给一个区域的经济造成了明显的影响。从我们本次的调研所取得的情况来看，严厉的环保政策所带来的影响主要体现在，行政性的手段经常被用于环保政策的落地过程之中。例如，在西安市长安区，对于超过排放标准的企业，区环保局采取的措施是勒令企业限期整改，如果不达标，就勒令其停产关闭。从理想的情况来讲，职能部门应该根据排污企业的实际情况，分步骤有序地化解其对环境的不利影响。但是，限于考核的压力，行政性的手段能够起到立竿见影的效果，实现环保质量达标的目标。在项目的审批过程中，一个项目是否会对环境产生显著影响成为评判该项目是否应该上马的决定性因素。至于该项目的社会经济效益，往往成为评判的次要标准。这无疑具有一定的本末倒置的色彩，但是与地方政府和职能部门官员的所面临的激励是一致的。一个项目的上马与否、是否予以关闭，从事后的影响来看，影响的并不仅仅是这个项目或企业本身，而是会影响到与之相关的上下游行业，对于经济具有显著的负面影响，这无疑均加剧了环保治理的经济成本。

因此，通过本次调研，我们认为，在严厉的环保政策下，其具体的实施成本需要被重新评估，以便深入理解相对优化的环保政策的实施步骤和相对合适的实施力度。

3.4　总　结

围绕新区建设和环境保护两大重要主题，通过本次调研，我们对于相关的现实、政策实施和相关主体的行为背后的激励有了更加清晰的认识，并且对于相关政策在实际中的落地状况与造成的影响有了更加深入的了解。从对学术研究的作用角度来讲，通过本次调研，使我们更加清楚地了解到现实中地方政府等不同行为主体所面对的具体的约束条件，从而为我们从理论层面更好地理解其行为逻辑提供了大量的素材和现实支撑。

4. 人工智能调研报告

4.1 调研背景和调研内容

4.1.1 研究背景

人工智能作为新一轮科技革命和产业变革的核心驱动力，将深刻改变人类社会生活，改变世界。随着人工智能在无人驾驶、智能安防、智能教育、公共服务、城市运行等领域的全面拓展，"人工智能＋"将无处不在，拥抱人工智能才能拥有未来。作为影响面广的颠覆性技术，人工智能正深刻重构经济社会，大量行业将面临重新定义，就业结构和社会治理将面临冲击和调整，与此伴随着巨大的时代机遇。当前，我国科技创新处于"三跑并存"新阶段，经济发展处于新旧动能转换关键期，2017 年国务院已发布实施的《新一代人工智能发展规划》从国家层面对人工智能进行系统布局，对于我国抢占科技制高点，推动供给侧结构性改革，实现社会生产力新跃升，提高综合国力和国际竞争力具有重要意义。

目前，人工智能的快速发展，呈现以下发展态势：(1)人工智能发展进入新阶段。在移动互联网、大数据、超级计算、传感网、脑科学等新理论新技术以及经济社会发展强烈需求的共同驱动下，人工智能加速发展，呈现出深度学习、跨界融合、人机协同、群智开放、自主操控等新特征。(2)人工智能成为国际竞争的新焦点。人工智能是引领未来的战略性技术，世界主要发达国家把发展人工智能作为提升国家竞争力、维护国家安全的重大战略，加紧出台规划和政策，围绕核心技术、顶尖人才、标准规范等强化部署，力图在新一轮国际科技竞争中掌握主导权。(3)人工智能成为经济发展的新引擎。人工智能作为新一轮产业变革的核心驱动力，将进一步释放历次科技革命和产业变革积蓄的巨大能量，形成从宏观到微观各领域的智能化新需求，催生新技术、新产品、新产业、新业态、新模式，引发经济结构重大变革。(4)人工智能带来社会建设的新机遇。人工智能技术可准确感知、预测、预警基础设施和社会安全运行的重大态势，及时把握群体认知及心理变化，主动决策反应，将显著提高社会治理的能力和水平，对有效维护社会稳定具有不可替代的作用。

在此背景下，上海市为贯彻落实国务院《新一代人工智能发展规划》(国发〔2017〕35 号)的有关要求，聚焦人工智能创新发展，加快人工智能在重点行业场景中的应用，推动人工智能产业协同创新和生态培育，依据《上海市产业转型升级发展专项资金管理办法》(沪经信规〔2015〕101 号)，制定了《上海市人工智能创新发展专项支持实施细则》。与此同时，面对充满无限可能的智能时代，上海深入贯彻落实习近平总书记重要指示精神，积极顺应大趋势、抢抓大机遇，继续主办了 2019 世界人工智能大会。因此，上海市人工智能产业的未来发展，是上海作为国际科技创新中心的重要产业基础，也是提升城市能级和核心竞争力的未来产业保障。

4.1.2 研究内容

因此，本课题主要梳理上海市人工智能的发展现状，并与北京、深圳、杭州和合肥等城市进行重点比较，并围绕"2019 世界人工智能大会"对上海市人工智能企业进行专项调研，在此基础上总结上海市人工智能产业的未来布局及相应的财税扶持政策。具体如下。

第一，人工智能行业的发展现状和未来趋势。当前，新一代人工智能相关学科发展、理论建模、技术创新、软硬件升级等整体推进，正在引发链式突破，推动经济社会各领域从数字化、网络化向智能化加速跃升。新一代人工智能作为新一轮科技革命和产业变革的核心力量，将重构生产、分配、交换、消费等经济活动各环节，形成从宏观到微观各领域的智能化新需求，催生新技术、新产品、新产业，引发经济结构重大变革，推动产业转型升级、实现生产力的新跃升。基于此，本部分核心梳理新一代人工智能将带来哪些新的机遇，以及人工智能哪些行业可能产生广泛应用，从而为总结上海市人工智能未来布局提供基础。

第二，上海市人工智能产业的发展现状和未来布局。在面向全球面向未来提升上海城市能级和核心竞争力的背景下，并紧扣中国制造 2025 的计划，鼓励创新和研发，大力发展人工智能等新兴行业，这些产业新动能将成为上海经济可持续发展的根基。基于此，本项目将梳理上海市人工智能产业的发展现状，主要利用上海市的工商登记注册企业系统，获取所有的人工智能企业，从而深入分析现有的发展现状。同时，本项目将对比上海、北京、深圳和杭州的人工智能产业发展现状。最后，基于人工智能的未来发展趋势和上海市的产业基础，本项目提出上海市人工智能产业的未来可能布局。

第三，鼓励上海市人工智能产业发展的政策措施。人工智能是引领未来的战略性技术，各个城市也把发展人工智能作为提升城市竞争力的重要规划，比如：北京市的《人工智能产业培育行动计划》；浙江省的《浙江省新一代人工智能发展规划》；深圳市的《科技创新“十三五”规划》，聚焦人工智能产业的孵化和培育等。那么，上海市的人工智能产业具有何种特点，应该给予什么扶持政策，这都是亟待回答的现实问题。因此，本项目在梳理总结上海市人工智能产业的发展趋势和未来布局的基础上，通过对比其他城市的鼓励政策，最后提出针对性的政策建议，从而加快上海市人工智能产业的规划和政策，围绕核心技术、顶尖人才、标准规范等强化部署，力图在新一轮科技竞争中掌握主导权。

4.1.3　调研方案

围绕以上研究内容，本课题组成员在导师指导下于 2019 年上半年进行了调研大纲设计和初步资料整理，具体商定围绕两个方面进行专题调研：一方面，梳理整理人工智能的扶持政策，具体分为国家层面和地区层面，尤其关注重点城市和上海市内各区的政策；另一方面，实地调研人工智能企业和行业协会，以此获取人工智能扶持政策在企业层面的落实情况。

4.1.3.1　政策梳理

政策梳理内容见表 4－1 所示。

表 4－1　　政策梳理内容

政策层级	主要来源	主要内容	资料来源
国家层面	国务院 发改委 工业和信息化部 科技部	战略目标 发展规划 行动计划 创新平台	官方网站
省级层面	各个省份	产业规划 技术突破 应用推广	官方网站 律商网
城市层面	北京	资金鼓励	官方网站 律商网 北大法律信息网
	杭州	财政补贴	
	深圳	经费资助	
	合肥	税收优惠	
上海区级	浦东新区	张江科学城	官方网站 实地走访
	杨浦区	长阳创谷	
	徐汇区	西岸国际 AI 中心	
	闵行区	马桥 AI 实验区	

资料来源：笔者整理。

4.1.3.2　实地调研

在实地调研方面，本团队主要调查人工智能企业和行业协会。在调查企业方面，团队主要按照人工智能产业链分为基础层、技术层和应用层三个方面进行区分。其中，基础层主要包括：华为的 AI 芯片和云计算、腾讯的云计算和大数据、阿里的云计算等；技术层主要包括计算机视觉的依图科技、智能语音的科大讯飞；应用层主要包括无人驾驶的和图智车、智能安防的海康威视、智能教育的科大讯飞、工业机器人的埃夫特、智能金融的合合信息和蘑菇科技等。具体见表 4—2。

表 4—2 **实地调研内容**

城市	调研对象	调研形式和内容
深圳	人工智能产业协会	会长，正式座谈
	华为	技术和财务人员，个人访谈
	腾讯	技术和财务人员，个人访谈
	和图智车	CEO，正式座谈
	蘑菇智能	董事长，正式座谈
合肥	科大讯飞	CFO，正式座谈
杭州	海康威视	财务人员，个人访谈
芜湖	埃夫特	董事长，正式座谈
上海	合合信息	董事长，正式座谈
	依图科技	工作人员，人工智能大会
	小 i 机器人	工作人员，人工智能大会
	上海数据交易中心	工作人员，人工智能大会

资料来源：笔者整理。

4.2 人工智能的技术发展、产业链分布和行业现状

人工智能技术的进步为人类的发展开辟了新的纪元，同时也给我们带来了新的挑战。近年来，机器在完成某些特定任务的表现极为优异，甚至已经赶超人力。在未来，这种现象将会越来越多。本部分简要回顾和梳理了人工智能技术的发展历史，并详细介绍人工智能技术。

4.2.1 人工智能的概念及发展

人工智能这一概念首次提出是在 1956 年。由四位图灵奖得主约翰·麦卡锡(J. McCarthy，斯坦福大学教授)、马文·李·闵斯基(M. L. Minsky，麻省理工学院教授)、赫伯特·西蒙(H. Simon，卡内基梅隆大学教授)，艾伦·纽厄尔(A. Newell，卡内

基梅隆大学教授),克劳德·艾尔伍德·香农(Claude Elwood Shannon,信息理论之父)、纳撒尼尔·罗彻斯特(Nathaniel Rochester, IBM 第一代通用计算机 701 主设计师)在美国达特茅斯(Dartmouth)学院提出。并将其定义为使机器具有与人类相似的理解、思考和学习的能力,并指出使电脑模仿人类思考的可能性。具体定义为:人工智能是指能够像人一样进行感知、认知、决策和执行的人工程序或系统。感知智能,即机器具有“能听会说、能看会认”的能力,主要涉及语音合成、语音识别、图像识别、多语种语音处理等技术;认知智能,即机器具有“能理解会思考”的能力,包括智能客服、机器翻译、教育评测、医疗辅助诊断和法庭辅助庭审等知识服务。

第一次浪潮发生在 20 世纪 80 年代,主要集中于某些定义明确基于规则的专家系统,其研究对象主要是手工采集的知识。这些知识由人类专家采集,并被转化成“如果—那么”这种形式,然后在硬件终端实现。这样的系统推理过程,可以被成功地应用到某些特定问题,但它没有能力学习或处理不确定的问题。然而,这一技术仍然可以推出一些问题的重要解决方案。而且在技术日新月异的今天,它们仍然极具生命力。

第二次浪潮是从 2000 年开始,其特点是将机器学习引入。现今,大量可利用的数字数据,相对廉价的大规模并行计算费用,先进的机器学习技术为人工智能在图像和文字识别、语音理解和人类语言翻译上的应用带来了又一次飞跃。这些进步的成果无处不在:智能手机的语音识别、自动取款机的手写识别、垃圾电子的过滤和免费的在线机器翻译。这些成功案例的关键都是深度学习的发展。

第三次浪潮是当下正在进展的,其重点在于发展人工智能技术的可解释性和可扩展性。这些方法有以下几个目标:使得人工智能模型可以被解释和修改,并建立这样的模型修正的接口。同时,明确输出结果的正确性和可靠性,通过高度透明的架构,实现超越狭义人工智能的作用。这样的系统可以使其在更广泛的领域加以推广。如果这样的努力可以得到成功,工程师们便可以通过创建人工智能系统来实现应用当中的各种可解释解释模型,以方便人与人的自然沟通,并且,当他们遇到新的场景时,可以自动学习、推理,并通过对过去经验的概括,去解决新的问题。

4.2.2 人工智能的关键技术和产业链

根据斯坦福大学 Stone 等研究团队的细致研究和具体定义,将人工智能领域的技术界定为以下 11 种,具体包括:大规模机器学习、深度学习、强化学习、机器人、计算机视觉、自然语言处理、协同系统、众包和人类计算、算法博弈理论和计算机化的社会选择、物联网、神经形态计算。通过分析我们可以发现,基于大数据的人工智能、互联网群体智能、多模态智能、人机混合智能和自治智能系统确实需要这些技术予以支撑。例如,基于大数据的人工智能、多模态智能需要大规模机器学习、深度学习、强化学习支持；互联网群体智能需要自然语言处理、协同系统、众包和人类计算着三种技术；计算机视觉可以用来支持多模态智能；人机混合智能包括机器人、物联网等技术；自治智能系统包括博弈算法和计算化的社会选择、神经形态计算等技术。

人工智能的产业链包括三层：基础层、技术层和应用层，具体见图 4－1。

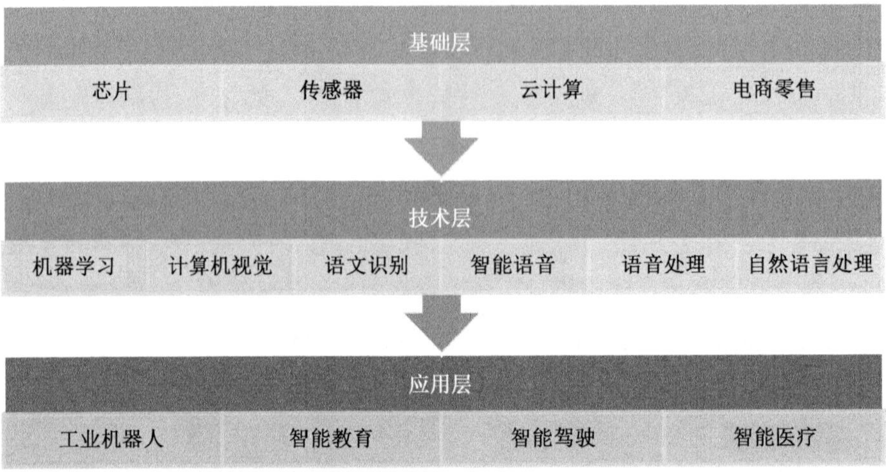

资料来源：wind 人工智能产业链。

图 4－1　人工智能行业的产业链分布

第一，基础层为人工智能产业奠定网络、算法、硬件铺设、数据获取等基础。基础层主要涉及数据的收集与运算，这是人工智能发展的基础，主要包括 AI 芯片、传感器、大数据与云计算。其中，传感器及大数据主要负责数据的收集，而 AI 芯片和云计算负责运算。

第二，技术层以模拟人的智能相关特征为出发点，构建技术路径。目前，技术层是人工智能产业发展的核心。技术层主要依托基础层的运算平台和数据资源进行海量识别训练和机器学习建模，以开发面向不同领域的应用技术，包括感知智能和认知智能。其中，感知智能通过传感器、搜索引擎和人机交互等实现人与信息的连接，获得建模所需数据，如语音识别、图像识别、自然语音处理和生物识别等；认知智能对获取的数据进行建模运算，利用深度学习等类人脑的思考功能得出结果。可见，只有在技术层基础上，人工智能才能够掌握“看”与“听”的基础性信息输入与处理能力，才能面向用户演变出更多的应用型产品。

第三，应用层集成一类或多类人工智能基础应用技术，面向特定应用场景需求而形成的软硬件产品或解决方案。应用层是建立在基础层与技术层基础上，实现与传统产业的融合发展以及不同场景的应用。随着深度学习、计算机视觉、语音识别等人工智能技术的快速发展，人工智能与终端和垂直行业的融合将持续加速，对传统的家电、机器人、医疗、教育、金融、农业等行业将形成全面而全新的塑造。

根据以上背景，我们的调研企业按照基础层、技术层和应用层三个方面进行。其中，基础层面选择了 AI 芯片的，云计算的阿里云和腾讯云；技术层选择了计算机视觉的旷视科技和智能语音的科大讯飞；应用层选择了无人驾驶的和图科技、智能金融的合合信息和蘑菇科技、智能安防的海康威视、智能助理的小 i 机器人。

4.2.3 人工智能行业发展现状

随着全球人工智能技术的日益成熟，以及国家政策的支持力度逐步加大，中国人工智能产业如火如荼地发展着，各大企业飞快布局，创业群雄并起角力，将实验室中的技术概念引入商业场景，渗入大众生活的每一个角落。根据亿欧智库统计，2014—2016 年间创业热潮显著，集中在行业解决方案、机器人、企业服务和汽车行业。此后人工智能领域创业增速减缓(见图 4—2)。

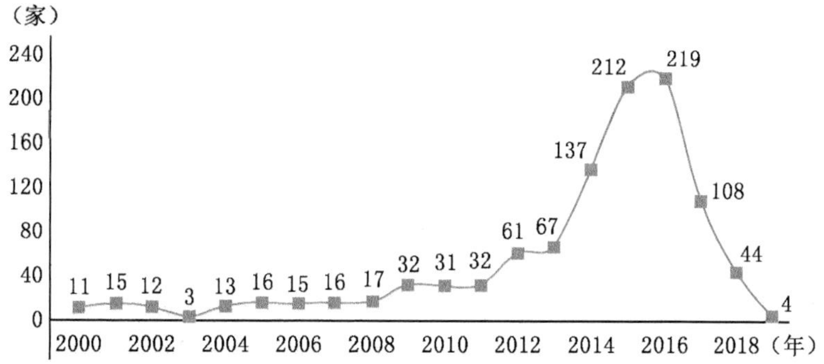

资料来源：亿欧智库(2019)。

图 4—2 人工智能企业新创公司数量(2000 年至今)

截至 2019 年 5 月，中国人工智能企业共计 1 093 家，其中 78%的企业成立于 2012 年以后，集中在行业解决方案、机器人、企业服务和汽车行业。并且，自 2012 年起，人工智能创业初见端倪，到 2014 年中国正式迎来人工智能创业热潮，再到 2016 年攀至顶峰，之后创业热度出现走低。

在技术应用方面，根据图 4—3 可知，在 13 项人工智能技术方向中，计算机视觉、数据挖掘、智能语音分列前三。若以 2017 年至 2019 年 5 月为节点，该时间内创立企业的所属技术领域占比与整体结果相比，有所不同：计算机视觉(32%)依然保持第一；深度学习(18%)和机器人相关技术(10%)则超过数据挖掘以及智能语音，分列第二、第三。

根据图 4—4 可知：投资频数方面，在 2012—2017 年持续走高的背景下，2018 年

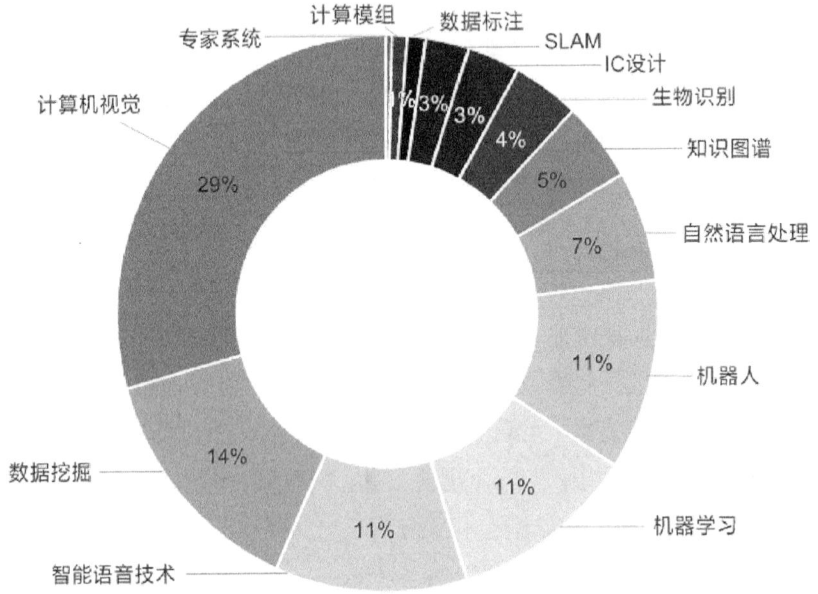

资料来源:亿欧智库(2019)。

图 4—3 中国人工智能技术应用分布

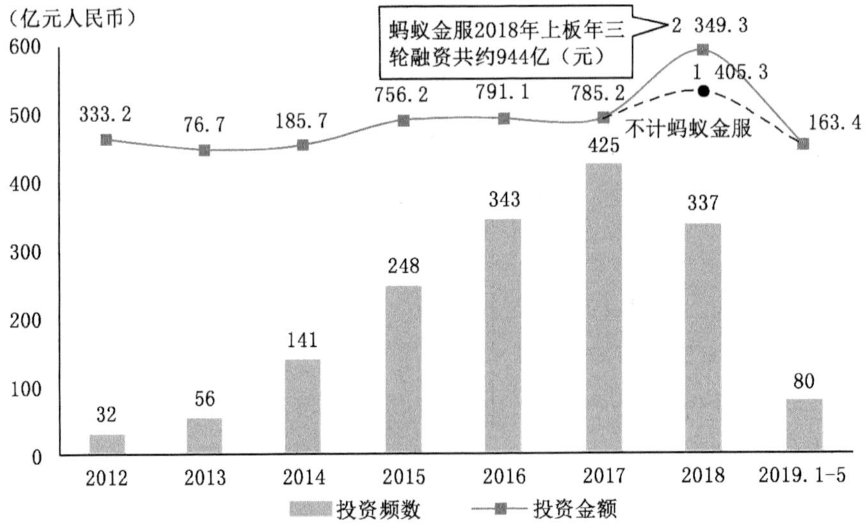

资料来源:亿欧智库(2019)。

图 4—4 中国人工智能私募股权投资市场整体情况

中国私募市场中的人工智能投资频数有所回落,同比 2017 年下跌 20.7%。2019 年 1—5 月的投资频数是 2018 年全年的 23.7%,预计 2019 年全年投资频数将继续回落,达到 2018 年全年的一半水平。投资金额方面,2012—2017 年整体稳中有升,其中

2015 年更是同比增长了 3 倍。2018 年的投资金额达到历史峰值，且当年投资频数有所下降，可知单笔平均投资额显著提升，具体来看（不计蚂蚁金服）：单笔平均投资额：2016 年 2.3 亿元，2017 年 1.8 亿元，2018 年 4.2 亿元。其中，2019 年 1 月至 5 月投资额为 163.4 亿元，单笔平均投资额为 2.1 亿元，较 2018 年下跌 50%。同时 2019 年投资频数也将继续下降，由此可知，2019 年人工智能投资市场将遇冷回落。

4.3 人工智能企业的发展现状：调研经验总结

本节主要按照基础层、技术层和应用层进行总结调研企业的现状和发展趋势，并在科大讯飞和海康威视的分析中强调政府补贴和税收优惠政策，并在最后重点分析了人工智能的中介机构：上海数据交易中心和深圳人工智能产业协会。

4.3.1 AI 基础层——芯片：华为

AI 芯片是人工智能的“大脑”，市场规模呈快速增长态势。早期人工智能运算主要借助云计算平台和传统 CPU 相互结合的方式。但随着深度学习等对大规模并行计算需求的提升，开始了针对 AI 专用芯片的研发。目前 AI 芯片主要类型有 GPU（图形处理器）、FPGA（现场可编辑门阵列）、ASIC（专用定制芯片）和类人脑芯片四种。华为主要聚焦于 ASIC 芯片的研发和应用，具体调研发现如下。

第一，AI 芯片在智能手机领域的快速应用。在智慧手机 HUAWEI Mate 20 系列中，集成双 NPU 的人工智能处理器麒麟 980，是华为新一代 7nm 制程 SoC 芯片，集成 69 亿颗晶体管，基于 Cortex－A76 架构 CPU，性能提升 75%，能效提升 58% ；Mali－G76 架构 GPU，性能提升 46%，能效提升 178%，结合 GPU Turbo2.0 技术，实现 Top5 游戏高帧率条件下整体功耗下 20%，性能提升 60%。独创的三摄矩阵多焦技术，配合 AI 智慧芯片，实现手持超级夜景新体验，夜拍夜景更绚丽，并支持超广角、超微距、多焦段等多种拍摄模式。EMUI 9.0 通过底层编译优化，整体性能提升 20%，同时多轮多域的对话管理技术为用户带来焕然一新的智慧体验。

第二，AI 算法与基础理论研究均取得突破。具体体现在，创新性的“达芬奇”架构，有效地把 AI 运算单元的二维向量运算推向三维张量运算，能效比业界领先，并拉通了跨越 5—6 个数量级的 AI 运算与应用一一从云端训练到自动驾驶、智慧城市、智慧手机、智慧耳机/音箱等应用。视频 HDR 和视频语义理解等研究成果落地 P20/Mate20 旗舰机，量化压缩算法使千元机也可拥抱 AI，上线的多轮对话与搜索推荐技术持续提升用户体验；决策推理与分析优化算法在网络大脑、GTS 大脑、供应大脑等领域落地并取得明显效果。探索 AI 基础理论，首创共享元学习框架在终端推荐和网络控制场景取得突破，模型大幅压缩，精度更高，隐私保护更好。在顶级学术会议上发表高水平论文数十篇，包括一篇 NeurIPS 2018 年最佳论文。

第三，人工智能生态体系不断完善和建设。具体依托自研昇腾(Ascend)芯片、Atlas 智能硬件、CANN 算子开发工具、MindSpore 训练和推理框架、ModelArts 人工智能开发平台，发布人工智能全栈、全场景、全流程的开放能力。围绕全周期的 AI 开发工作流，华为提供了包括数据管理、算法开发、模型训练、模型部署、模型市场、运维管理等在内的一站式人工智能开发平台 ModelArts，在斯坦福大学发布的 DAWN-Bench 最新成绩中，ModelArts 在图像识别的总训练时间上排名世界第一，仅需 9 分 22 秒。

人工智能技术正在推动产业智能化升级，深刻改变着每一个行业。智能化成为驱动行业应用上云的最强动力之一。人工智能在使用上存在“慢”与“贵”两大瓶颈：“慢”指人工智能应用从早期数据标注到模型训练到最终使用，所需时间长；而“贵”指人工智能算法消耗的算力大，算力资源贵，模型及资源获取复杂且困难。华为在人工智能领域从芯片到算法等基础研究上有长期深厚的积累，有能力通过端、边、云建立开放的平台，结合人工智能技术，华为与生态合作伙伴一起使能各行各业智能化升级，让更多的企业受益于 AI。

4.3.2　AI 基础层——云计算：腾讯

传统实现移动终端人工智能的方法是通过网络把终端数据传送至云端，云端计算后再把结果发回终端。当前人工智能主要的计算平台还是云计算。根据部署模式或服务形式的不同，云计算可分为基础设施即服务(IAAS)、平台即服务 (PAAS)、软件即服务 (SAAS)三类。其一，IAAS，分为公有云、私有云和混合云三种形态，提供给客户的服务是对基础设施的使用，包括处理器、存储和网络等基本计算资源，用户能够部署和运行操作系统、应用软件等程序。其二，PAAS，将软件研发的平台作为一种服务，用户可以在此平台研发、存储各种软件或应用程序。其三，SAAS，提供给客户的服务是运行在基础设施上的应用程序，用户可以在各种设备上通过互联网访问，如浏览器。

在云计算方面，腾讯云有着深厚的基础架构，并且有着多年对海量互联网服务的经验，不管是社交、游戏还是其他领域，都有多年的成熟产品来提供产品服务。腾讯在云端完成重要部署，为开发者及企业提供云服务、云数据、云运营等整体一站式服务方案。具体包括云服务器、云存储、云数据库和弹性 web 引擎等基础云服务，腾讯云分析(MTA)、腾讯云推送(信鸽)等腾讯整体大数据能力，以及 QQ 互联、QQ 空间、微云、微社区等云端链接社交体系。这些正是腾讯云可以提供给这个行业的差异化优势，造就了可支持各种互联网使用场景的高品质的腾讯云技术平台。

腾讯云是作为智慧产业解决方案的基础。腾讯将云计算技术与 AI 及数据分析功能结合，协助不同行业的数字化转型，网络安全功能令云解决方案更为稳定和可靠。2018 年，凭借行业专业知识及坚稳的基础设施，腾讯云在网络游戏及视频流媒体等垂直领域保持市场领先地位。目前，腾讯云为超过一半的中国游戏公司提供服务，并正在拓展海外市场。透过在垂直领域的战略性合作，我们迅速扩大了互联网服务的客户基础。主要范畴包括电子商务、咨询社交、手机制造商应用商店及智慧交通。我们进一步扩大了在金融及零售等其他重要行业的业务。同时，腾讯云是中行、建行及招行等头部银行的首选合作伙伴。大部分的头部互联网金融和保险公司是腾讯云的客户。

除此之外，腾讯云为数百万的企业和开发者提供安全稳定的云计算服务，涵盖云服务器、云数据库、云存储、视频与 CDN、域名注册等全方位云服务和各行业解决方案。进一步地，腾讯云亦会扩展金融科技解决方案及产品组合，以满足用户的财富管理及财务需要。在云服务方面，我们将整合先进的云计算能力、数据分析、AI 及安全解决方案，为零售、金融、交通运输、医疗保健及教育等不同产业提供定制解决方案。我们将助力企业升级及创新，迎接数字化时代。

4.3.3 AI 基础层——云储存：阿里巴巴

阿里云创立于 2009 年，是全球领先的云计算及人工智能科技公司，为 200 多个国家和地区的企业、开发者和政府机构提供服务。2017 年 1 月阿里云成为奥运会全球指定云服务商。2017 年 8 月阿里巴巴财报数据显示，阿里云付费云计算用户超过 100 万。阿里云致力于以在线公共服务的方式，提供安全、可靠的计算和数据处理能力，让计算和人工智能成为普惠科技。阿里云在全球 18 个地域开放了 49 个可用区（了解全球基础设施），为全球数十亿用户提供可靠的计算支持。此外，阿里云为全球客户部署 200 多个飞天数据中心，通过底层统一的飞天操作系统，为客户提供全球独有的混合云体验。

ET 大脑是阿里云研发的超级智能，用突破性的技术，解决社会和商业中的棘手问题。目前已具备智能语音交互、图像/视频识别、机器学习、情感分析等技能，ET 大脑的核心能力在于多维感知、全局洞察、实时决策、持续进化在复杂局面下快速做出最优决定。针对各行各业，阿里云的科学家对 ET 大脑进行专项训练，研发出了 ET 城市大脑、ET 工业大脑、ET 医疗大脑、ET 环境大脑等，在各行各业成为人类的强大助手。主要用途如下：第一，人工智能治理交通。杭州城市数据大脑是一座城市的人工智能中枢。其内核采用阿里云 ET 人工智能技术，可以对整个城市进行全局实时分析，自动调配公共资源，修正城市运行中的 Bug，最终将进化成为能够治理城市的超级人工智能。第二,智能客服。双十一当天,蚂蚁金服客户中心服务量超过500万人次,94%以上通过人工智能ET提供服务,解决客户问题。

飞天(Apsara)是由阿里云自主研发、服务全球的超大规模通用计算操作系统。它可以将遍布全球的百万级服务器连成一台超级计算机,以在线公共服务的方式为社会提供计算能力。从PC互联网到移动互联网到万物互联网,互联网成为世界新的基础设施。飞天希望解决人类计算的规模、效率和安全问题。飞天的革命性在于将云计算的三个方向整合起来:提供足够强大的计算能力,提供通用的计算能力,提供普惠的计算能力。飞天诞生于2009年2月,目前为全球200多个国家和地区的创新创业企业、政府、机构等提供服务。

4.3.4 AI技术层——计算机视觉:依图科技

依图科技,创立于2012年9月,致力于人工智能创新性研究,将先进的人工智能技术与行业应用相结合,建设更加安全、健康、便利的世界。

依图深耕计算机视觉、语音识别、自然语言理解、人机交互等人工智能基础技术研究,并深入大数据平台、芯片等底层基础设施建设。依图真正让人工智能技术落地,并在智能安防、智能医疗、科技金融、智慧城市、新零售、智能芯片等多个领域推出全球领先的创新技术和产品。今天的依图人脸识别技术已突破亿级静态比对,搭建了十亿级的全球人像系统,并服务G20峰会、博鳌亚洲论坛、全国两会等国家级会议和赛事的安保工作。依图医疗智能辅助诊断系统已在百余家三甲医院落地。

当前,依图带着国际视野组建了世界一流的研发团队,参与人工智能领域的基础性科学研究,致力于全面解决机器看、听、理解的根本问题。2017年依图投资了人工智能制药公司AccutarBio和人工智能芯片公司ThinkForce,不断拓展在人工智能领域的技术和商业布局,并在美国、新加坡等国家设立办事处机构,迈出全球化的发展脚步。

目前,依图科技的核心业务包括如下方面:第一,智能安防,新安防真智能。依图智能安防平台,以数据智能为核心,将自主研发的计算机视觉、语音识别、声纹识别等世界先进人工智能技术与行业应用深度结合,为平安城市、智能交通和智慧金融等提供安全可靠的应用平台,构建城市和行业专属的智能安防体系。第二,依图医疗,人工智能关爱健康。依图医疗立志成为人工智能变革医疗的引领者,提升医疗生产力,拓展医疗新疆界,帮助人类更准确、更全面、更深刻地认识和超越自我,理解和战胜疾病。第三,智慧金融,人工智能护航金融业智慧转型。作为金融领域出色的A服务商,依图将实际的业务场景需求与公司已有的成熟产品进行深度融合,让技术服务业务创新,用业务反哺技术进步。依图自主研发的金融行业解决方案已覆盖金融各个领域,并针对各细分结合用户场景，提供完整的智慧金融解决方案。助力金融业加速完成智慧转型，真正实现城市智慧型金融新模式。第四，智慧园区，驱动园区及建筑生态智慧化升级。依图将全球先进的 A 技术融入园区生态链、业务链中，持续拓展行业边界，不断提供满足场景业务需求的产品及解决方案，帮助客户优化价值链，提升运营效能，增强用户体验。

4.3.5 AI 技术层——智能语音：科大讯飞

科大讯飞专业从事于人工智能技术研究、软件及芯片产品开发、知识服务，人工智能相关核心技术始终保持国际领先水平。公司以“让机器能听会说，能理解会思考，用人工智能建设美好世界”为使命，承建有首批国家新一代人工智能开放创新平台（智能语音国家人工智能开放创新平台）、语音及语言信息处理国家工程实验室以及我国在人工智能高级阶段——认知智能领域的首个国家级重点实验室等国家级重要平台。

在人工智能领域，科大讯飞有着众多开创性突破：语音合成技术连续 13 年蝉联全球英文语音合成大赛（Blizzard Challenge）第一，2012 年在全球唯一超过真人发音水平；2015 年，语音识别听写准确率在全球首次超过专业速记员水平；2017 年，在机器翻译领域发布全球首个超过大学英语六级水平的机器翻译系统；科大讯飞的“智医助理”成为全球首次通过国家临床执业医师资格考试的医学人工智能系统；2018 年，在自然语言理解领域权威挑战赛 SQuAD 上，科大讯飞不仅刷新全球纪录，而且在部分关键指标上超越了人类平均水平。

基于拥有自主知识产权的世界领先的人工智能技术，科大讯飞持续推进“平台＋赛道”的人工智能战略，应用成果不断显现。“平台”上，基于科大讯飞核心技术的国内首个以智能语音和人机交互为核心的人工智能开放平台，持续为移动互联网、智能硬件的广大创业开发者和海量用户提供人工智能开发与服务能力，围绕人工智能开放平台积极构建产业生态。“赛道”上，科大讯飞持续构建垂直入口或行业的刚需＋代差优势，人工智能研究成果在教育、政法等领域实现了规模应用。

2018 年，科大讯飞的非经常性损益金额为 2.76 亿元，较上年同期增加 2 亿元，主要系以下原因：人工智能技术作为我国为数不多掌握自主知识产权并处于国际领先水平的领域，应用前景广阔，国家各级主管部门均高度重视。国务院印发《新一代人工智能发展规划》以来，科技部宣布首批四家国家新一代人工智能开放创新平台，依托科大讯飞建设智能语音国家新一代人工智能开放创新平台；工信部颁布《促进新一代人工智能产业发展三年行动计划》；安徽省和工信部签订了围绕科大讯飞打造中国声谷的省部共建战略合作协议。上述政策支持正以政府补助等多种形式逐步落地（公司所获得的政府补助主要是政府和行业主管部门为落实国家产业发展战略，向公司拨付的基础研究经费或重点项目专项经费)。此外,科大讯飞围绕人工智能生态体系的上下游投资亦产生了初步的收益。

4.3.6 AI 应用层——智能安防:海康威视

海康威视是领先的视频产品和内容服务提供商,面向全球提供领先的视频产品、专业的行业解决方案与内容服务。公司积极布局新兴市场和新兴业务,基于互联网推出了面向家庭和小微企业的相关产品及云服务平台,进入智能制造领域,推出了一系列机器视觉产品及解决方案。

2018 年,公司加快 AI Cloud 软件平台的开发和推进 AI Cloud 落地。AI 时代,泛在智能,我们看到了很多 AI 感知智能需求的机会,也认识到 AI 感知智能应用碎片化需求落地的困难。公司提供 AI 开放开发平台,让客户参与 AI 应用碎片化需求落地,也保护客户数据安全。AI Cloud 的逐步落地,不仅会推动智能物联网的发展,也会推动物联网与信息网的融合,推动公司大数据业务的发展。平台推出有两大目的。

第一,帮助零算法基础的客户开发自己行业的智能算法,开放平台融入多项前沿技术。具有三大特点:(1)利用虚拟数据引擎、迁移学习、增量学习等技术,可基于少量数据,快速生成满足场景化需求的 AI 算法。(2)算法训练、编译、优化、部署全部自动实现,对零算法基础的客户提供一站式服务。同时可与海康应用系统结合,解决 AI 视觉感知应用"最后一公里"问题,并在生产环境中实现数据的持续采集和算法模型的循环迭代优化。(3)基于海康威视的硬件基础,可轻松构建具有强大感知能力的智能产品。

第二,帮助广大 AI 从业者拥有自己的智能硬件产品和解决方案。AI 人工智能技术在我国实体经济中大规模落地,需要人数众多的 AI 从业者进行持续的大众创新和群智涌现。但是现在 AI 从业者往往缺少合适的产品来承载他们的算法,为此海康威视开放了前后端全系列的人工智能硬件产品,以帮助 AI 从业者,实现他们自己的 AI 功能及方案。我们的设备开放体系包括:(1)海康设备操作系统,提供设备的各项基础能力,包括图像处理、编解码、存储、传输等能力;(2)集成开发套件,它基于容器技术开放了设备的 AI 计算资源,使用户可以在产品上集成自有算法;(3)云端提供多种配套服务,包括编译环境、测试环境,应用商店和授权工具。

除此之外,我们重点调查了海康威视的财政补助情况,具体见表 4—3。由此可知,海康威视在 2018 年的全年财政补助金额为 22.6 亿元,其中增值税超税负返还金额为 17.7 亿元。该项政策的政策依据为:根据财政部、国务税务总局《关于软件产品增值税政策的通知》(财税〔2011〕100 号)规定,本公司、本公司之全资子公司上海高德威、杭州系统、汉军智能系统(上海)有限公司、北京邦诺存储科技有限公司、合资子公司杭州萤石、杭州机器人技术及杭州海康汽车技术有限公司（“杭州汽车技术”）自行开发研制的软件产品销售先按 17%的税率计缴增值税，其实际税负超过 3%部分经主管国家税务局审核后予以退税。除此之外，核高基项目补助款为 1.36 亿元，该补助的政策依据为“核心电子器件、高端通用芯片及基础软件产品”科技重大专项。

表 4—3　海康威视 2018 年财政补助　单位：万元

种　类	金　额
增值税超税负返还	177 281.08
专项补助款	
其中：其他专项补助款	31 459.41
核高基项目补助款	13 607.48
重庆制造基地建设补助款	2 418.93
税费减免	1 603.09
合计	226 370.00

资料来源：海康威视 2018 年年报。

4.3.7 AI 应用层——无人驾驶：和图科技

深圳和图科技有限公司由北大、浙大、复旦、香港中文大学等大学的机器人专家联合创办于 2018 年。公司致力于 VSLAM 技术，融合激光及视觉传感器实现机器人自主导航与避障功能，已在物流机器人、无人扫地车、巡逻机器人等多个领域进行广泛应用。无人驾驶技术应用到真正为人们的生活产生巨大价值的场景。目前，为了推动和图智车自主研发产品的量产工作，和图智车的面积约 5 000 平方米的无人扫地车生产基地正式挂牌，坐落在广东省广州市番禺区，成为我国第一家实现自主研发、生产的无人驾驶公司。并成为我国性价比最高的低速无人扫地车的企业。和图智车计划，在 2019 年底实现 80 台无人扫地车量产的目标。

对于，自动驾驶技术的商业化，跟能否找到合适的落地场景密切相关，和图全球合伙人兼董事总经理郭成淦表示：“喊商业化口号是没有用的，只有它和合作伙伴，比如硬件厂商、主机厂商，真正造出东西卖出去了以后，才叫落地。”和图智车的特点在于“沉稳”，以自主研发的和图操作系统，纵向覆盖无人物流、环卫、园区车等生活服务，构建无人驾驶智慧生活圈。

无人驾驶更深层次的发展意义在于，无人驾驶是构建未来城市服务和发展的重要核心，并且赋予了未来城市交通真正实现系统化管理的发展方向——“无人驾驶城市”，同时，和图智车自动驾驶技术在生活领域的覆盖，也促使了无人驾驶产品朝着更安全、可控、多元化的方向发展，真正让“无人驾驶城市”的建设，成为可能。具体产品如下。

第一，无人扫地车。和图无人扫地车广泛应用于工业园区、大学校园、景区、广场、大型社区等场景中，完成 落叶、沙石、粉尘、工业废渣、饮料瓶、纸团等杂物的清扫工作。第二，智能调度系统。智慧社区的商业模式也意味着车辆的驾驶风格能更加保守，能够通过后台的集中监控，对多台无人扫地车进行任务指派、调度协同和交通管制，实现了无人化的多机完美配合，协同作业。第三，无人巡逻车。无人巡逻车增加安保力度，减轻安保人员的负担。24 小时值守，信息实时传送，云平台报警，从工作和服务效率山都将大力提升，也标志着人工智能进一步强化社会劳务方面。第四，无人园区车。无人园区车全新构建电动化、电子化及智能化的新形态，是无方向盘、无油门、无刹车踏板的园区车。它安装有多种传感器，能持续监测路面情况、周围物体，路牌识别、避障等能力。

4.3.8　AI 应用层——智能金融：蘑菇智能

蘑菇智能成立于 2015 年，团队聚集了计算机技术、金融分析和金融策略研究及开发人员，专注于区块链大数据挖掘与研究，人工智能在投资与资产管理领域的应用，为专业机构和用户提供数字资产管理整体解决方案及领先的金融二级服务。蘑菇智能主要以销售自主开发的金融应用软件产品以及提供相关的技术咨询、技术服务为主，为金融行业提供数据挖掘、风险管理、决策分析等创新工具。致力于为商业银行、信托公司、基金公司、证券公司、保险公司提供私募基金大数据系统服务，人工智能＋FOF 基金组合，以及基于区块链的 FOF 私募基金管理平台，并提供专业投资所需的商业软件设计、研发、销售以及专业咨询服务。

本次调研对象为韦添誉，现任蘑菇人工智能董事长。曾任职于交通银行深圳分行，参与电话银行、网上银行、手机银行、核心账务系统等金融产品创新设计。先后创办快 E 理财网、华宸财富，华宸财富被深圳市小额贷款龙头企业中安信业收购。2013 年起担任大型上市公司康宏金融集团(1019. HK)高管。在小额信贷和金融创新领域具有丰富的管理经验。本次调研内容主要围绕以下方面进行。

第一，人工智能企业在深圳的创业环境。韦总认为，深圳的创业环境，尤其对于人工智能企业而言，最为重要的包括两个方面。一方面，深圳具有良好的人工智能产业基础和产业人才，具体以腾讯为首的视觉、数据和算法方面的快速发展，为中小企业在人工智能企业创业方面提供良好的生态环境。以华为以代表的智能硬件厂商，在 AI 芯片等核心方面的进展，为人工智能的产业应用和技术层奠定了坚实基础。另一方面，深圳具有重要的风险投资文化和重要企业。良好的风险投资环境，可以为真正有创意的人工智能企业提供良好的启动资金，并伴随企业发展可以不断投入相应资金，以满足企业的发展需要，并且能够容忍失败的投资文化，这对于新生企业具有重要的意义。

第二，人工智能企业的创业者的职业素养。韦总认为，合格创业者需要具备三方面的素质：一是认知维度，需要具备基础知识的识别能力；二是资金层面，投资的资金应该是闲余资金，不是生活的支柱；三是风险意识，要能够承受资金损失的风险，而不是认为资金做投资就不会有损失。

第三，人工智能领域的创业企业面临挑战。韦总认为，随着人工智能创业的火爆，对于 AI 人才的需求非常高，这使得人工智能领域的工资薪金非常高。这是因为，在人工智能的创业中，人才是最核心的资产。面临如此快速的工资上涨，韦总认为这不利于新生企业的创业环境，尤其面临明星企业的高额薪酬。对此，国家和高校层面，如何更进一步地提供相关人才培养和供给，对于我国人工智能的发展至关重要，尤其对于初创企业的机会。

4.3.9　AI 应用层——智能金融：合合信息

合合信息主要运用企业征信大数据，以及 OCR 技术，从移动开户、柜台自动填单、身份认证、单据识别，到客户管理、信贷背调、企业关联数据挖掘等，帮您在移动时代更好的优化流程，提供新产品和新服务，创造新收入。在金融方面，从移动开户、字符结构化、到企业数据清洗，风险监控，为金融行业提供完善的解决方案。正在为平安集团、浦发银行/广发证券，提供整体解决方案。在信息与通信技术方面，用领先的人工智能 OCR 技术和企业大数据，为 ICT 行业带来革命性的影响力。正在为三星、华为、小米、中兴、爱屋及乌、凹凸租车、闪银等提供服务。

合合信息旗下的启信宝，从全国企业信用信息公示系统、中国法院裁判文书网、中国执行信息公开网等 100 家网站提取官方数据，所有数据由国家公开发布在网络上，按照关键字查询、股东/法人名查询、经营范围查询、失信人查询及高级检索查询五种方式，为用户提供搜索查询功能。启信宝查询企业的主要信息包括了企业的工商信息、法院判决信息、关联企业信息、失信信息、司法拍卖信息、招聘信息和企业评价信息等。

在查询企业方面，通过企业名称、人名、品牌、联系方式、网址、专利等企业信息关键字或者组合关键字多维度锁定目标企业。以便用户全方位获取企业工商信息、变更记录、对外投资、企业年报、法院公告、法院判决、失信信息、被执行人、司法拍卖、经营异常、公司新闻、招聘信息、专利信息、商标信息、著作权、软件著作权、域名信息、企业链图、信用报告、公司评价等信息，提供企业全景服务数据。

在族谱查询方面，启信宝推出独家的企业链图及企业族谱。其中企业链图一张图展示企业全貌，是对企业相关信息的一次性全面解剖图示，它包括股东、高管、对外投资、法院判决、法院公告、历史股东及疑似关系等 7 个方面。而关联族谱向上可逐级展示一级、二级、三级、四级……一直追溯至国务院、国企、自然人、上市公司等实际控制人，向下可层层延伸，级级深挖子公司。

4.3.10　AI 应用层——智能助理：小 i 机器人

小 i 机器人是全球领先的人工智能技术及产业化平台供应商，建立了包括知识表示、推理预测、机器学习（深度学习）、语义理解、分析决策、机器视觉、语音识别/合成等在内的人工智能核心技术提供及产业化应用的完整服务体系，并针对不同领域相继推出虚拟/实体智能机器人、SaaS/PaaS 平台以及多种行业解决方案，为企业、开发者和硬件设备输送来自云端的强大类人智能交互服务能力。

公司业务覆盖通信、金融、政务、法务、医疗、制造等多个行业，为近千家大中型企业和政府、几十万小企业及开发者提供服务，全球用户超过 8 亿。中国建行官方数据显示，由小 i 机器人提供技术支持的“小微”服务能力已经相当于 9 000 个人工座席的工作量，远超 95533、400 人工座席的服务量总和。在招行，每天上百万次的交互量，大约需要 2 000～3 000 人来服务，因为有了小 i 机器人，现在只需要 10 人左右。

作为人工智能产业应用的先行者，小 i 以“智能＋”客服、“智能＋”城市、“智能＋”硬件的产业布局，将业务覆盖至金融、医疗、教育、汽车、电力、制造、展陈等多个行业。在地域上，小 i 在香港设立亚太中心，支持中英粤等多语交互，业务已扩张至海外。十多年项目实践、数千亿次人机交互，小 i 在多个行业和领域沉淀了超大规模的领域语义库，行业知识库。技术的领先性及成熟的产业应用，为小 i 赢得了国际国内的广泛赞誉，权威咨询机构 Gartner 称其提供的“可连接万物的智能交互能力为会话式 AI 的全球典范”。搭建 Bot 开放平台，赋予企业和开发者，编写 AI 实操书籍，填补行业空白，开设智慧学堂，为产业输送实用人才……秉承开放赋能战略，小 i 携手各界共建 AI 生态，共享人工智能时代。

4.3.11　AI 中介服务：深圳 AI 行业协会

AI 行业协会对于行业的发展、沟通和协调具有重要作用，对此我们专门调研了深圳市人工智能行业协会的执行会长范丛明博士，具体调研内容如下。

第一，人工智能行业协会的成立背景。深圳市人工智能产业协会是由深圳从事人工智能产业相关研发、设计、制造、销售、应用的企事业单位、投资机构、科研机构、高等院校等相关组织，自愿发起组建并在社会组织管理局正式登记注册，具有独立法人资格的非营利机构。

第二,人工智能行业协会的主要目的。协会成立的目标是整合及协调政府、智库、第三方机构等产业资源,为会员单位服务。提升会员单位的研究开发、经营管理、市场开拓、运营维护等综合管理水平,促进人工智能技术更好更快的产业化发展,促进产业内部成员之间合作,发挥深圳作为粤港澳大湾区核心城市在人工智能领域的引领作用,充分发挥民非社团组织在经济建设中的积极作用,为加快深圳产业转型升级,建设科技深圳、创新深圳、和谐深圳做出贡献。

第三,人工智能行业协会的主要内容。协会通过举办专业沙龙、政策宣讲、企业考察、专题调研、人才培训交流及展会论坛等各类型活动,致力于推动深圳及国内人工智能行业健康有序的发展,促进行业技术进步和产业升级,加强国际经济合作与交流,加强行业与政府沟通,贯彻政府的相关政策,协调企业与政府,企业与企业之间的关系,维护企业的合法权益,发挥企业和政府之间的桥梁与纽带作用,构建一个高效的互动平台。

第四,人工智能行业协会的核心价值。其一,对政府的价值。代表人工智能行业反馈意见,协助更有效的制定政策;协助或组织行业标准的制定。其二,对人工智能领域企业的价值。高质量的产业分析报告参考;协调政府或行业资源,提供样板市场落地的机会。其三,对学校和科研机构的价值。项目争取到更多的研发资金支持,协助学校专业方向调整及建设,同时促进就业。其四,对投资机构的价值。更有效地遴选人工智能行业的投资标的,为银行放贷提供信用评估参考。

4.3.12 AI 中介服务:上海数据交易中心

上海数据交易中心有限公司(简称“上海数据交易中心”),是经上海市人民政府批准,上海市经济和信息化委员会、上海市商务委员会联合批复成立的国有控股混合所有制企业(沪经信推〔2016〕19 号)。交易中心由上海市信息投资股份有限公司、中国联合网络通信集团有限公司、中国电子信息产业集团有限公司、申能(集团)有限公司、上海仪电控股(集团)公司、上海晶赞科技发展有限公司、万得信息技术股份有限公司、万达信息股份有限公司、上海联新投资管理有限公司等联合发起成立,注册资本 2 亿元人民币。

作为上海市大数据发展“交易机构+创新基地+产业基金+发展联盟+研究中心”五位一体规划布局内的重要功能性机构,上海数据交易中心承担着促进商业数据流通、跨区域的机构合作和数据互联、政府数据与商业数据融合应用等工作职能。

交易中心以国内领先的“技术+规则”双重架构,创新结合 IKVLTP 六要素技术,采用自主知识产权的虚拟标识技术和二次加密数据配送技术,结合面向应用场景的数据互联规则，将在全面保障个人隐私、数据安全前提下推动数据聚合流动。

数据互联(交易)服务平台以面向应用场景的产业需求为导向，以完善的成员注册审核、去身份化元数据规制、自主挂牌控制、ID 标识匹配、统一结算与清算等平台功能，实现商用数据衍生产品的在线连续聚合流通。数据互联(交易)系统不响应应用场景合理维度之外的任何数据请求、不存储任何参与方的数据产品、不传输任何个人的隐私数据(PII 信息)、不允许使用方非授权数据留存。数据流通效率、流通安全和个人隐私将得到有效保障。

展望未来，上海数据交易中心将在国家有关部委和上海市人民政府的监督指导下，致力推动泛长三角地区乃至全国数据交易机构的互联互通和深度合作，形成健全规范的商业数据流通、交换机制，共同促进商业数据资产流通、充分释放数据资源衍生产品红利，为国家大数据应用和产业发展做出积极贡献。

4.4　人工智能行业的扶持政策和上海对比：政策梳理

4.4.1　国家层面

我国政府高度重视人工智能的技术进步与产业发展，人工智能已上升到我国国家战略，具体政策见表 4－4。国务院出台的《新一代人工智能发展规划》提出“到 2030 年，使中国成为世界主要人工智能创新中心”。人工智能亦贯穿了我国科技领域的发展思路，从国家互联网＋行动计划到“十三五”的相关规划中，均明确将人工智能作为战略性新兴产业，给予重点扶持。工业和信息化部印发的《促进新一代人工智能产业发展三年行动计划(2018—2020 年)》，进一步明确了人工智能 2018—2020 年在推动战略性新兴产业总体突破、推进供给侧结构性改革、振兴实体经济、建设制造强国和网络强国方面的重大作用和具体目标。同时，2019 年 3 月 5 日，“人工智能”连续三年被写入政府工作报告，并首次提出“智能＋”，强调“促进新兴产业加快发展，深化大数据、人工智能等研发应用”。2019 年 3 月 19 日，中央全面深化改革委员会第七次会议通过了《关于促进人工智能和实体经济深度融合的指导意见》。会议指出，促进人工智能和实体经济深度融合，要把握新一代人工智能发展的特点，坚持以市场需求为导向，以产业应用为目标，深化改革创新，优化制度环境，激发企业创新活力和内生动力，结合不同行业、不同区域特点，探索创新成果应用转化的路径和方法，构建数据驱动、人机协同、跨界融合、共创分享的智能经济形态。

表 4—4　　人工智能专项政策:国家层面

部　门	年　份	政策名称
国务院	2017	新一代人工智能发展规划的通知
发改委	2016	“互联网＋”人工智能三年行动实施方案
工信部	2017	促进新一代人工智能产业发展三年行动计划(2018 — 2020 年)
科技部	2019	国家新一代人工智能开放创新平台建设工作指引

资料来源:中央政府网站。

4.4.2　地区层面

随着中央政策的出台,各个省级层面也出台了相应的人工智能扶持政策。比如:北京市在 2017 年出台了《中关村国家自主创新示范区人工智能产业培育行动计划(2017—2020 年)》;广东省在 2018 年出台了《广东省新一代人工智能发展规划》;浙江省分布在 2017 年和 2019 年出台了《浙江省新一代人工智能发展规划》和《浙江省促进新一代人工智能发展行动计划(2019—2022 年)》。另外,上海市也在 2017 年分别出台了《关于本市推动新一代人工智能发展的实施意见》和《上海市人工智能创新发展专项支持实施细则》。

除了省级层面的人工智能扶持政策之外,为了更好地进行城市间比较,我们进一步调查了重点城市的人工智能扶持政策,各地区都注重鼓励人工智能企业进行多渠道投融资,并且设立各种专项资金以扶持企业进行技术开发和应用推广。其中,北京和深圳都提出相应的对卓越人才和项目的经费资助和资金奖励,比如北京市提出对于形成跨越式突破的机构和团队,以“一事一议”方式给予最高 2 亿元资金支持;杭州市希望通过财政补贴来支持高校院所向人工智能企业输送“定制式”人才(见表 4—5)。

表 4—5　　中国人工智能扶持政策:重点城市

<table>
<tr><th>地　区</th><th colspan="2">财税政策</th></tr>
<tr><td rowspan="6">北京</td><td rowspan="4">多渠道投融资</td><td>优先支持人工智能企业进行间接融资</td></tr>
<tr><td>优先支持人工智能企业进行直接融资</td></tr>
<tr><td>倡导分阶段连续投资和产业链组合投资</td></tr>
<tr><td>鼓励发展早期和长期投资</td></tr>
<tr><td colspan="2">设立专项资金</td></tr>
<tr><td colspan="2">给予引导行业发展或取得重大突破项目资金支持</td></tr>
</table>

续表

<table>
<tr><th>地　区</th><th colspan="2">财税政策</th></tr>
<tr><td rowspan="5">杭州</td><td rowspan="3">多渠道投融资</td><td>优先支持人工智能企业进行间接融资</td></tr>
<tr><td>优先支持人工智能企业进行直接融资</td></tr>
<tr><td>吸引社会资金、金融资本增加投入，设立种子基金、天使基金、创投基金等子基金</td></tr>
<tr><td colspan="2">设立专项资金</td></tr>
<tr><td colspan="2">通过财政补贴，支持高校院所与企业合作，实行“定制式”人才培养方式，加快培养适应市场需求的实用型人才</td></tr>
<tr><td rowspan="3">深圳</td><td colspan="2">投融资渠道：鼓励龙头骨干企业、专业化投资机构成立市场化基金，促进社会资本参与人工智能产业发展，为企业提供资金支持、并购重组等服务</td></tr>
<tr><td colspan="2">设立专项资金</td></tr>
<tr><td colspan="2">全面实施“鹏城英才”计划，对具有人工智能领域优势创新资源的人才团队，给予研发经费资助及奖励</td></tr>
<tr><td rowspan="2">上海</td><td colspan="2">投融资渠道：引导多元社会资本支持人工智能产业发展，支持创新型企业通过上市、并购等方式加快发展</td></tr>
<tr><td colspan="2">设立专项资金</td></tr>
</table>

资料来源：笔者整理。

4.4.3　上海地区

面对充满无限可能的智能时代，上海积极顺应大趋势、抢抓大机遇，以更加开放的胸襟拥抱人工智能，以更富创新的探索激活人工智能，以更具包容的生态滋养人工智能，加快向具有全球影响力的人工智能创新策源、应用示范、制度供给、人才集聚高地进军，与海内外朋友携手共创人工智能发展的新篇章，具体产业规划可见图4—5。

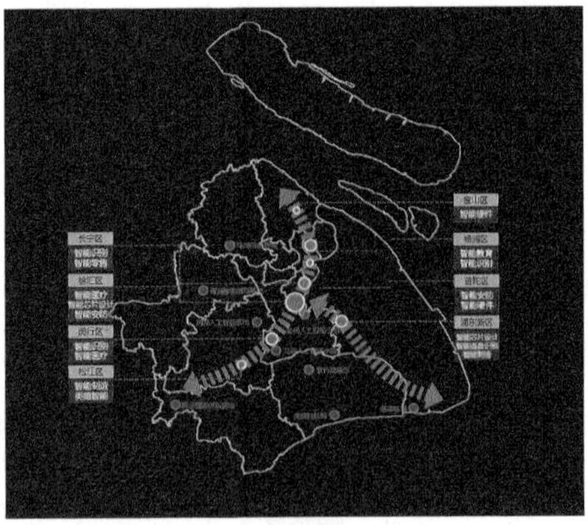

资料来源：上海市产业地图图集，2018。

图4—5　上海市人工智能规划图

由此可知，上海市人工智能的产业发展主要呈现“人形分布、多点联动”的空间分布，具体按照基础层、技术层和应用层进行相应的区分，在各个区层面的具体规划见表4—6。具体可以看出，浦东新区主要智能芯片设计、智能语音识别、智能制造，杨浦区主要集中智能教育、智能识别。

表 4—6　　人工智能“人形分布、多点联动”空间分布

序号	类型	行政区	产业定位
1	人形	宝山区	智能硬件
2	人形	杨浦区	智能教育、智能识别
3	人形	普陀区	智能安防、智能硬件
4	人形	长宁区	智能识别、智能零售
5	人形	徐汇区	智能医疗、智能芯片设计、智能安防
6	人形	闵行区	智能识别、智能医疗
7	人形	松江区	智能制造、类脑智能
8	人形	浦东新区	智能芯片设计、智能语音识别、智能制造
9	多点	嘉定区	智能芯片设计和制造
10	多点	青浦区	智能制造
11	多点	奉贤区	智能医疗

资料来源：上海市产业地图图集，2018。

除此之外，我们还重点调查了上海的人工智能示范区，主要包括：上海马桥、张江人工智能到、西岸人工智能中心和长阳创谷，具体分析如下。

4.4.3.1　上海马桥人工智能创新试验区

上海马桥人工智能创新试验区深入贯彻习近平总书记关于加快新一代人工智能发展的重要指示精神，积极落实上海市委书记“上海必须加快推进人工智能深度应用和产业发展，努力打造国家人工智能发展高地”和上海市长“发展人工智能产业集聚区，要坚持高起点规划、高水平开发，做到既有集中度、显示度，也有吸引力和影响力，打响区域特色产业品牌”的要求，按照上海产业地图的布局定位，充分发挥马桥镇在区位条件良好、拓展空间充裕、生态环境优美等方面的相对优势，着力突出“产业优先、应用示范、产城协同”三大特色，与徐汇滨江、浦东张江、闵行紫竹的科创资源丰富、新兴产业活跃、初创企业众多等方面的优势地位形成互补，实现梯度发展。

上海马桥人工智能试验区汇集全球先进的城市发展理念和科技元素，培育具有国际竞争力和技术主导权的人工智能特色产业集群，创建“智生产、智生活、智生态”的产城共生家园，成为特色主导产业推动区域整体开发的创新试验区。结合马桥人工智能创新试验区发展的基础条件，突出“应用、研发、制造”三大支点，推动科技和产业共同发展，不断提高价值链层级，逐步形成“应用集成、产业配套、创新研发、智能制造”四大功能组团，打造持续迭代、持续更新、持续成长的人工智能产业生态圈。

按照“一次规划、分步实施”的策略，未来10年，试验区将逐步建成人工智能开发先行区、产业应用特色集聚区、未来城市发展试验区，实施“三步走”计划。

近期：完善顶层架构，关注场景搭建，培育优势企业（2019—2021年）。重点关注人工智能领域的场景建设，聚焦城市管理、公共服务、智慧生态等3～5个领域的人工智能应用场景，形成试点示范；引入5～8家人工智能龙头企业，培育50家中小型创新企业，力争产值突破200亿元；营造优越的人工智能发展生态。

中期：聚焦体系建设，发挥集聚效应，实现示范发展（2022—2025年）。累计引进国际水平的人工智能企业和机构50家，培育8～10家人工智能创新标杆企业和100家中小型创新企业，产值突破500亿元；基本实现万物互联、数字融合、应用场景丰富多彩、功能型创新平台潜力迸发、城市管理水平显著提高，形成上海人工智能特色产业集聚区和应用示范基地。

远期：汇聚优质资源，打造生态示范，建成实践高地（2026—2030年）。人工智能与城市发展深度融合，形成浓厚的国际化发展氛围，汇聚国际标杆水平的创新机构或团队8～10家；试验区在生产、生活、生态各个领域与人工智能深度融合，成为未来城市实践高地、新样板，打造千亿产业规模。

4.4.3.2　张江人工智能岛

张江科学城规划总面积约95平方公里，是浦东新区中部南北科技创新走廊与上海东西城市发展主轴的交汇节点，承载着建设张江综合性国家科学中心、具有全球影响力科技创新中心的核心区、国家自主创新示范区和中国（上海）自贸试验区等国家战略。37万余从业人员；40家各类研发机构；50家跨国公司地区总部；800家高新技术企业；10所国际一流创新型学校。形成了以集成电路、人工智能和生物医药等为重点的主导产业，以低碳环保、高端航空航天配套等为特色的高科技产业。未来，张江科学城将构筑“一心核、多圈多点、森林绕城”的空间格局，打造“科学特征明显、科技要素集聚、环境人文生态、充满创新活力”的世界一流科学城。

张江人工智能岛位于张江科学城中区，占地面积6.6万平方米，地上总建筑面积10万平方米，这里将成为上海人工智能企业最集聚、类型最丰富、人才最密集的地方。已签约项目包括IBM研发总部、英飞凌大中华区总部、微软AI&IoT实验室、Ada-Health等跨国企业巨头，阿里巴巴平头哥芯片研发等BAT项目，中国健康医疗大数据公司、中国联通信产院等央企，同济大学自主智能无人系统科学中心等科研院所，以及云从科技、小蚁科技、汇纳信息、黑瞳科技等“独角兽”企业。以张江人工智能岛为示范，建设以张江中区为核心的人工智能产业集聚区，依托已有的底层芯片研发优势，占领 AI 研发高地；依托张江科学城中区“未来公园”规划区域，开放式打造应用场景，建设永不落幕的人工智能技术和企业展示集聚区，打造张江人工智能产业高地。

4.4.3.3 上海西岸国际人工智能中心

上海西岸国际人工智能中心(Al Tower)位于 2035 上海城市总体规划确定的承载全球城市核心功能的中央活动区——徐汇滨江核心区龙耀路云锦路交界处，交通区位优越。项目总建筑面积约 51 万平方米，汇聚微软亚洲研究院、华为、阿里巴巴、全球人工智能高校学术联盟等全球人工智能顶尖企业及科研机构，创建国家人工智能研发与应用示范基地，形成集总部办公、国际交流、应用展示、研发转化为一体的人工智能产业发展高地，打造徐汇滨江“垂直的硅谷”。以上海西岸国际人工智能中心为核心，整合城开中心、隧道股份、梦想强音等周边在建项目打造总建筑面积约 112 万平方米的西岸智慧谷，集中布局科技型企业，抢占人工智能细分领域制高点，与浦东张江科学城和国家科学中心东西呼应，打造上海人工智能产业集聚区和国家人工智能高地新地标。

4.4.3.4 长阳创谷

位于上海市杨浦区长阳路 1687 号的 Campus 科技园，占地 11 万平方米，规划总建筑面积约 35 万平方米，聚集了约 1.8 万人在此办公，吸引了斯坦福、哥伦比亚、清华等全球知名高校的创业者。长阳创谷已成为上海城区最具代表性的科创园区，集聚了 300 多家科技型企业，其中近 10 家是独角兽企业，入驻了流利说、爱驰亿维、智能云科等 150 家双创领军企业和极富双创特征的中小企业。长阳创谷总经理奚荣庆表示，园区正在打造以人工智能为主导的信息技术产业，力争建设成以“AI+”园区为主要特色的上海市人工智能应用场景示范点。长阳创谷将在 2019 年重点推进人工智能项目，包括让优秀的人工智能产品在长阳创谷进行示范应用。作为上海市人工智能发展高地，长阳创谷将在应用场景试点上先行一步，通过“AI 新技术实验场”和“AI 新产品示范园区”的应用场景征集，以及 AI 特色企业培育，形成以 AI 深度应用为特色的智慧园区样板，支持园区向世界级创谷迈进。

4.5 上海人工智能行业的政策优化和未来布局

面对人工智能发展呈现的新趋势、孕育的新机遇，随着人工智能与 5G、物联网的深度融合，人工智能越来越呈现万物智能、泛在感知、共创分享等特征，推动经济社会各领域从数字化、网络化向智能化加速跃升，引领人类社会从人人互联、物物相联向万物智联加速前进。随着智联网络的加速构建，人工智能将在跨界融合、开放融通中，进一步释放历次科技革命和产业变革积蓄的巨大能量，创造新的强大引擎，推动社会生产力整体跃升。

上海是中国最大的经济中心城市，也是拥有 2 400 多万常住人口的超大城市。这些年，我们把发展人工智能作为优先战略选择，以加快人工智能和实体经济深度融合为主线，以提升人工智能科技创新能力为主攻方向，智能应用极大拓展，创新创业更加活跃，本土企业加速成长，一个要素齐全、开放协同的发展生态正在上海逐步形成。根据以上研究，围绕上海人工智能的发展现状、已有政策和产业布局进行总结如下：

第一，上海急缺人工智能的基础层企业，应吸纳共赢。目前，国内人工智能基础层的 AI 芯片主要集中在深圳华为和北京中星微电子；云计算和云存储主要集中在深圳的腾讯和杭州的阿里巴巴。由此可见，人工智能的基础层企业需要长期的技术积累和场景储备，国内的基础性企业均为华为、阿里和腾讯等互联网巨头。对此，上海较难短期内创建如此量级的互联网巨头，因此不宜新创，应吸纳共赢。一方面，上海具有丰富的科教资源优势。目前，上海正加快建设具有全球影响力的科技创新中心，拥有一批大科学设施，在一批著名高校设立人工智能研究机构，集聚了一批人工智能人才，这将有助于跟基础层企业合作。另一方面，上海具有良好的吸纳外资制度环境。目前人工智能基础层企业仍主要是外资企业，AI 芯片的英特尔和 AMD，服务器的 IBM，云计算的 AWS 等，这些外资企业均在上海设立了研发中心，应加强上海本地企业和这些外资基础性企业的合作，便于壮大上海人工智能领域的基础。进一步地，全力打造人工智能创新策源高地，加强自主创新，深化国际合作，在脑智科学、通用智能等基础研究上集中攻关，在智能感知、智能执行等核心技术上加快突破，努力成为人工智能学术新思想、科学新发现、技术新发明、产业新方向的重要策源地。

第二，上海适宜人工智能的技术层企业，应壮大发展。目前，人工智能的技术层企业主要包括计算机视觉、语义识别、智能语音和机器学习，该领域的发展依赖于海量数据、基础设施和人才资源。目前，上海作为超大城市，其人流、物流、车流、资金流、信息流密集，每天都在产生和使用海量数据，帮助城市安全运营、高效运转，我们已建成法人库、实有人口库和空间地理库三大基础数据库，具有海量数据优势。上海致力于新型智慧城市建设，已形成千兆宽带接入网和覆盖全城的窄带物联网，正在建设新一代人工智能超算中心，打造新一代移动通信、物联传感等一体化网络，具有完备的基础设施优势。上海积极营造世界一流的发展环境，加快实施人工智能人才高峰建设行动，大力引进具有全球影响力的人工智能领域科学家、企业家、投资家，努力为人工智能人才，具有良好的人才基础。因此，上海应大力鼓励技术层企业的壮大发展。

第三，上海独用人工智能的应用层场景，应跨越前进。人工智能的应用层企业发展最为关键的便是应用场景。上海地处中国经济最发达的长三角地区，这里产业体系完备、市场环境开放，已在智能制造、智能交通等六大领域，构建了丰富的感知系统和应用场景，是人工智能应用落地的天然试验场。上海正在全力打造人工智能应用示范高地，加快推进智能制造、智慧金融、智能医疗等深度应用，聚力发展智能驾驶、智能机器人等优势产业，推动人工智能新技术、新产品、新业态、新模式不断涌现，加快城市规划、建设、管理、运营全生命周期智能化改造，全面提高经济社会发展智能化水平，鼓励人工智能最新成果在上海率先“试水”。

第四，上海特有人工智能的制度供给优势，应引领潮流。在营商环境和制度建设上，上海最为中国最为领先的城市，也应全力打造人工智能制度供给高地，针对人工智能发展带来的新课题新挑战，加强相关法律法规、伦理道德和社会问题研究，建立健全人工智能技术标准、知识产权保护、风险评估和安全监管体系，在制定“游戏规则”上下功夫，着力提高制度供给的及时性有效性，促进人工智能健康、安全发展，从而引领人工智能的制度建设。

最终，上海将依托科教资源、应用场景、海量数据、基础设施等优势，以面向全球、面向未来的视野，聚焦创新策源、应用示范、制度供给和人才集聚，加快建设人工智能发展的“上海高地”。

5. 优化营商环境视域下"放管服"改革调研报告

当前，我国的"放管服"改革成效显著，营商环境质量明显改善，但随着改革进入了攻坚期和深水区，如何持续推进"放管服"改革和逐步优化营商环境，需要一个相对完善的运行机制作为保障。本文根据"放管服"改革和营商环境自身的特点属性，从思维、结构、文化与制度四维视角分析了我国"放管服"改革的现实困境，并从动力机制、资源供给机制、合作信任机制和监督评估机制四个方面构建了优化营商环境视域下"放管服"改革的运行机制，进一步明晰"放管服"改革与优化营商环境的内在联系机理。通过运行机制间的相互作用、协同耦合，共同推进我国"放管服"改革可持续健康发展，从而进一步提高营商环境质量。

5.1 问题提出与文献综述

1978 年，改革开放开启了招商引资在我国"特区"的破冰之行，招商引资一度成为我国经济发展的重要驱动力，随着改革开放政策的持续推进，以习近平同志为核心的党中央精准研判我国社会经济发展的阶段性特征，在经济新常态战略背景下政府适时实现了从招商引资到优化营商环境的角色嬗变。从党的十八届三中全会首次提出"建设法治化营商环境"，到 2017 年李克强总理提出"营商环境就是生产力"，反映了优化营商环境已经成为现阶段我国政府改革的重要着力点，我国营商环境便利度从 2014 年的第 96 名上升至 2018 年的第 46 名，营商环境质量明显改善。而营造法治化、国际化、便利化营商环境的前提保障是做好"放管服"改革，党的十八大以来，我国以更高标准深化"放管服"改革，基本形成"放管服"一体化的治理体系。新时代，如何处理好"放管服"改革与优化营商环境的关系？如何充分发挥"放管服"改革在优化营商环境中的作用？如何加强政府优化营商环境的能力？本文试图通过基于优化营商环境目标的"放管服"改革的运行机制分析予以初步回应。

基金项目：上海市哲学社会科学规划"新中国成立 70 周年"研究系列项目"新中国成立 70 年来行政体制改革研究"（编号：2017BHB018）。

近年来，国内外学者对营商环境进行了广泛研究，已有研究主要集中在营商环境的内涵、营商环境的评价体系、营商环境的有效性等方面。

其一，关于营商环境的内涵研究。"营商环境"的概念最早源于 2002 年世界银行集团的营商环境项目，世界银行将营商环境界定为企业在开设、经营、贸易活动、纳税、关闭及执行合约等方面遵循政策法规所需的时间和成本等条件。就狭义来讲，营商环境指企业活动所必需的规则、法律、政策、制度等的融合体①，涵盖了商业环境和外部环境②。有学者认为营商环境是相对于硬环境而言的一种软环境，在某种程度上可以认为是一种制度，或制度的集合体③，还有学者持不同观点，认为营商环境既包括公共服务、公共文化等软环境，也包括基础设施、资源禀赋等硬环境④，简言之，营商环境是一定时期内企业活动的政治环境、经济环境、法治环境、国际化环境等各种环境的有机复合体⑤。还有学者从经济学角度分析认为营商环境可以视为政府向社会和市场供给的公共产品，具有稀缺性和外部性⑥。

其二，关于营商环境的评价体系研究。营商环境项目每年都会发布《营商环境报告》，世界银行主要从开办企业、办理施工许可证、获得电力供应、财产登记、获得信贷、保护少数投资者、纳税、跨境贸易、执行合同、办理破产 10 个方面评价某一经济体的营商环境标指数。一些学者根据本国经济发展阶段特征，也提出了其他的营商环境评价指标体系，如公司治理风险指数、综合治理指数、清廉指数⑦，金融市场、经济社会、国家政体、商业风险⑧，市场环境、政策政务环境和法律环境⑨。彭迪云等运用熵值法从基础设施、市场环境、经济环境和支持环境 4 个维度设置了 23 个具体评价指标对 2007—2017 年长江经济带 11 省市的营商环境进行了实证分析，研究结果表明长江经

---

① 高淑桂. 一流营商环境助力实现卓越城市[N]. 社会科学报，2018－7－19(002).

② 后向东. 论营商环境中政务公开的地位和作用[J]. 中国行政管理，2019(2)：17－22.

③ 娄成武，张国勇. 基于市场主体主观感知的营商环境评估框架构建——兼评世界银行营商环境评估模式[J]. 当代经济管理，2018(6)：60－68.

④ 倪鹏飞. 中国城市拿什么吸引投资者——《2008 中国营商环境报告》摘要[J]. 资本市场，2008(5)：102－105.

⑤ 宋林霖，何成祥. 优化营商环境视阈下放管服改革的逻辑与推进路径——基于世界银行营商环境指标体系的分析[J]. 中国行政管理，2018(4)：67－72.

⑥ 弓顺芳. 优化营商环境视域下"放管服"改革的整体性治理研究[J]. 经济研究导刊，2019(4)：66－68.

⑦ Korner P，Kudrna Z. Measuring Business Environment Quality in Central Europe. Finance A UVER，2002(52)：674－697.

⑧ Civelek M. A Model of Measurement of the Quality of Business Environment in SME Segment. Journal of International Studies，2016(9)：90－102.

⑨ 杨涛. 营商环境评价指标体系构建研究—基于鲁苏浙粤四省的比较分析[J]. 商业经济研究，2015(13)：28－31.

济带各省市营商环境整体呈现由东北向西南递减的空间格局[①]。娄成武等认为优化营商环境即为提高治理能力、完善治理结构、优化治理过程，因此可以基于公共治理的思路构建营商环境的评价体系[②]。

其三，关于营商环境的有效性研究。很多学者将营商环境作为变量分析了营商环境对其他相关变量的有效性。一些学者研究认为营商环境具有技术创新促进效应[③]、活动成本降低效应[④]、数据信息披露效应[⑤]、经济发展促进效用。[⑥] 夏后学等运用世界银行对中国企业营商环境的调查数据，实证分析了营商环境、企业寻租与市场创新的关系，结果表明，优化营商环境对消除企业寻租行为、促进企业自主创新具有积极作用。[⑦] 谢众等基于2008—2017年中国上市公司数据，论证了营商环境对企业家精神和实体企业绩效的影响[⑧]。

自2016年李克强总理提出"放管服"的概念以来，"放管服"改革在理论界引起了研究热潮，与"放管服"改革密切相关的文献主要涉及"放管服"改革的理论基础、"放管服"改革的主要内容、"放管服"改革的成效评估等方面。

其一，关于"放管服"改革的理论基础研究。一是"放管服"改革的整体性治理理论，我国学者竺乾威教授最先将这一新的思想介绍到国内，引发了学界对此理论的关注，学者寇大伟等运用整体性治理理论对河北省的放管服改革进行评估，认为河北省"放管服"改革成效显著，但对于整体性治理具有重要支撑作用的"互联网＋"、相关的法律配套措施等改革依然不到位[⑨]；二是"放管服"改革的新公共服务理论，国内学者借助于新公共服务理论对放管服的重要改革探索之一的权力清单制度建设进行的研

---

① 彭迪云，陈波，刘志佳. 区域营商环境评价指标体系的构建与应用——以长江经济带为例[J]. 金融与经济，2019(5)：49－55.

② 娄成武，张国勇. 治理视阈下的营商环境：内在逻辑与构建思路[J]. 辽宁大学学报(哲学社会科学版)，2018，46(2)：59－65.

③ 卢万青，陈万灵. 营商环境、技术创新与比较优势的动态变化[J]. 国际经贸探索，2018，34(11)：61－77.
张美莎，徐浩，冯涛. 营商环境、关系型借贷与中小企业技术创新[J]. 山西财经大学学报，2019，41(2)：35－49.

④ 卢万青，陈万灵. 营商环境、技术创新与比较优势的动态变化[J]. 国际经贸探索，2018，34(11)：61－77.
刘贯春，张军，刘媛媛. 金融资产配置、宏观经济环境与企业杠杆率[J]. 世界经济，2018，41(1)：148－173.

⑤ Haselmann R，Wachtel P. Institutions and Bank Behavior：Legal Environment，Legal Perception，and the Composition of Bank Lending[J]. Journal of Money Credit & Banking，2011，42(5)：965－984.

⑥ 董志强，魏下海，汤灿晴. 制度软环境与经济发展——基于30个大城市营商环境的经验研究[J]. 管理世界，2012(4)：9－20.

⑦ 夏后学，谭清美，白俊红. 营商环境、企业寻租与市场创新——来自中国企业营商环境调查的经验证据[J]. 经济研究，2019，54(4)：84－98.

⑧ 谢众，张杰. 营商环境、企业家精神与实体企业绩效——基于上市公司数据的经验证据[J]. 工业技术经济，2019，38(5)：89－96.

⑨ 寇大伟，崔建锋. 整体性治理视域的"放管服"改革——以河北省"放管服"改革为例[J]. 领导科学，2019(4)：13－16.

究，通过新公共服务理论的一般性原则与政府权力清单制度建设，提出完善政府权力清单制度应该注重减权增服，提升政府效能[①]；三是“放管服”改革的政府管制理论，如从管制框架[②]、管制重点[③]、管制方式[④]、管制风险[⑤]等维度分析管制对政府改革的影响；四是“放管服”改革的交易费用理论，“放管服”改革的一个重要目的就是减税降费[⑥]，进一步降低企业活动的制度性交易成本[⑦]。

其二，关于“放管服”改革的主要内容研究。“放管服”改革是指简政放权、放管结合、优化服务，不断提高政府效能的政府自我革命。一些学者针对“放管服”改革的内容进行了广泛研究，如“证照分离”改革[⑧]、“双随机、一公开”监管体制改革[⑨]、行政审批制度改革[⑩]、负面清单制度改革[⑪]、商事制度改革[⑫]、行政许可权改革[⑬]等。

其三，关于“放管服”改革的成效评估研究。目前，关于放管服改革成效评估的文献部分是基于实地调研，如寇大伟等认为河北省“放管服”改革在行政审批改革、“双随机、一公开”、综合性行政执法等方面取得了一定成效，但也存在着创新性与合法性的张力[⑭]；国家行政学院对全国 10 省 1 万家企业进行了随机调查，50％以上的受访企业认为简政放权等改革激发了市场活力和社会创造力，改善了营商环境[⑮]；中国财政科学研究院 2018 年“降成本”调研制度性成本组对北京市优化营商环境降成本的调研发现，受访企业明显感觉到政府部门政策和规章制度透明度、办事便利度提高，市场准入限制明显改善[⑯]；也有学者借助委托代理理论，构建政府—申请者的两层次模型，探寻

---

① 叶勇，林仁镇. 我国政府权力清单制度推进机理与完善策略研究——基于新公共服务理论的实践[J]. 电子科技大学学报(社科版)，2019，21(3)：48－53.

② 程波辉，奇飞云. 共享单车的政府规制：一个分析框架——基于 15 个城市的政策文本分析[J]. 学术研究，2018(11)：62－67.

③ 勾占宇. 美国共享经济政府管制初探[J]. 行政科学论坛，2017(10)：58－62.

④ 陈东进. 互联网专车时代政府管制的范式变迁[J]. 浙江社会科学，2016(6)：56－64.

⑤ Ma L，Liu P. Missing links between regulatory resources and risk concerns：Evidence from the case of food safety in China[J]. Regulation & Governance，2019，13(1)：35－50.

⑥ 李克强. 在全国深化“放管服”改革 转变政府职能电视电话会议上的讲话[J]. 中国行政管理，2018(8)：6－12。

⑦ 厉以宁. 中国道路与简政放权[M]. 北京：商务出版社，2016：430.

⑧ 上海市编办 . 以更高标准深化“放管服”改革 加快形成法治化国际化便利化的营商环境[J]. 中国机构改革与管理，2018(3)：24－25.

⑨ 解安，杨峰. “放、管、服”改革的经验启示及路径优化[J]. 中国行政管理，2018(5)：158－159.

⑩ 王丛虎，门钰璐. “放管服”视角下的行政审批制度改革[J]. 理论探索，2019(1)：91－96.

⑪ 夏先良. 当前深化负面清单制度改革的重大意义[J]. 人民论坛·学术前沿，2018(14)：52－67.

⑫ 李军鹏. 十九大后深化放管服改革的目标、任务与对策[J]. 行政论坛，2018，25(02)：11－16.

⑬ 苏亮，马国芳. 地方政府推进“放管服”改革实证研究——以云南省楚雄州为例[J]. 云南行政学院学报，2019(3)：120－126.

⑭ 寇大伟，崔建锋. 整体性治理视域的“放管服”改革[J]. 领导科学，2019(4)：13－16.

⑮ 马建堂. 简政放权：来自社会的评价与基层的声音[J]. 国家行政学院学报，2015(4)：4－5.

⑯ 傅志华，石英华，韩晓明，景婉博. 以优化营商环境为引领，降低制度性交易成本——北京市调研报告[J]. 财政科学，2018(10)：61－68.

简政放权的边界及其优化，研究认为在政府服务职能领域减少过时规则和程序，降低制度性交易成本[①]；学者夏杰长等对行政审批改革的研究表明，推进行政审批改革可以减少企业的交易费用从而促进经济增长[②]。

最后，“放管服”改革与营商环境相结合的研究。“放管服”改革是政府优化营商环境的核心，协调“放管服”改革与优化营商环境关系的实质就是处理好政府与市场的关系[③]，“放管服”改革与优化营商环境目标的确立，是放管服改革进入 2.0 时代的标志[④]，深入推进“放管服”改革，有利于营造法治化国际化便利化的营商环境[⑤]，从而进一步提升企业和公众的获得感[⑥]。有些学长指出可以借鉴新加坡、新西兰、丹麦等营商环境较为优异的国家经验，从税收优惠、精简手续、规范市场秩序[⑦]，优化政务服务环境、加强事中事后监管、加强评估体系建设、加强宣传与舆论引导[⑧]等方面采取“放管服”改革的举措。

综上所述，学者们对营商环境与“放管服”改革已进行了系列研究和探讨，但目前已有研究主要是对于营商环境和“放管服”改革的单一维度的研究，即使已有部分关于营商环境和“放管服”改革关系的研究，更多的是停留在如何通过“放管服”改革达到优化营商环境的目的，而研究层次有待深入，更是鲜有对“放管服”改革运行机制的研究。基于此，本文试图基于优化营商环境视域，从动力机制、资源供给机制、合作信任机制和监督评估机制四个方面构建“放管服”改革的运行机制，从而进一步明晰“放管服”改革与优化营商环境的内在联系机理。

5.2 思维、结构、文化与制度：我国“放管服”改革的现实困境

不可否认，我国“放管服”改革取得了显著成效，简政放权持续推进，放管结合有条不紊，服务绩效逐步提升，营商环境进一步优化。但我国目前的“放管服”改革现状与公众、企业的期望和需求还存在较大差距，“放管服”改革仍面临着一些不可忽视的现实困境。

---

① 华生，蔡倩，汲铮. 简政放权的边界及其优化[J]. 中国工业经济，2019，371(2)：7—24.

② 夏杰长，刘诚. 行政审批改革、交易费用与中国经济增长[J]. 管理世界，2017(4)：47—59.

③ 宋林霖，何成祥. 优化营商环境视阈下放管服改革的逻辑与推进路径——基于世界银行营商环境指标体系的分析[J]. 中国行政管理，2018(4)：67—72.

④ 弓顺芳. 优化营商环境视域下“放管服”改革的整体性治理研究[J]. 经济研究导刊，2019(4)：66—68.

⑤ 上海市编办．以更高标准深化“放管服”改革 加快形成法治化国际化便利化的营商环境[J]. 中国机构改革与管理，2018(3)：24—25.

⑥ 毛寿龙，刘茜. 政府“放管服”改革及其“获得感”的秩序维度[J]. 江苏行政学院学报，2018(1)：99—107.

⑦ 杨继瑞，周莉. 优化营商环境：国际经验借鉴与中国路径抉择[J]. 新视野，2019(1)：40—47.

⑧ 王万福. 深化放管服改革 进一步优化营商环境的实践与思考[J]. 机构与行政，2018(7)：6—10.

5.2.1 动力不足:“放管服”改革的思维困境

“放管服”改革的供给端是各级政府主体,需求端是公众、企业等社会和市场主体,因此理想中的“放管服”改革应是政府、公众、企业等利益相关者协同改革的过程,在改革的过程中应充分发挥政府的主导作用和更好地发挥公众、企业的作用。然而由于思维偏差,改革过程中存在着政府改革的内动力不足以及公众和企业参与的外动力不足等问题。首先,政府改革的内动力不足主要表现在三个方面:一是“放管服”改革是政府的自我革命,改革的过程是对权力和利益的再分配,势必会损害部分人的利益,一些部门不愿放权,不可避免地出现“放小不放大、放虚不放实”的现象,使得改革受到阻碍;二是缺乏“自我革命”的勇气,缺乏“深入改革”的决心,使得改革停留在表面;三是对改革的认识不清,缺乏改革的积极性与主动性,为了完成上级政府的要求,只注重改革的数量而忽视改革的质量。其次,公众、企业等主体参与改革的外动力不足主要表现在三个方面:一是公众和企业缺乏主人翁意识,缺乏参与“放管服”改革的意识;二是公众和企业参与改革的渠道不畅通、信息不顺通;三是我国“放管服”改革的固有模式是政府“端菜式”改革,缺乏公众、企业“点菜式”改革的环境。

5.2.2 资源障碍:“放管服”改革的结构困境

部门碎片化、功能割裂化和公共责任模糊化的政府结构体系是我国“放管服”改革的主要阻碍,“放管服”改革过程中部门间各自为政,缺乏协同合作,从而存在标准不统一、要求不统一的障碍。究其根源是协同不到位、信息共享不到位,具体表现为:一是权力资源障碍,精简政府机构、转变政府职能、优化政府服务都是对政府部门权力资源的重新调整,一些部门不愿意放弃自己手中的权力资源,阻碍改革进展;二是人力资源障碍,放管服改革需要人力资源的支撑,在实际的政务活动中存在着政府公务人员工作态度差、业务水平低、服务意识薄等问题;三是信息资源障碍,部门之间条块分割,一些部门为了拥有信息垄断优势,信息资源共享的积极性和主动性不足,仍然广泛存在“信息孤岛”和“信息睡觉”的现象。

5.2.3 信任冲突:“放管服”改革的文化困境

一方面,在“放管服”改革的过程中,政府、公众和企业等主体不同的价值观、社会环境背景、“放管服”改革认知,以及公众、企业在与政府部门联系过程中矛盾与冲突等各种因素,影响着不同主体之间的相互认知,进而使得公众与企业等被服务主体与政府部门、社会组织等服务主体之间,甚至被服务主体之间和服务主体之间产生信任冲突。具体在“放管服”改革过程中,政府部门只关心改革进展和改革数量,公众和企业只关心改革成效和改革质量,从而存在政府"放管服"改革自我感知良好和公众、企业获得感较低的正负两极的感知冲突。另一方面,"放管服"改革是一种自上而下的政府自我革新,缺乏自下而上的改革路径,"放管服"改革缺乏"问题导向",政府并没有让群众"点菜",主要原因是出于对社会公众和企业的不信任,不信任公众或企业参与"放管服"改革的能力。再一方面,社会公众与企业本身参与"放管服"改革的积极性与主动性也不高,可能是出于自身能力的限制,或出于对政府的不信任。

5.2.4 督评弱化:"放管服"改革的制度困境

一方面,上下级政府部门间存在信息不对称性,使得有些监督流于形式、存于表面,并没有充分发挥以监促放、以监促改、以监促服的功效。部门间监管职能交错、边界不清、事中事后协同监管困难,重审批轻监管倾向依然存在,在精简行政审批流程后,事中事后监管并没有做到位,出现监管缺失、责任不清等问题。下放事项监管是放管结合的重点和难点,但是在实际执行中存在着上下级监管部门相互"承让"的监管"空窗期",没有做好监管的承接和清理工作,从而出现"不会管,不愿管,不敢管"等放管脱节现象。政府监管、市场监管、社会监管的协同性有待加强,"放管服"改革的监管方式有待进一步完善和创新。另一方面,"放管服"改革的评估机制不完善,评估主体的范围狭窄,政府作为"放管服"改革评估主体,对自身的评估缺乏透明度、公正性与可靠性,虽然有些部门引入第三方评估,但在实际评估中政府部门仍然存在着越位现象,缺乏基于社会公众和企业视角的获得感评估;评估方式和评估标准尚未制度化、法律化,如对行政审批改革的评估,更关注对行政审批改革数量速度的评估,而忽视改革质量和效益的评估,从而存在改革落地难、成效低的现象;此外,评估后的整改落实及再评估不到位。

5.3 优化营商环境视域下"放管服"改革运行机制的研究框架

通过对我国"放管服"改革中存在的问题分析,为进一步优化营商环境,本文从动力机制、资源供给机制、合作信任机制和监督评估机制四个方面构建"放管服"改革运行机制的研究框架。本文试图从动力机制分析"放管服"改革内外动力要素和作用机理,寻找内外动力源,从资源供给机制研究"放管服"改革的人力资源、金融资源和信息资源等要素,提供改革得以延续的资源,从合作信任机制分析"放管服"改革过程中存在的信任冲突问题,寻求利益相关者间合作的信任路径,从监督评估机制分析"放管服"改革的监管成效,提高监督评估绩效和政策措施落地度。这四个方面相互联系、协同耦合,共同构成了我国"放管服"改革的运行机制,最终决定营商环境的优劣。如图

5—1 所示。

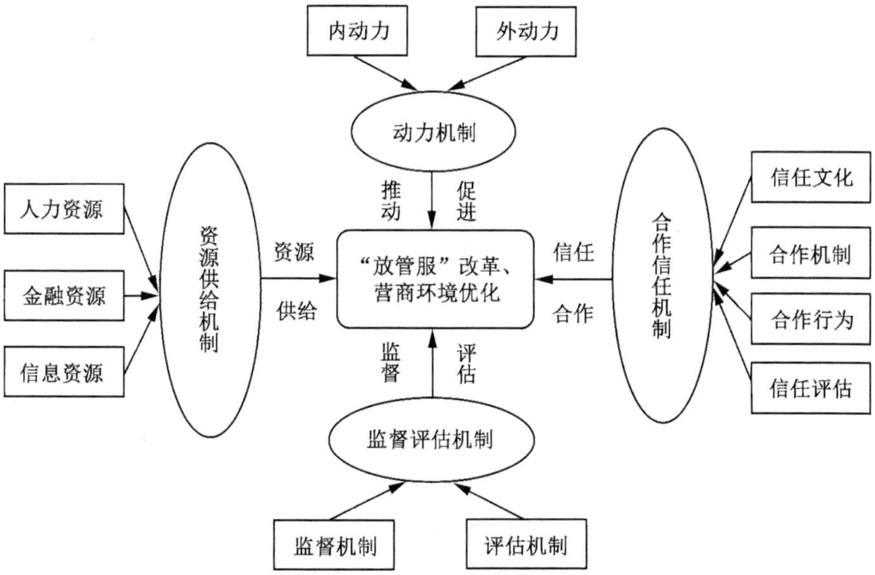

图 5—1 我国“放管服”改革运行机制的研究框架

5.4 优化营商环境视域下“放管服”改革的运行机制分析

5.4.1 我国“放管服”改革的动力机制

“放管服”改革的动力机制是指在利益导向驱使下，“放管服”改革中的政府、市场、社会等活动主体积极促进改革进程的动因，以及改革进程中各要素组成结构、功能及相互影响、相互促进的内在联系机理。因此，“放管服”改革得以持续是内外多种因素相互作用、相互影响的结果。总体来说，“放管服”改革的动力机制主要包括内动力和外动力两大要素。

5.4.1.1 *内动力要素及其作用机理*

(1)“放管服”改革意识和“自我革命”精神。“放管服”改革是对十一届三中全会以来以市场为导向改革的继承和延续。改革开放 40 多年来，我国进行了多次政府机构和行政体制改革，基本树立了责任政府、法治政府、廉洁政府、服务型政府的理念。新时期，面对市场主体生产经营活动中的各种羁绊，为进一步激发市场活力、优化营商环境，政府以“放管服”改革为重要抓手，切实转变政府职能，以壮士断腕的决心和毅力“啃”改革的硬骨头。“放管服”改革实质是政府自我革命，政府应进一步强化“自我革命”理念，勇于削手中的权、去部门的利、割自己的肉，通过政府减权限权改革，释放市场活力和社会创造力①。

（2）利益目标导向驱动力。利益驱动是“放管服”改革的根本动力，利益导向目标要素是指政府部门在“放管服”改革过程中所追求的各种利益。政府“放管服”改革的直接目的是优化营商环境，而根本目的是通过简政放权、放管结合、优化服务，进一步转变政府职能，进而维护社会统治、促进经济发展、实现社会长治久安。

5.4.1.2 外动力要素及其作用机理

（1）社会、市场原动力。社会公众和市场企业是推动政府“放管服”改革的重要外动力源，从理论上讲，社会和市场需求决定“放管服”改革的方向，“问题导向”是“放管服”改革应坚持的重要方向，因此社会和企业成为“放管服”改革的理论外动力源。从实践来看，公众和企业在从事社会活动和商业活动的过程中，各种“奇葩”证明、循环证明和重复证明使得公众和企业感到“门难进、脸难看、话难听、事难办”，公众和企业采取上访、网络舆论等途径曝光政务活动的现状，从而倒逼政府部门“放管服”改革，因此社会和企业成为“放管服”改革的实践外动力源。

（2）科技进步的支撑力。借助现代信息通信技术，通过云计算、大数据实现部门间数据共享，以科学技术为支撑，推进“互联网＋政务服务”，打造智慧政府，实现行政审批的部门并联和政务服务智能化。把行政审批事项纳入电子政务平台，实行跨部门的联动审批，简化审批流程，实现“数据多跑路，企业少跑路”，缩短审批时间，降低制度性交易成本，营造良好的营商环境。可以借鉴安徽的“两表一单三配套”、江苏的“不见面”审批制度、浙江的“最多跑一次”、广东省的 CSO 首席服务官制度等举措，充分依托大数据、云计算等技术，推动区域“放管服”改革落地扎根。

“放管服”改革意识和“自我革命”精神、利益目标导向驱动力构成“放管服”改革的内动力源，社会、市场原动力和科技进步的支撑力构成了“放管服”改革的外动力源，通过内外动的双重作用推动“放管服”改革的进展和营商环境的优化。作用机理如图5－2所示。

---

① “放管服”改革要相忍为国、让利于民[EB/OL]. http://politics.people.com.cn/n1/2016/0509/c1001－28336896.html，2016－05－09.

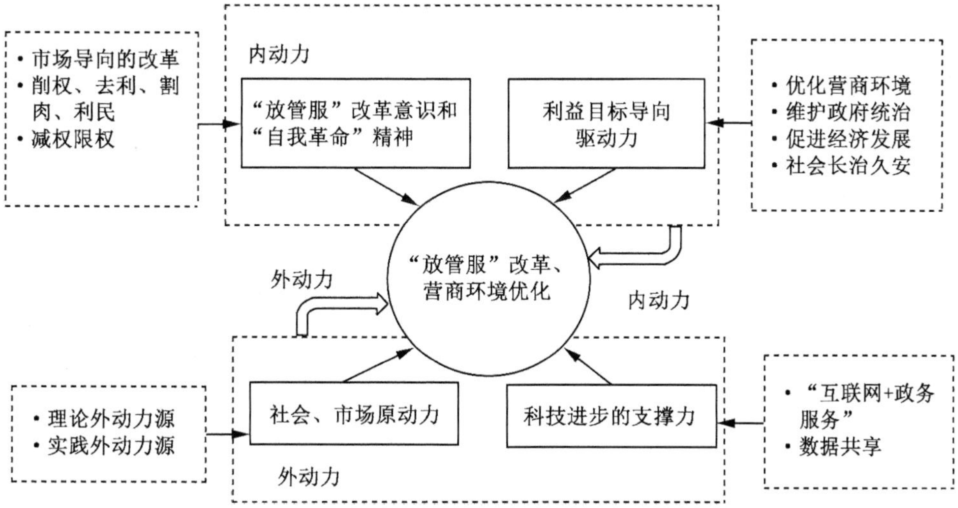

图 5—2 我国“放管服”改革的动力机制

5.4.2 我国“放管服”改革的资源供给机制

政府在“放管服”改革的过程中，除了自身的能动性外，还需要人力、金融、信息等资源的供给，协同推进“放管服”改革的有效开展，因此资源供给机制是“放管服”改革得以顺利开展的基础，该机制主要包括人力资源供给机制、金融资源供给机制和信息资源供给机制。

5.4.2.1 人力资源供给

人力资源是“放管服”改革的实施者和推动者，作为其他资源供给的载体，人力资源的能动性能够将人力资本、社会资本、金融资本、权力资本等要素有机整合，发挥“放管服”改革的资本合力。以优化营商环境为核心的“放管服”改革应充分发挥人力资源优势，一是培养创新型人才和高素质人才、做好人才工程、推动人才事业发展；二是培育和践行企业家精神，鼓励企业参与到“放管服”改革和优化营商环境中来，同时，良好的营商环境也有利于吸引企业人才，从而相互促进；三是发挥专家和学者的智慧优势，为“放管服”改革和优化营商环境储备人才。

5.4.2.2 金融资源供给

营商环境包括基础设施、资源禀赋等硬环境，也包括服务、文化、制度等软环境，我们构建法制化、便利化国际化营商环境的基础是做好基础设施、区域资源等硬环境的建设和开发。企业在从事生产、经营、销售活动的过程中需要良好基础设施的支撑，而基础设施的建设作为国家一项重大民生工程，需要投入大量的金融资源。为了发挥区域优势，需要投入一定的资金技术，开发区域资源，充分发挥地区资源禀赋作用。此外，公共服务、公共文化等软环境的建设和优化也需要投入一定的金融资本。

5.4.2.3 信息资源供给

一方面，“放管服”改革和优化营商环境是各种信息流在不同主体间相互传递和碰撞的过程，在这个过程中应加强上下级政府间，政府与企业、群众间的信息沟通，降低信息的不对称性，从而减少冲突和摩擦。另一方面，构建透明高效的信息环境，打破“信息孤岛”壁垒，整合数据资源库和政府信息资源共享平台，有序推进跨部门、跨区域、跨层级的数据信息共享。再一方面，打破国与国之间的信息壁垒，以信息资源为载体，借鉴新加坡、新西兰等营商环境较为优异国家的经验，结合国情制定具有中国特色的“放管服”改革和优化营商环境路径。

资源供给机制将人力资源、金融资源和信息资源通过活动主体作用于“放管服”改革和营商环境优化，“放管服”改革和营商环境优化通过活动主体对各类资源的需求进行反馈。其中，政府、企业、群众、创新型人才、专家学者等主体既是各类资源的供给者，也是各类资源的受益者，在优化经商活动的过程中共同构成“放管服”改革的资源供给机制。如图 5—3 所示。

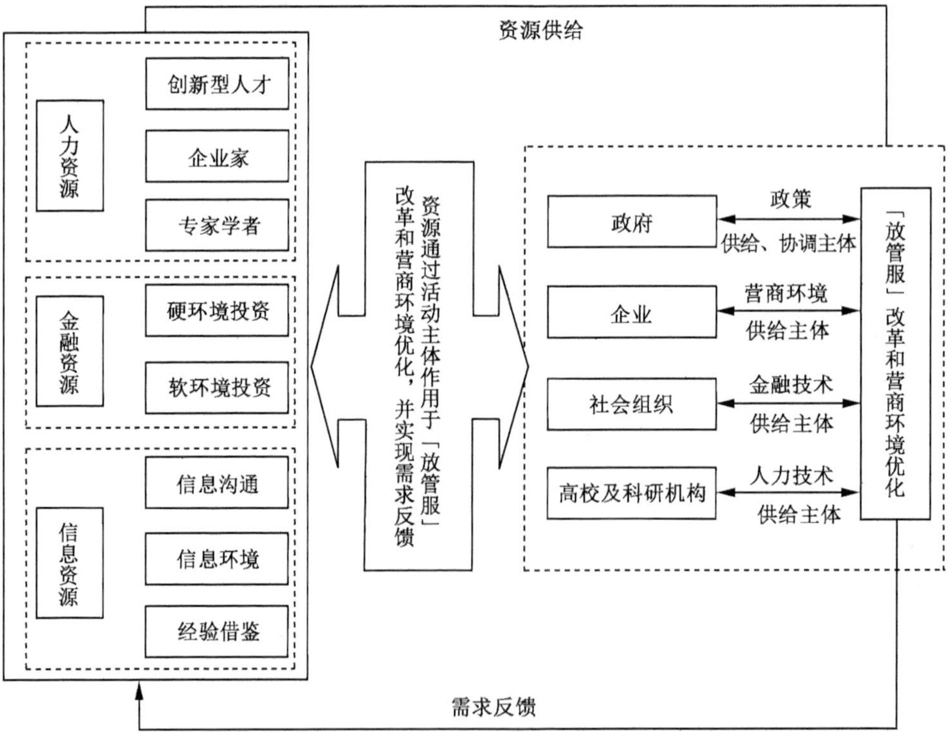

图 5—3 我国“放管服”改革的资源供给机制

5.4.3 我国“放管服”改革的合作信任机制

在“放管服”改革过程中，为进一步优化营商环境，利益相关者之间应树立一种“信任红利”理念，建立一种合作信任关系，传达和反馈改革需求和建议，最终实现社会和谐、经济发展、服务高效、投资便利的合作双赢。

5.4.3.1 营造互惠合作的信任文化

营造利益相关者之间互惠合作的信任文化的过程是从“价值观导入”到“文化演变”，再到“文化产生动力”依次递进的过程。首先，摒弃以往“放管服”改革和优化营商环境过程中政府、企业、群众等主体间不合作、不信任的价值观念，树立“信任红利”理念，加强合作信任意识，为“放管服”改革和优化营商环境植入信任文化元素，传播信任文化。其次，政府应起到行为示范作用，进一步调整组织结构、转变政府职能、优化权责配置、健全制度保障，为信任文化营造良好的社会环境。再次，当基本的信任文化基本构建后，政府应逐步完善信任文化建设机制，企业等主体应协同政府信任文化建设，推进信任文化传播，进而产生文化生产力。

5.4.3.2 构建基于市场关系的利益相关者间的合作机制

首先，建立上下级政府间长效协调合作机制，提高跨地区、跨区域和跨层级改革的协同性，进一步理顺央地关系，赋予省级及以下政府更多自主权，上级政府部门要主动放权、敢于放权，下级政府部门要主动对接、重在落实，真正做到“责、权、利”统一。其次，“放管服”改革是一个系统工程，涉及司法、税务、监察等领域，应构建政府内部的横向合作机制，加强部门间的信息共享和沟通，畅通部门间合作渠道。再次，构建政府、市场、社会互相信任、共享协作的“金三角”结构，政府应出台有关完善信用合作机制的政策措施，加大信用市场调整力度。

5.4.3.3 规范利益相关者间的合作行为

利益相关者在合作的过程中，势必会产生利益博弈，而关键是如何协调利益相关者“放管服”改革和优化营商环境的利益分配，实现帕累托最优。首先，规范上下政府间的合作行为，加强上下级政府间的协同性，提高中央政府统筹规划和顶层设计能力，规范地方政府“放管服”改革的执行行为，切实优化营商环境。其次，规范政府内部横向协调合作，逐步消除政府内部部门间各自为政、条块分割，以部门内部的合作信任取代碎片分治。再次，引导企业和公众遵从良好的信用行为，对通过权力寻租、利益输送等不正当行为而获得不正当利益、破坏营商环境的企业加大追责处罚力度。

5.4.3.4 建立基于环境和行为的双向信任评价机制

通过建立“放管服”改革和优化营商环境中利益相关者的信任评价体系，对政府、企业等主体的信用等级、风险偏好等方面进行评价，可以规避合作风险、提高合作效率。双向评价机制的建立可以从环境评价和历史行为评价两方面进行。其中，环境评价主要包括政府对企业的生产环境、经营环境、销售环境等进行评价，企业对政府的政务环境、法制环境、市场环境进行评价；历史行为评价主要包括政府对企业以往的生产经营等活动中是否存在存在违反国家政策、法规的行为，是否存在有违知识产权的行为，企业对政府政务活动、改革成效、政策落实、营商环境质量等进行评价。通过政府对企业的评价，确定信任等级，支持或规范企业行为，通过企业对政府的评价，从而决定是否继续在该地区从事投资活动。

"放管服"改革过程中，各利益相关者在改革愿景、核心价值观、协同合作优化营商环境的共识下营造互惠合作的信任文化，通过构建基于市场关系的利益相关者间的合作机制进一步规范利益相关者的合作行为，并进一步建立基于环境和行为的双向信任评价机制，由此构成我国"放管服"改革的合作信任机制。如图 5—4 所示。

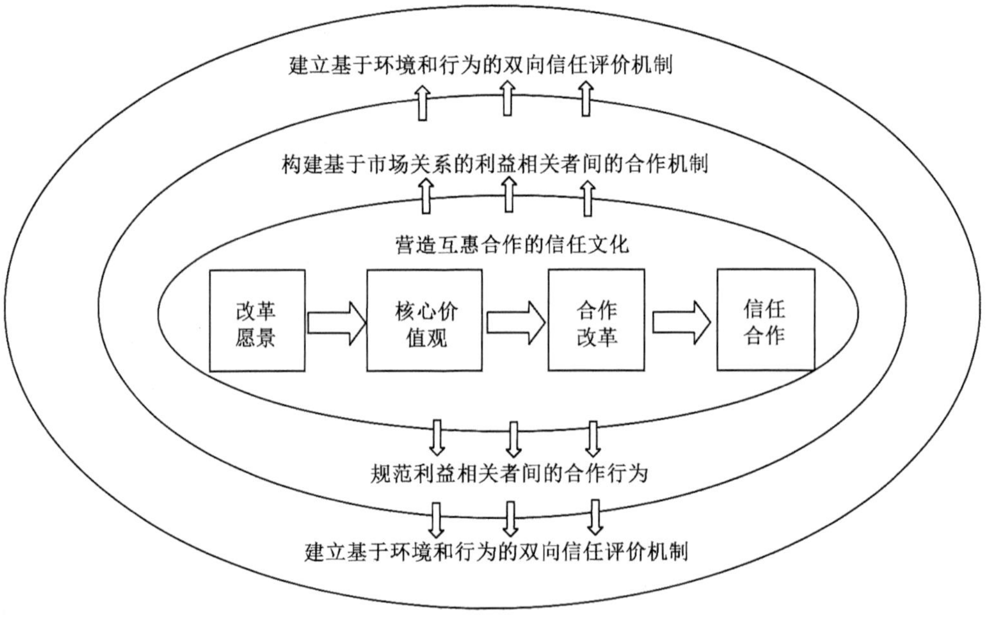

图 5—4　我国"放管服"改革的合作信任机制

5.4.4　我国"放管服"改革的监督评估机制

5.4.4.1　健全"放管服"改革的监督机制

"放管服"改革突破以往改革中的体制机制障碍，改变以往"重审批轻监管"的执法理念和监管方式，完善市场监管体制，强化事中事后监管，提高"放管服"改革的含金量。

(1)构建监管职责体系,完善监管链条。按照权责一致的要求,制定监管者责任清单,明确监管主体、细化监管责任,进一步完善决策、执行、监督相分离、相制约的行政运行机制;完善监管链条,壮大监管队伍,积极鼓励和引导社会组织、市场企业和人民群众参与“放管服”改革监管中来,形成“多位一体”的监管合力,维护公平竞争的市场秩序,建立健全统一、开放、竞争、有序的现代市场体系。

(2)创新监管方式,强化事中事后监管。对中央和地方已经取消和下放的行政审批项目,实施监督管理,严格规范和管理“放大不放小、放虚不放实”的现象;建立行政审批事项网络监管平台及动态监管机制,上级政府可以实时查询下级政府对行政审批事项的改革进展以及是否存在“再审批”现象;针对已经公开的事项建立社会监督机制,实施参与式的行政审批改革,推动人大和政协对行政审批改革的事后监管,提高行政审批的制度化和规范化水平;充分利用互联网、大数据,实现智能化监管。

5.4.4.2 完善“放管服”改革的评估机制

全面评估“放管服”改革绩效,多方考核行政审批效率、放管协同效能、优化服务效果,综合考察改革力度、服务态度和公众满意度,充分发挥评估的检验政策效果、验证改革成效的作用,真正实现以评促改,以评促建。

(1)建立“三位一体”的评估机制。充分发挥政府监管部门、行政管理相对人和第三方评估机构分别对“放管服”改革和优化营商环境的过程、落实、结果进行全方位、多方面的评估。对于政府监管部门而言,要完善内部监管评估机制,理清各层级监管评估责任,加强对“放管服”改革过程的评估,如对行政审批流程、地方政府事权承接能力、营商环境质量的评估。对于行政管理相对人而言,行政管理相对人作为“放管服”改革的直接服务对象,对“放管服”改革成效和营商环境质量具有较为直接的感知,通过行政相对人的评估能够比较客观、真正了解改革绩效和环境质量。对于第三方评估机构而言,它是独立于政府部门之外的评估机构,跳出了政府自我评估的限制,评估结果更加客观公正。

(2)全方位建立营商环境评价指标体系。对标国际营商环境评价指标体系,根据地区发展环境和发展现状,从便利化属性、法制化属性、国际化属性等方面因地、因时制宜地制定不同区域、不同阶段的营商环境评价指标体系。鼓励地方政府在中央政府顶层设计的基础上,结合地区实际,不断打造“放管服”改革的地方“升级版”。

(3)加强评估结果应用,建立评估激励机制。将评估结果作为地方政府及干部考核的一部分,建立健全评估激励机制,对于执行能力强、落实效果好的地方政府或相关部门给予物质和精神奖励,加大对“放管服”改革中政策效果差、执行能力弱、落实不到位的地方政府或相关部门的处罚,需进一步总结经验,加强整改力度,完善改革举措。

通过构建科学的监管职责体系,完善监管链条,创新监管方式,强化事中事后监管等方式进一步健全“放管服”改革的监督机制，通过建立“三位一体”的评估机制，全方位建立营商环境评价指标体系，加强评估结果应用，建立评估激励机制等方式进一步健全“放管服”改革的评估机制，监管机制和评估机制共同作用与“放管服”改革和营商环境优化，最终实现以督促改和以评促改。如图 5—5 所示。

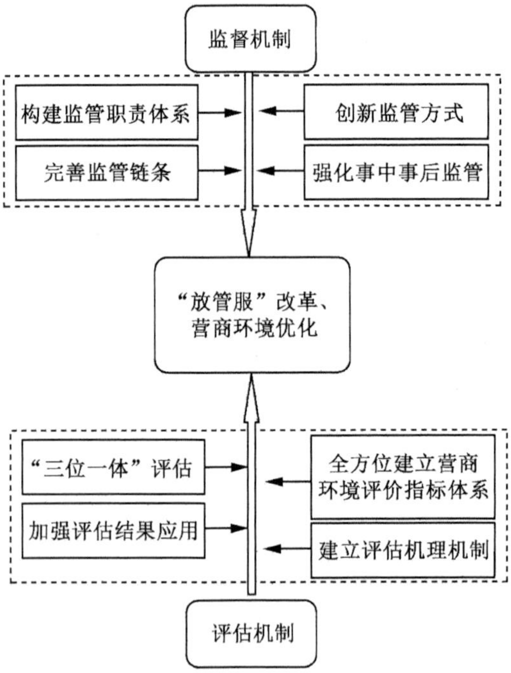

图 5—5　我国“放管服”改革的监督评估机制

5.5　结论与讨论

“放管服”改革的持续推进和营商环境的进一步优化，需要相对完善的运行机制作为保障。本文根据“放管服”改革和营商环境自身的特点属性，主要从动力机制、资源供给机制、合作信任机制和监督评估机制四个方面分析了基于优化营商环境视域下“放管服”改革的运行机制。动力机制需要从内部动力和外部动力两大要素注入“放管服”改革的动力源，加速营商环境的优化；资源供给机制作为“放管服”改革的资源基础和发展条件，需要人力资源、金融资源和信息资源的协同统一，从而实现包括人力、金融、信息、技术等资源要素在“放管服”改革中的高效供给和有效运行；合作信任机制是“放管服”改革和优化营商环境的核心，通过树立“信任红利”理念、营造合作信任文化，构建基于市场关系的利益相关者间的合作机制，并进一步规范合作行为和构建基于环境和行为的双向信任评价机制，才能保证“放管服”改革的持续推进和营商环境的进一步优化；监督评估机制作为“放管服”改革和营商环境质量的督促检查，通过以督促改、以督促建，以评促改、以评促建，保证了“放管服”改革成效落地生根，保证了营商环境的持续优化、整改和完善。

基于以上研究，我国“放管服”改革和营商环境优化还需要注意以下几点。

第一，增强运行机制间的协同性。虽然动力机制、资源供给机制、合作信任机制和监督评估机制是相互联系、相互影响、相互作用的协同复合体，但对各机制的研究只是从不同的侧面反映了“放管服”改革的运行机制，并不能从整体反映“放管服”改革的实际效果。因此，需要运用协同理论、整体性治理理论、多中心理论对“放管服”改革的各运行机制以及运行机理进行研究，进一步提高“放管服”改革和优化营商环境的整体性效果。

第二，整合、整改改革动力要素。充分发挥内外部动力要素的协同耦合作用，实现内外动力要素“1＋1＞2”的整体性功能，同时积极探索“放管服”改革和优化营商环境的动力源，充分释放市场、社会的原动力，鼓励企业、公众参与“放管服”改革和优化营商环境进程中来，紧密依托现代科学技术，广泛推广“互联网＋政务服务”实践活动，重视技术变革和创新驱动，运用现代信息技术构建政府、市场、社会信息资源共享平台，处理好改革“最先一公里”和“最后一公里”的关系。提高政府官员对“放管服”改革重要性的认识，提高“放管服”改革的积极性和主动性，全力整改“放管服”改革中“放小不放大、放虚不放实”的现象。

第三，畅通资源供给渠道。整改部门碎片化、功能割裂化的现象，畅通部门间资源供给渠道，加强部门间的协同合作。首先，整改权力资源障碍，持续优化权责配置体系，进一步理顺各级政府财权事权关系，实现上级政府勇于放权、敢于放权，下级政府接得住、管得好；其次，充分发挥人力资源优势，大力推进“科教兴国”战略、“人才强国”战略和人才工程、人才事业发展，储备创新型、知识型、智慧型人才，此外，畅通专家学者、社会组织、企业、公众参与“放管服”改革和优化营商环境的渠道；再次，加大对“放管服”改革和优化营商环境的资金投入和政策支持力度，营造良好的政治环境、经济环境和法治环境；最后，畅通信息资源共享渠道，打破信息垄断，构建信息资源共享平台，实现“数据多跑路、群众少跑腿”。

第四，加强主体间的信任与合作。规避信任冲突，培育“放管服”改革和优化营商环境价值观，从树立“信任红利”理念和营造“信任文化”入手，构建利益相关者之间的合作信任机制。首先，加强政府对行政相对人的信任，突出改革的“问题导向”，鼓励行政相对于参与改革进程中来，实现政府“端菜式”改革和行政相对人“点菜式”改革相结合，从而进一步提高行政相对人的获得感和满意度；其次，加强“放管服”改革政策宣传，强化行政相对人对政府的信任，相信政府能力，树立主人翁意识，提高参政议政能力，为“放管服”改革和优化营商环境献言献策。

第五，健全监督评估机制。首先，改变以往“重审批轻监管”的执法理念和监管方式，构建科学的监管职责体系，完善市场监管体制，创新监管方式，强化事中事后监管，完善监管链条，构建政府、社会组织、企业、公众“多位一体”的监管体系，此外，灵活运用行政规制规范改革行为、纠正政府失灵，但“放管服”改革中，政府行政规制也会存在失灵，会导致政府寻租、行政垄断、规制机构被俘获等问题。因此也需要设立对规制机构进行监督的相应部门，防止规制机构与企业合谋、设租和寻租，破坏公利谋取私利。其次，全面评估“放管服”改革绩效和营商环境质量，构建科学的政府评估、社会评估、市场评估和第三方评估的评估体系，通过评估促使改革落到实处、恰到好处，此外，促使“放管服”改革绩效和营商环境质量评估体系的法治化、制度化和规范化，形成一种倒逼机制，进而有效规避改革中的“道德风险”“机会主义”。

6. 扶贫调研报告

本课题组利用学校暑假期间对山东省日照市东港区扶贫办、东港区财政局进行农村扶贫政策执行状况及教育扶贫进行专题调研。调研时间根据调查对象分为两次进行，分别2019年8月25日下午和8月26日下午。调研地点分别为日照市东港区政府二楼会议室和日照市教育局三楼会客室。参会人员为日照市东港区扶贫办施主任、东港区财政局张副局长及日照市教委石磊教育总督导和计财科许科长。两次调研的具体内容分别为基本情况介绍和关键问题询问两部分内容构成。每次调研持续时间大约为一个半小时。

6.1 农村扶贫政策执行情况简介

日照市1987年建市后由元日照县改设东港区。自然地理条件为丘陵和山区，西部、南部多山，东部为黄海。

6.1.1 东港区贫困情况介绍

按照山东省人民政府和日照市人民政府设定的贫困标准，年人均收入低于3 723元的家庭或人口为贫困人口。按照该标准，目前东港区共有贫困户6 531户，合计人口数约为11 000人左右。与其他地区贫困人口情况不同，病残人口占贫困人口的80%左右，其中以老年人居多，无劳动能力。全区内省级人民政府认定12个贫困村，市级人民政府自定30个自然村为贫困村，拥有贫困户的自然村为437个，贫困户主要为老弱病残和孤寡老人。

贫困人口和家庭在认定后，通过建档立卡形成扶贫档案，并作为常态化管理的信息基础，开展贫困人口的扶贫工作、政策落实及构建贫困人口的退出机制。

6.1.2 政策执行情况介绍

中央政策的精神主要是依靠自己力量脱贫，政府给予帮助。但政策在当地执行和实施中非常困难。原因是老弱病残为主的贫困人口没有劳动能力。

政府主导和发挥主要作用的扶贫政策有多种类、多渠道和多种形式，合计共有 36 个类别。其中主要有：

（1）财政扶贫。设立财政专项扶贫资金和基金，主要用于产业发展、金融扶贫、重点贫困乡镇转移性支付、雨露计划等。特色产业发展基金主要用于电商扶贫、光伏扶贫、乡村旅游扶贫、特色种养和加工业。另外，省级三项基金主要负责特设产业开发、小额信贷担保、公益事业扶贫。

（2）发改扶贫。用于异地扶贫搬迁、农村产业融合项目、旅游基础设施建设项目等。

（3）民政扶贫。主要用于高龄、失能补助（按年龄每人每月补助 100—400 元）、五保政策、低保政策（每人每月 300 元）和救助政策等。

（4）教育扶贫。主要包括贫困家庭学生教育资助全覆盖，在学前教育阶段，适龄贫困儿童免收保教费，并按学前教育儿童总数 10%的比例，对 3～5 岁贫困儿童发放学前教育补助金（每生每年 1 000～1 400 元）；在义务教育阶段，全部免除义务教育学杂费。对贫困家庭学生采取一免一补、即免费提供教科书，补助寄宿生生活费（补助标准小学生每年 1 000 元，初中生每年 1 250 元）。另外，从 2016 年秋季学期开始，市财政每人每年补助交通费、生活费 3 000 元。普通高中阶段，免学杂费。按照普通高中在校生 10%的比例，优先向贫困学生发放高中国家助学金，平均每生每年 1 500～2 500 元。另外，从 2016 年秋季学期开始，市财政向每生每年补助生活费 3 000 元；中等职业教育和高等教育，同样有数量可观的财政资金补助。

（5）金融扶贫。主要有扶贫类金融产品创新，降低贫困人口和家庭融资成本，改进和推广小额贷款保证保险，为贫困户融资提供增信支持，促进贫困人口就业等。

（6）人社扶贫。主要有创业支持、培训扶持、就业扶持、基本养老保险（应保尽保）、基本养老保险、新型农村合作医疗保险、大病保险、基本医疗保险等。

（7）医疗健康和计生扶贫。主要包括卫生室服务、健康扶贫工程、营养改善和检查、计划生育贫困家庭奖励扶助等。

（8）住建扶贫。主要包括危房改造，农村无害化卫生厕所改造，环卫设施建设等。

其他 28 项与扶贫工作有关的相关政策不做一一介绍，但从内容和政策构成来看，政府扶贫政策几乎覆盖了贫困群体的生活、医疗健康、生存发展、养老、教育等所有方面，政府在扶贫工作上所花费的精力和费用远远超出了个人的想象。

另外，为提高政府各项扶贫政策的效应，东港区政府狠抓精准扶贫工作，主要把握好如下几个方面的工作：一是抓好基础数据的真实性和准确性，建档立卡全部贫困村和贫困人口，包括已脱贫人口。在贫困村和贫困户及贫困人口认定上，采用第三方评估的方法管理和监督政策执行。对贫困人口纳入和退出机制实施动态化管理措施，对已脱贫的镇村和贫困人口持续政策扶持，支持力度不减，流出政策缓冲期，确保稳定脱贫，避免边脱贫变返贫现象的发生。

6.1.3 扶贫政策执行中的难点问题

对于政策执行中的难点问题，东港区扶贫办主任提出：扶贫政策执行中存在三个方面非常困难的问题。一是风俗习惯很大程度上阻碍了扶贫政策的执行，很多贫困家庭和贫困人员，对落实扶贫政策的政府工作人员持怀疑态度，行动上不配合。二是现场工作人员在贫困人口不配合的情况条件下，收到来自政府管理部门的强大压力，绩效考核的压力。扶贫政策落实过程中，各种情况非常复杂，不能用统一标准进行衡量和指标化管理，一线人员出力出汗，得不到理解，心理压力大，很多人产生逃离的想法。三是边缘户和边缘人口问题非常大。当政策标准调整后，原来一部分被认定为贫困户或贫困人口的人被排除在外，他们会产生情绪上的极大波动，会带头闹事，给政府扶贫政策执行和扶贫管理工作带来很大困难，不得不拿出很大精力做工作。

6.2 教育扶贫政策执行情况简介

在市教育局调研的内容主要集中在贫困人口家庭子女通过考学外出读书时政策的扶助政策。主要内容有：对高职教育贫困生实施“雨露计划”，从中央财政转移支付中每生每年补助 3 000 元生活费。从 2016 年秋季学期开始，贫困大学生市财政全额补助学费，每人每年补助生活费 6 000 元（与雨露计划不重复补助）；对大学本科和专科生，省内减免学费，省外最高补贴不超过 8 000 元，研究生不超过 12 000 元，生活交通补助每生每年 6 000 元。

6.3 总结与感想

从本次调研的内容来看，地方政府职能部门对扶贫政策的理解和执行非常到位，能够创造性地针对本地实际情况开展工作。由于扶贫工作政策性强、政策对象的异质化特征，地方政府扶贫工作职能部门在执行政策时不得不针对贫困人口开展各种艰苦的工作，同时还须面临上级部门的考核，个中辛酸让人感慨和敬佩。

如果从个人感想的角度对基层政府扶贫工作进行评价的话，在扶贫工作上可能有几个方面会产生问题，这些问题值得思考和改进。

一是从中央到地方，有关扶贫工作的政策和资金，名目众多。这一方面说明各级政府对扶贫工作的重视，另一方面地方政府面对如此多的政策和资金，如何向农村地区贫困人口进行告知，并获得贫困人口的理解和配合可能会存在很大问题。

二是农村民风习俗对政策执行的效果会形成严重的障碍。执行政策不能搞强迫和“一刀切”的形式，这必然导致脱贫政策实施的工作效率。也许我们常识中理解的帮助品论人口脱贫的措施，可能会由于贫困人口的种种脱离常识的认知导致政策无法很好地得以实施。有鉴于此，上级政府在政策执行上应交于地方政府更大政策执行的自主权，不能过度地依赖对扶贫结果的评价上。这样会给地方政府政策执行人员造成过大压力，会适得其反。

三是扶贫工作是一项长期复杂而又细致的工作，从调研中了解到的情况来看，有些扶贫工作通过财政帮扶可以立竿见影递减到效果，而有些工作却无法立即取得效果，特别是对贫困人口思想和意识上的改变上，不是单纯依靠财政辅助能够马上见效，需要形成长期机制，不能急躁。

四是总体上财政每年用在扶贫上的资金量非常大，但取得的社会效果却不明显。以东港区为例，每年财政资金安排 5 000 多万，平均贫困人口每年获得的财政资金接近 5 000 元，这些获得财政辅助的贫困人口在多大程度上感谢社会和政府对他们的帮助，效果需要验证。而另一个方面的现象值得重视，就是农村中以各种借口获取扶贫资金援助成为理所当然的现象十分突出，值得反思和警惕。

社会中一定数量贫困人口的存在是正常的社会现象，政府在脱贫政策上的努力应该偏重于辅助那些无法通过自己劳动脱贫的人口群体，主要集中在老弱孤寡和残疾人口上。对于那些有劳动能力但处于贫困线内的人口，应以技能培训和促进就业为主。

7. 河南省鹤壁市殡葬改革与养老机构管理调研报告

基于之前对鹤壁市民政事业绩效评价数据的初步了解，发现鹤壁市殡葬事业与养老机构建设管理方面存在较为显著的不合理数据，到底是数据本身存在问题还是政府管理存在问题或者宏观政策缺陷所致，本课题组希望通过深入调研来找到原因。

7.1 鹤壁市概况

鹤壁市位于河南省北部，因相传“仙鹤栖于南山峭壁”而得名，1957 年建市，面积 2 182 平方公里，下辖淇县、浚县、淇滨区、山城区、鹤山区和一个国家级经济技术开发区。

鹤壁市历史悠久，文化底蕴浓厚。殷商末期和春秋时期的赵国、卫国均在此建都，时间长达 500 年。穿城而过的淇河古称淇水，是诗歌文化的重要源头，《诗经》中有 39 篇直接描绘了淇河两岸的自然风光和风土人情，水质连年保持全省 60 条城市河流首位。所辖浚县古称黎阳，是国家历史文化名城和儒商鼻祖端木子贡的故乡，浚县正月古庙会已有 1 600 多年的历史，被誉为“华北第一古庙会”。伾山石佛是我国最早、北方最大的石佛。所辖淇县古称朝歌，是殷商文化发源地之一和《封神演义》神话故事的发生地，境内的云梦山被誉为“中华第一古军校”，战国时期的思想家、纵横家、军事家鬼谷子王禅，在此培养出了苏秦、张仪、孙膑、庞涓、毛遂等名士。

鹤壁市地处太行山东麓向华北平原过渡地带。南北长 67 公里，东西宽 69 公里，总面积 2 299 平方公里，其中市区面积 513 平方公里。鹤壁交通极为便利，南北大动脉京广铁路、京港高速铁路、京港澳高速公路、我国最繁忙的国道 107 国道纵贯全境南北，国家西气东输工程、南水北调工程穿过淇滨区西侧。

鹤壁市属于河南省规模偏小的市，人口规模与 GDP 规模在河南省 17 个地级市中都属于倒数第二位，2018 年末总人口仅 165.78 万人，GDP 约 861.9 亿元①。

7.2 民营养老机构建设的政策驱动与风险

2011 年，民政部在民政事业“十二五”规划中，则提出到 2015 年“十二五”末，每千名老人养老床位要达到 30 张。随后，河南省民政厅在河南省民政事业“十二五”规划中，也提出到“十二五”末，每千名老人养老床位要达到 30 张。

跟随民政部与河南省民政厅的规划，鹤壁市 2013 年明确提出积极推进养老服务机构建设，到“十二五”末即 2015 年末，全市养老服务机构与设施养老床位规模要达到每千名老人拥有 30 张养老床位的目标。实际上，直到 2018 年底，鹤壁市的养老床位也仅在 26 张。但同时，即使未达到目标的养老床位，众多养老机构的床位入住率也依然不是很高。近几年，浚县财政投入，大幅度改善农村乡镇敬老院的基础设施。在核算养老机构床位时，是按照面积来推算的。如浚县白寺乡敬老院，有 25 个房间可接纳老人入住，按每个房间入住 2 人计算，报民政部门是 50 个养老床位。但实际入住的主要是五保户老人，并且即使是五保户，由于近年来分散供养标准提高到 4 800 元，一些五保户的邻居或远亲愿意接纳供养，五保户也更愿意住在熟悉的村庄里，导致入住敬老院的老人减少，实际入住仅 12 人。12 人分住 12 个房间，每个房间也仅放了一张床。这是核算时，淇县、浚县两地农村公办养老机构的入住率也非常低的重要原因。但城区的养老机构的建设与床位入住情况与农村大不一样。

各类政策扶持，其中最为关键的是建设补贴与运营补贴。市区养老机构建设补贴为每张床，新建 1 500 元每张，租用 1 000 元每张。运营补贴，实际入住每张床 60 元/月。

山城区的房产价格，在三区两县中最低，而且是大幅度低于市政府其他区县。大大激发了民营机构在山城区设置养老机构的热情。

从表 7-1 数据中，可以看到非常奇怪的分布。首先，可以把市辖区与县区分开来，县由于较大比例的农村区域，机构养老需求较低，因而千名老人养老床位数与城区不可比。城区三区中，鹤山区三年基本没有变化，维持在总床位 280 张，每千名老人养老床位在 25 张，而淇滨区也就是在 2017 年增加了 165 张床位，从每千名老人养老床位 20 张增加到每千名老人养老床位 25 张，但非常奇怪的是，山城区在 2016 年已经达到每千名老人养老床位 40 张的基础上，这一床位拥有率已经超出全市平均水平 50%

---

① 鹤壁市统计局．2018 年鹤壁市国民经济和社会发展统计公报[EB/OL] https://tjj.hebi.gov.cn/stjj/tjfw/tjgb/3040160/index.html，20190402.

以上的基础上，继续狂飙突进，以每年20%的速度增长，到2018年底，山城区的每千名老人床位已经达到65.7张，超过鹤壁市每千名老人30张床位目标数的2倍。而且山城区的这些养老床位含金量比较高，90%以上属于民办养老机构经营。一般养老床位分为三种类型，公办养老机构、民办养老机构以及如日间照料中心、社区幸福院之类养老服务设施。一般来说，民办养老机构对于资金、人力的要求均更为敏感。据悉，目前还有资金想投资在山城区兴办民营养老机构。

表7—1　　鹤壁市各区养老床位数据(2016—2018)　　单位：张

年份	类　目	淇滨区	山城区	鹤山区	浚县	淇县
2016	养老床位数	450	1 290	280	368	320
	千名老人床位数	20	46.2	25	4.5	9.1
2017	养老床位数	615	1 536	280	370	530
	千名老人床位数	25	55	25	4.5	15.1
2018	养老床位数	615	1 836	280	406	530
	千名老人床位数	25	65.7	25	5.3	15.1

首先需要解释的是为何民营资金会热衷于在山城区兴办民营养老机构。可以预计的是，在同等的政策条件下，民营资金对于成本收益更为敏感，因而，可以推测，山城区可能是兴办民营养老机构的成本显著低于其他区。新办民营养老机构的成本，最关键的成本首先是建造成本，建造成本一般有两种类型，一种是租房改造，一种是购地新建。其次为运营成本。运营成本中又以人力成本为主。所以，在同一个城市区域，土地价格越低，房屋租金越低、劳动力成本越低，则民办养老机构的建筑成本与运营成本就会相应降低。在政策给予的床位建设补贴与运营补贴一致的情况下，私人资本会倾向于到土地成本与人力成本的区域新办养老机构，以降低新办成本。

在鹤壁市三个城区中，山城区正好符合这种情况。鹤壁市下辖三区中，淇滨区属于新城区，是市委市政府所在地，而山城区属于老城区，是原来市委市政府所在地。鹤壁市是典型的矿产资源依赖型城市。鹤壁市山城区的市民整体上收入较低，当年的老矿工收入更低，更难以承担较高的养老费用。

从表7—2可以看出，山城区的新房均价不到淇滨鹤山均价的40%，而且由于山城区是紧凑的城区，而淇滨区还包括较为偏僻的区域，实际上，在山城区人的印象中，山城区新房仅有淇滨区的三分之一至四分之一。从二手房的房价来看，则山城区的房价确实只有淇滨区和鹤山区的四分之一左右。由此，可以理解，无论是购房新建还是租房改造，在山城区兴办养老机构所需支付的成本，会比淇滨区鹤山区低一半以上。相比同等的补贴政策，山城区的成本优势极为显著。

表 7—2　　2019 年 4 月三区房价比较

	淇滨区	鹤山区	山城区
新房均价	6 163	5 650	2 400
二手房均价	6 532	7 444	1 581

数据来源:安居客网站。

虽然山城区的低房价为兴办养老机构降低成本提供了极有竞争力的基础,实际上吸引了民营机构大力兴办养老产业。并且,虽然山城区的养老机构床位快速增长,但淇滨区与鹤山区的养老床位保持稳定。是否可以在区域内来统筹客源,让淇滨区与鹤山区的老人选择到山城区来养老呢?是否是鹤壁市民政局的负责人有意鼓励山城区发展养老产业,并希望山城区的养老机构承担起为全市城区老人提供养老服务的责任呢?

尽管山城区的人口比淇滨区少,相应 60 岁以上老人也较少,但山城区养老机构入住的老人数量却远远高于淇滨区养老机构入住老人数。但就算这样,山城区养老机构的入住率也仅有 31.64%(见表 7—3)。由于山城区居民收入较低,山城区老人能够承担的入住养老院费用也较低,能够完全自理的老人入住养老院目前普通标准仅为 800 元每月,而且由于竞争激烈,还有一些养老机构在降低价格以争取客源,导致整体价格还在下压。根据行业测算,一般需要最低 50%的入住率才能维持养老机构的运营成本,如低于 50%,则意味着养老机构需要亏本经营,近几年山城区民营养老机构的床位入住率总体在 40%以下,对于民营机构来说,显然是无法长久的。

表 7—3　　鹤壁市城区养老机构床位入住率(2018 年)

	淇滨区	山城区	鹤山区
养老机构养老床位数	615	1 836	280
入住老人数	453	581	230
入住率	73.66%	31.64%	82.14%

7.3　农村殡葬改革走向何方

近几年殡葬改革受到社会广泛关注,一是城市殡葬的巨额花费已成为市民的沉重负担,二是农村的殡葬改革激化社会矛盾,前有河南省南阳市的强制平坟引发抗议,2018 年更有江西省的抢棺行动引发全国舆论围观。

据调查,江西省强推遗体火化,主要是在农村招致反对。政府强制要求火化不得土葬，主要理由有三个方面：一是土葬占用耕地；二是土葬有奢侈攀比之风；三是江西的地理除了鄱阳湖平原及部分河谷盆地外，以丘陵地带为主。2018 年末，江西省常住人口 4 647.6 万人，其中，城镇人口 2 603.6 万人，占总人口的比重(常住人口城镇化率)为 56.0%。户籍人口城镇化率为 39.8%。江西省的地形以丘陵、山地为主，丘陵地带居住人口超过 40%，山地居住人口也占近 20%。丘陵、山地居住人口，丘陵山地区域居住人口，由于丘陵山地比耕地充足得多，耕地更为宝贵，遗体安葬自然会选择丘陵山地，而不会占用耕地。以减少耕地占用为理由禁止农民土葬，自然遭到农民反对。

根据鹤壁市民政局提供数据，鹤壁市殡仪馆 2018 年火化遗体为 1 192 具，2018 年鹤壁市死亡人数为 10 000 人左右[①]，遗体火化率为 11.92%。2017 年火化遗体 1 244 具，死亡人数为 9 400 人左右，火化率为 13.23%。而 2018 年全国遗体火化率为 48.9%，河南省虽然大大低于全国平均水平，但也达到 30%，鹤壁市不仅低于全国平均水平，甚至未达到河南省平均水平的一半(见表 7—4)。按照鹤壁市民政局的工作总结，鹤壁市的民政工作整体水平是显著提升，年度工作目标全部完成，多项民政工作得到省级政府及中央政府部门的表彰。这种反差表明了什么情况呢？

表 7—4　　鹤壁市的近几年的遗体火化情况(2016—2018 年)

	2016 年	2017 年	2018 年
全市常住人口(万人)	161.38	162.13	165.98
死亡人数(人)	9 300	9 400	10 000
火化遗体数	1 156	1 244	1 192
火化率	12.43%	13.23%	11.92%
全国火化率			48.9%

注：常住人口数与死亡人数均来自鹤壁市统计局。

鹤壁市民政局社会事务科的负责人解释说，浚县和淇县都是非火化区，因而并不要求火化。扣除掉两县约 90 万人，占全市 60%的人口，这样鹤壁市火化区的遗体火化率就能达到近 30%了。鹤壁市火化率这么低是有原因的，因为鹤壁设市比较短，鹤壁市区的原本大都是附近农村的人，在农村都有地的，所以去世后，能够拉回到自己老家安葬。那些选择火化的人，绝大多数都是机关事业单位的人，因为机关事业单位的人，如果没有火化，就无法领到抚恤金。殡葬改革管理所的所长，进一步澄清了火化区的问题。实际上省政府并没有认可浚县、淇县是非火化区。但淇县、浚县都没有殡仪馆，没有火化设施，甚至连公墓也是近年才有。2014 年河南省民政厅发布的《河南省殡葬设施布局数量规划》，到 2025 年，整个鹤壁市也就浚县规划有 1 座公墓。浚县民

① 同上。

政局社会事务科的李科长说，近些年也是因为城区扩建，需要把一个老坟场拆迁，所以才在大伾山那里新建了一个公墓，一方面是把这边的老墓地迁到那边去，另一方面也给城区的人提供安葬场所。但是对于农村的人来说，依然只能是安葬在自己家的土地里。浚县、淇县地理情况还不一样，淇县有三分之二是丘陵山地，三分之一平原土地，淇县耕地 32.29 万亩，农民人均 1.5 亩。此外尚有 36.5 万亩荒山、荒岗、荒沟。浚县虽然人口众多，近 70 万人口，但平原面积占 82%，丘陵面积占 18%。除了中间有很小的大伾山外，全境一马平川。农民安葬只能安葬在平原区域，实际上都是适合农耕的区域。也就是说，实际上是安葬在耕地里。大部分村庄没有规划公墓，农民去世后就安葬在自家耕地里，一般也不立碑，有个小土包，之前比较时兴在土包上栽柳树，但柳树长大后树荫遮盖庄稼，反而影响耕种。今年以来种树的也少了。有些村庄在集体时期就安排了集中安葬的场所，坟墓密密麻麻挤在一起(见图 7—1、图 7—2 所示)。

图 7—1　浚县农村公墓 1

《殡葬管理条例》明确遗体安葬不得占用耕地。但是对于平原地区的农村，无论是否火化，如果要安葬，都必然占用耕地。就是建立公墓，除了得到省民政厅规划许可的公墓是建立在较远的大伾山，一般的农村公墓也还是占用耕地。区别仅在于占用多少。如果安葬在自家耕地，由于具有唯一性易于辨认，一般也不会立碑。但如安葬于集中的农村公墓，需要与周边区别，反而需要立碑。如果按城市风格建立公墓，还会大量以水泥硬化墓穴与路面，对耕地的损坏更难以弥补。而分散安葬在自家耕地的土葬，往往三代之后坟地与耕地融为一体，不再单独存在，反而对土地更为友好。

农村土葬到底占用多少耕地?

图 7—2 浚县农村公墓 2

先看民政部的权威表述，2019 年《法制日报》记者采访民政部社会事务司负责人，民政部社会事务司负责人阐明 2018 年全国共火化 498.6 万具遗体，节省土地 6 万余亩。[①] 计算依据是每座土坟占地 10 平方米计算。这一计算方式既有聪明的一面，也有明显不合理的一面。聪明的一面是没有说实际上没有火化而土葬的人，占用了多少耕地，避免了实际核实的难题；不合理的一面在于两个方面，一个是按每个土坟 10 个平方米来计算是否合理，这个数据的出处目前尚不清楚，需要引证多方的数据以及查看实际情况来验证；第二是是否火化了遗体就完全不占用土地？显然，按照社会事务司负责人的计算，火化遗体的人，是完全不占用土地的，这显然不合乎实情。实际上，火化遗体之后，装入骨灰盒，绝大部分依然需要埋入土中，绝大部分城市居民的火化遗体是埋到公墓中去了。而公墓也是占用土地的。

葛红玉(2005)[②]的研究指出，目前殡葬占用土地已经达到死人与活人争地的局面，河南省每年递增新坟新墓 33 万个，致使良田每年减少 1 万亩，这一研究后人不加分辨到处引用，显著夸大其词。首先是，先假定这类新坟不是公墓，而是个人或家庭所建新墓，但新坟不一定占用农田，在丘陵山地居住的农民，还没有见到有不安葬到丘陵山地而应安葬到耕地中去的。其次，即使这 33 万个坟地真的是占用农田所建，也无法达到占用 1 万亩农田的程度。33 万个坟地占用 1 万亩农田，意味着每个坟地占地超过 20 平方米，这是迄今为止，看到过的最大胆推测。这一推算十几年之后到现在还得

① 张维. 近 50%师者实行火葬，民政部将尽快推动出台新〈殡葬管理条例〉. http://www.sohu.com/a/306055431_313745 20190425.

② 葛红玉. 中国殡葬改革存在的问题与发展对策的研究. 长江民政职业技术学院学报，2005 年第 9 期.

到著名高校学者不加辨别的采用。[①]

还有更离谱的推断。萍乡市殡改办 2019 年 8 月 22 日回复网民询问时在回复断言，“传统土葬，1 亩地只能葬 20 具遗体。”相当于平均每具遗体土葬会占用 33 平方米以上。萍乡市殡改办也不说占用耕地，也不说能节约多少用地，数据也更为夸张。

河南省原阳县殡葬改革管理所所长刘继昌在 2012 年接受大豫网记者采访时，计算方式是以每座坟墓占地 5 平方米计算，按照刘继昌的计算，原阳每年土葬约 2 700 人，每年土葬占用耕地大约 20 亩左右。[②]

假如坟地真的建在农田里，大概会占用多大面积呢？

浚县至 2018 年末总人口为 68.1 万人，其中城镇人口 26.4 万，农村人口 41.7 万．死亡率 5.98‰，近 6‰。农村人口死亡 2 500 人。根据实际测算，按每人占用耕地 4 平方米计算。每年会占用耕地 10 000 平方米，约 15 亩。按土葬融入土地 100 年的周期，老龄化之后死亡率提高到 12‰计算，100 年大约总共占耕地 2 000 亩左右。浚县总共耕地为 32.3 万亩。此外还有荒岗、荒山、荒沟 36 万亩。大概最多占用 6‰的耕地。如果再考虑，火化了也依然要占用耕地安葬，土葬额外占用的耕地就更少了。可见，即使以较为单纯的平原区域农村，对于土葬占用耕地的严重程度，可能也过于高估了。相比于一年占用 15 亩土地，严格实施火化，并建立公墓，所损耗的经济成本、行政成本以及对土地的硬化损耗及其他成本，可能并不一定合理。鹤壁市在殡葬改革方面的无所作为，换来鹤壁市民众在殡葬事务上完全没有投诉，干群关系较为和谐，可能还是较为合理的选择。2018 年整个河南省火化率大幅度下滑，全省火化率也仅有 10% 左右，不是很严重的问题。

7.4　结论与思考

鹤壁市民营养老机构建设与殡葬事业都属于民政事业，民营养老机构建设在财政困难中积极响应中央与省市政府号召，推进民营养老机构建设，在山城区取得突出进展，并获得民政部表彰。但山城区民营养老机构目前建设进度远远超出其他区域，入住率低，会给民营机构运营带来很大风险。财政补贴与社会资源都有浪费的巨大风险。

而殡葬事业管理看上去成绩特别差，火化率低，占用耕地情况普遍。民政部门殡

① 张溪.杨睿财政补贴、公墓建设与农村土葬改革.山东社会科学，2017 年第 3 期.

② 匿名.河南原阳殡葬改革，土葬之风盛行火化率下滑.大豫网，https://henan.qq.com/a/20120406/000437.htm 20120406.

葬改革管理机构无所作为，但经过检查，发现，占用耕地比预计的程度弱，造成的损害相比于硬性推行火化，建造公墓，造成的社会效应经济效应都好得多。相比之下，无所作为反而为鹤壁殡葬事业零投诉奠定了基础。两相对照，何其怪异。

7.5 成果要报：农村殡葬改革应分类施策

近年来多个省份农村殡葬改革乱象频发，地方政府滥用行政强制手段，激化社会矛盾，引起社会舆论广泛关注。舆论普遍批评各地政府殡葬改革推行手段不当，但殡葬改革的乱象，很可能与殡葬改革方案本身的重大缺陷有关。

按照《殡葬管理条例》，殡葬改革的方针是“积极地、有步骤地实行火葬，改革土葬，节约殡葬用地，革除丧葬陋俗，提倡文明节俭办丧事。”核心逻辑是土葬占用了耕地，至少占用土地，而提高火化率、能够节约殡葬用地，尤其是节约耕地。绝大多数城市居民除房产外，不拥有土地使用权，因而，遗体统一火化安葬是当前城市殡葬有序实施的必然途径。殡葬改革推行的困难，主要在农村。目前各地农村殡葬改革方案未能区分不同地理状况下的土葬与土地之间的矛盾，基本按照城市殡葬模式设计农村的殡葬模式，存在重大缺陷。

7.5.1 在丘陵与山区，土葬未占用耕地

对于农村居民，土葬是否占用耕地林地，主要取决于农村的地理形态。根据国家统计局发布的数据，按户籍人口计算，我国当前9亿农村居民中，按地势区分，42.57%分布在平原地区，36.20%居住在丘陵地带，21.23%居住在山区。占比为57.43%的农村居民居住在丘陵与山区，人数接近5.2亿。在丘陵与山区，耕地在土地中占比较低，而耕地比丘陵和山地的其他土地经济价值高得多，因而不待政府规定，千百年来，农民实际上就已经选择把墓地建造在非耕地区域，基本不存在占用耕地来土葬的情况。

7.5.2 农村居民遗体火化后，目前依然实施土葬，并未节约土地

全国不仅仅农村居民火化后绝大多数还安排土葬，即使城市居民遗体火化后也绝大多数安排骨灰盒土葬。目前各地农村居民火化后土葬的墓穴建造，与传统土葬在外观上并没有差异，因而在占地方式上与占地面积上，占用土地与否占用面积大小与遗体是否火化关系不大。民政部在阐明2018年殡葬改革的重大成绩时，关键表述是火化了遗体近500万具(包括)，按每具遗体节约土葬面积10平方米计算，节约了6万余亩土地。这是按火化后安葬完全不占用土地来计算的，不仅夸大了当前殡葬改革在节

约土地上的成绩，而且对政策方向有误导作用。

7.5.3　农村居民遗体火化后，建设公墓安葬占地面积不低于传统土葬

如果按照目前在推行的改革方案，在行政村一级或乡镇统一建设公墓，配套的办公用房、停车场、道路等设施还需要另外占地。根据专业人士研究，当前城市公墓平均每个穴位占用土地面积(含平摊配套设施用地)超过 10 平方米。如果农村居民土葬单人墓穴未超过 10 平方米，火化后统一安排公墓安葬，可能占用的土地面积甚至会超出土葬占地面积。传统土葬大多并未用水泥硬化墓穴，地面也未硬化，在百年时间内很容易恢复为可种植状态，但现在即使村级公益性墓地，也会硬化墓穴，并硬化来往道路及相关设施地面。这些硬化地面，如不剥离，一百年之后都很难重新恢复到可种植状态。

7.5.4　丘陵与山区农村强推全面禁止土葬损害基层权威

在丘陵与山区实施殡葬改革，全面实施遗体火化，禁止传统土葬，火化后安葬到公墓中，这一殡葬改革方案，首先对于丘陵与山区居民来说，完全无法让农民信服，因为农民土葬建墓并未占用耕地，而火化后安葬到公墓中，为建设公墓反而整片硬化土地，比传统土葬更不利于土地的恢复利用。其次，殡葬改革合理性不仅不被农民信服丘陵与山区，就连乡村干部也无法信服。按照行政命令的要求实施殡葬改革，就只能依靠强制力来推行。

7.5.5　五、丘陵与山区农民有相互攀比逐步提高墓葬水准的趋势，需要加强规划与管理

随着经济水平的提高，农村居民在建设墓穴时，有不断提高规格、相互攀比、占地面积扩大、建豪华墓穴的倾向。并且随着老龄化加剧，每年离世人口将会快速提高，如不加管理，农村居民墓穴建设有可能失控。因而对农村居民墓地建设实施监管：限制占用耕地林地、限制占地面积、禁止硬化土地，都是非常必要的。随着生活水平的提高，农村居民对环境的要求也会提高，对墓地规划与建设的期待也在提高，殡葬改革与管理大有可为。但与禁止土葬相比，禁止占用耕地林地并限制超规格超标准建设墓穴，更能得到农村居民理解，当然也更能得到农村干部的支持，并能大大降低监督执法的难度与成本。

7.5.6　农村殡葬改革真正的难题在平原地区农村

尽管农村居民只有约 42.57%不到一半居住在平原，但依然有 3.85 亿人口，由于

人口稠密，土地易于开垦，土地绝大部分得到开发利用，殡葬与耕地之间的真正矛盾，实际上主要发生在平原地区的农村。相当多平原地区村庄，除了道路房屋外，周边全部是耕地。禁止占用耕地，就意味着无土地可用于安葬。平原地区人均耕地更少，农民也更珍惜耕地，也往往以尽量节约土地的方式来安葬，但也实在除了占用耕地外，无法另找地块做墓地。在这类村庄，除了部分有荒地的村庄能够统筹利用荒地建设公益性墓地外，大多数村庄往往需要占用耕地来建造公益性墓地。禁止占用耕地的规定，对于这些农村来说，意味着只要安葬，就会违法。平原农村建设村庄公益性墓地，无非是把各户分别建造的墓穴改成集中建设的墓地，能够解决分户墓穴对机械大块农田机械化耕种的妨碍，但并未解决占用耕地问题。目前殡葬改革方案并未为此类农村考虑可以实行的解决办法。

7.5.7 农村殡葬改革应根据地理形态差异分类施策

由于丘陵山区与平原地区的农村，土葬与耕地的矛盾完全不同，平原地区农村土葬与耕地的矛盾尖锐，且难以找到合适的解决办法，而丘陵与山区农村，土葬并未占用耕地，主要需要防止超规格超标准建造墓地。土葬与耕地的矛盾不同，殡葬改革的方案也应不同。目前的殡葬管理条例虽然看上去给不同地区留下了空间，但实际上各省的殡葬改革方案几乎毫无例外走向力推火化，禁止家属自葬的道路。

8. 上海老年人出行状况及老年综合津贴政策调研报告

8.1 引　言

近年来，中国遭遇了一个快速老龄化进程。按照联合国新标准，老龄化社会是指65岁老人占总人口的7%及以上。而中国老年人(65岁以上)比重从1995年的6.2%上升到了2014年的10.06%，已步入了老龄化社会。根据第六次人口普查数据，中国60岁及以上老年人口超过1.78亿人，占总人口的13.26%，65岁及以上人口为1.1亿人以上，占总人口的8.87%，是世界上老年人口最多的国家。

以特大城市上海为例。上海作为中国较早出现老龄化的大城市，老龄化程度高于全国平均水平。截至2014年12月31日，上海户籍人口达1 438.69万人。其中，60岁及以上老年人口413.98万人，占总人口的28.8%；65岁及以上老年人口270.06万人，占总人口的18.8%，已经明显高于联合国的老龄化标准。

由于老年人生理和体力衰退以及适老化公共设施普遍缺乏，他们在出行时面临许多困难，例如人行道不平整或有台阶影响步行，公交车设施和服务未针对老年群体特征进行设计和改进。随着机动化普及和信息化发展，比如智能手机叫车应用的推广以及订制公交(辅助公交)的出现，老年人逐渐被排除在这些新兴的信息化产品及其衍生市场之外。因此，老龄化进程加速与全社会适老化设施和服务匮乏之间所形成的矛盾，亟待政府通过公共政策加以调整，出台激励性措施充分调动市场和社会力量，政府、市场和社会三方协力，保障老年人的出行权利，消除老年人出行中的各种障碍。

交通是人(或物)克服障碍的空间移动，在老龄化背景下，交通政策的内涵体现为以下三个方面。

首先，老龄交通政策本质上是一个社会成本分担问题。交通需要克服空间障碍，实现起点(origin)到终点(destination)的位置转移，这意味着交通过程需要付出金钱、时间和体力等广义交通成本(generalized transportation cost)。在适老化设施和服务的供给中，需要探讨究竟该由"谁"来承担克服空间障碍所要付出的金钱、时间和体力等广义交通成本，是老年人自身，与老年人有社会关系的其他人，还是老年人所在的社区以及退休前的单位，还有各级政府和社会组织等。尤其当老年人丧失部分或全部活动能力时，为了维持一定的生活质量和水平，究竟该由"谁"来承担获得生活必需品的交通联结成本，社会应该为这部分老年人提供什么样的交通设施和服务。对这些问题的探讨，最终会指向究竟由"谁"以及采用"何种"方式来承担适老化设施和服务提供过程中涉及的社会成本。

其次，老龄交通政策关系到老年人生活质量和需求满足程度。交通是派生需求，交通的目的在于以尽可能小的广义成本实现效用的极大化。人们通过出行来满足自己想要的各种效用，交通与其他生活需求相"联结"的属性决定了满足人们各种需求和效用的难易程度。在老龄化视角下，个人交通能力的强弱、出行的便捷程度、市场服务的多寡以及社会援助及时与否等，直接关系到老年人生活需求（甚至是必需品）的满足程度以及生存质量的改善水平。

再次，实施老龄交通政策，意味着实现老年人享有交通服务的可达性目标。对公共服务设定可达性目标，有助于实现服务供给的成本最小化和效用极大化。在这层含义下，老龄交通政策的目标是通过规划、设计、管理、服务等一系列手段，降低老年人出行中的广义交通成本，改善可达性及提高出行效用，提升老年人的生活质量和出行幸福感。

中国与美国及其他发达国家相比，老年人的出行方式和特征差异巨大，这种现实状况导致中国与其他发达国家在老龄交通政策制定上具有迥异的价值取向。以美国为例，老年人主要以开车出行为主，而中国老年人的出行方式首选为步行和公交。这些出行方式上的背景差异决定了政策议题和关注点的迥异。美国老龄交通政策考虑的是老年人开车出行的安全、舒适、可达和可支付等，而中国老龄交通政策则关注步行设施及相关服务的适老化改善，以及老年人作为公交服务的特定对象，其公交出行需求的保障和服务供给水平。

中国城市在改善老年人出行方面做出许多努力，大多数城市给予一定年龄的老人乘坐公交的优惠，甚至是免费乘车。这些措施极大改善了老年人的出行条件，帮助他们节约出行成本。然而，这些优惠政策主要引发了两个方面的问题。首先，由于很多城市公共交通（尤其在高峰时段）供给不足，这些优惠或免费政策往往会引发老年人群体与其他群体在享受服务时的冲突和矛盾，比如公交和地铁车厢过于拥挤或座位不够，导致老年人的需求得不到很好的回应和满足。为了应对车厢内的拥挤，一些城市对老年人优惠乘坐公交的时间进行了限制，把老年人享受优惠的时间排除在高峰时段之外。其次，优惠或免费政策还会诱发老年人的无效出行，使公交系统承受更大的需求压力。为了解决上述老年人公交优惠政策带来的问题，上海于 2016 年率先改革，将发放免费公交卡变为按年龄段给予经济补贴，老年人年龄越大，得到的补贴额度越高，采用市场手段合理引导老年人的出行行为，帮助老年人进行理性的交通消费。本次调查将聚焦上海老年综合津贴政策带来的一系列影响。

是发卡让老年人免费乘公交，还是给老年人发放现金补贴？中国城市的两种政策实践引发了一个经济学问题，到底哪种政策产生的效果更好？这就是本项调查尝试回答的核心问题。首先，我们通过建立一个简单的经济学模型，解释两种政策可能引发的老年人行为变化，分析最优条件下均衡解的影响因素。其次，通过问卷调查评估两种政策对老年人出行改善的实际效果。调查过程分为三个阶段：2018 年 7 月第一轮调查，2019 年 1 月第二轮调查以及 2019 年 7 月第三轮调查。每轮调查获得 200～300 个样本，包括上海各区各年龄段老年人出行特征数据以及受访者对老年综合津贴政策的看法和满意度。三轮调查总计获得 749 个样本数据，较好地支撑了规范分析得出的结论。

8.2 中国城市老龄交通政策概述

8.2.1 政策概述

为了应对我国老龄化快速发展的状况，国务院于 2011 年颁布了《中国老龄事业发展“十二五”规划》，对于保障老年人权益，建立健全养老保障体系、养老医疗体系以及养老服务体系都制定了明确目标。在解决老年人交通需求方面，各个地方对老年人的交通福利做出不同的政策安排。

各个省市一般是采取免费发放老年人公交卡，或者是对老年人乘车进行一定补贴。例如北京、天津等地满 65 周岁的老年人即可以免费乘坐公共交通；苏州通过对 60～69 周岁老年人发放老人卡，每月充值 20 元后可不限次数乘坐苏州城区公交线路，乘坐轨道交通刷卡可享 5 折优惠，而对于 70 周岁以上老人则发放公交高龄卡，持卡可以在非高峰时段免费乘坐苏州城区公交及轨道交通（见表 8—1）。

表 8—1 我国十三城市老年人交通补贴政策汇总

区域	城市	公交车		地铁（非高峰时段）
		老人优惠	老人免费（非高峰时段）	
长三角	上海（旧政策）	—	70 周岁及以上	70 周岁及以上
	苏州	60—69 周岁	70 周岁及以上	70 周岁及以上
	杭州	60—69 周岁	70 周岁及以上	70 周岁及以上
	无锡	60—69 周岁	70 周岁及以上	60—69 周岁优惠，70 周岁以上免费
	南京	60—69 周岁	70 周岁及以上	—
京津冀	北京	—	65 周岁及以上	—
	天津	65—69 周岁	70 周岁及以上	优惠①
	石家庄	—	70 周岁及以上	—
珠三角	深圳	—	女 60 周岁及以上，男 65 周岁及以上	女 60 周岁以上，男 65 周岁以上
	广州	60—64 周岁	65 周岁及以上	—
其他	西安	—	70 周岁的老人	—
	武汉	—	65 周岁及以上②	—
	济南	60—64 周岁	65 周岁及以上	

概括而言，对老人交通出行的补贴，大致有两种类型：免费或折扣交通卡和货币补贴（上海）。大多数省市采用了免费或折扣交通卡方式。表 8—1 按照长三角、京津冀和珠三角等区域，对补贴政策进行了汇总。这些优惠政策呈现以下三个特点：(1) 以 60/65/70 三个年龄为分界点，不同年龄段给予一定的价格优惠或完全免费；(2) 按时段区分是否可以享受优惠条件，为了避免老年人出行需求与通勤大客流叠加，大多数城市规定，只有在非高峰期老年人才能享受乘车优惠；(3) 按交通工具种类，优惠政策针对公交和地铁等方式，但是不包含一些灵活的定制公交和出租车（或网约车）服务。

老年人在享受交通优惠政策的过程中，也遇到了不少问题。比如由于老年人行动不便，可能带来乘车安全风险问题，再比如，老年人由免费或优惠交通卡诱发的“无谓出行”，甚至出现了冒用老年卡的现象（张钦亚等，2015）。同时，在一些大城市高峰时段公共交通供给不足的情况下，老年人公交优惠措施可能会加剧车厢内的拥挤程度。

---

① 60—69 岁，乘坐地铁享受八折。70 周岁以上，乘坐地铁享受七折。

② 65 岁及以上老年人凭“武汉通老年卡”可免费乘坐市内公共汽（电）车、过江轮渡、地铁、轻轨 730 次/年。超出限额应付费乘车。

这些问题给大城市原本拥挤的交通系统增添了更多的负担,同时并未切实有效改善老年人的出行便利程度。

8.2.2　上海老年综合津贴政策

上海市是最早进行"发卡到发钱"改革的城市。上海作为特大城市面临很大的交通压力,老龄化程度高,因此之前采取的老人免费公交给地方财政带来很重的负担。更重要的原因是,如果不采用经济手段,而是一味提供"免费"公共产品,可能会存在更大的效率损失。

上海的改革称为老年综合津贴政策,大致分为两个阶段。(1)2016 年 6 月之前,和其他城市一样,上海对老年人发放免费公交卡。上海从 2007 年 10 月开始对老年人发放"敬老服务专用卡",政策规定"70 岁以上老年人非高峰时段免费乘车"。(2)2016 年 6 月之后,开始实施新的老年综合津贴政策,即取消免费的老年人公交卡,取而代之对老年人发放现金补贴。现金补贴包括了原来的高龄营养补贴,并由保险公司推出"保通卡"(公交折扣卡)供老年人自行选择。具体现金补贴措施是:65—69 岁老年人每月 75 元,70—79 岁每月 150 元,80—89 岁每月 180 元,90—99 岁每月 350 元,大于 100 岁每月 500 元。这使得"惠老"政策更为精准,促进了社会福利均等化,同时有助于老年人合理使用公共交通,一定程度上缓解了公共交通压力。

不妨对上海老龄交通政策改革的外部环境做一个初步分析。在居民家庭人均消费支出构成中,居民交通通信支出占总消费支出的比例可以分为三个阶段:1980—2006 年,上升期;2007—2014 年,平台期;2015 年至今,下降期(图 8—1)。居民交通通信支出所占比例经过二十多年的上升期,在 2007 年达到最大值 18.3%。而恰恰上海在 2007 年开始实施"70 岁以上老年人免费乘车"政策,并且政策延续至整个平台期(2007—2014)。在居民交通通信支出负担较重的平台期(均值达 16.9%),通过完全补贴,及时有效地降低了 70 岁以上老年人的交通成本,可见免费乘车政策适应了这个时期的环境要求。而 2016 年之后,随着支出占比下降,政策变更为部分补贴,使政策更为精准地满足各年龄段老年人出行需求,老年人乘车行为也更为理性,整体社会效益达到最大化。

8.2.3　老龄交通政策文献综述

我国老龄交通政策研究目前尚处于起步阶段,有关老人交通出行特征的文献相对较多,近期有少量研究评估了我国城市老龄交通政策。本节将从老人出行特征以及老龄交通政策研究两个方面展开综述。

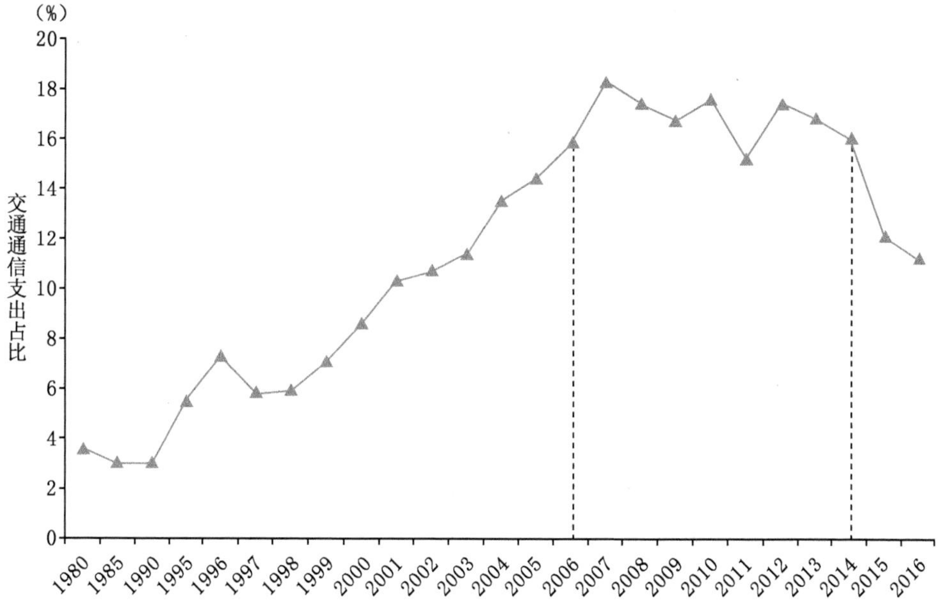

数据来源：上海统计年鉴。

图 8—1　上海市居民交通通信支出占比(1980—2016)

8.2.3.1　老年人出行方式、影响因素及满意度

随着年龄的增加，老年人出行行为有了一定的变化。首先，由于老年人已经到了退休年龄，出行的目的从工作转为了购物、休闲以及运动等(张政等，2007；夏晓敬等，2013；黄建中等，2015)。其次，出行次数伴随年龄增加而下降(Tacken，1998；Newbold et al.，2005)。第三，出行方式更多采用步行和公共交通，毛海虓等(2005)研究表明，老年人出行目的由生存性转向生活型、平均出行量趋于减少、出行时间集中在白天非高峰时段、出行方式偏重步行和公共交通。

发达国家老年人出行方式更偏向于使用私家车，例如美国老年人大多驾驶私家车出行(Collia et al.，2003)，加拿大老年人也是如此，并且伴随年纪增加使用公共交通的比例降低(Newbold et al.，2005)，其他发达国家诸如澳大利亚、新西兰、德国、英国等国家都是类似此种情况(Rosenbloom，2001)。而我国由于实际国情的不同，通过对我国老年人出行行为调查，发现北京 60 岁以上老年人出行方式中主要以步行为主，其次是自行车和公交车(张政等，2007；夏晓敬等，2013)。西安的老年人则随着年龄增长，逐渐偏重使用步行以及公共交通方式出行(严敏琳，2007)。上海老年人一半以上会采用步行的出行方式，其次是公共交通(黄建中等，2015)。可以看出，在我国老年人的实际出行方式主要为公共交通，所以不同的交通补贴政策将直接影响老年人的效用。

在研究老年人出行特征的基础之上，有学者对老年人出行方式的影响因素进行实证研究。陈团生等(2007)发现性别、年龄、驾照、家庭月收入、家庭交通工具拥有情况等因素对老年人出行选择行为有显著影响。梁慧丽(2015 年)研究我国老年群体对五种不同出行方式(步行、自行车、电动自行车、私人小汽车、公交车)选择时出现的异质性，表明老年人的个人属性(性别、年龄等)和家庭经济属性(是否拥有小汽车、自行车等)对出行方式都会产生影响。

此外，对一项政策的评估需要考虑政策对象的效用变化，但国内仅少量研究关注了老年人对政策的满意度。杨博(2013)在大连金州新区居民出行 OD 调查的基础上，研究了老年人公交出行规律，采用模糊综合评价法构建了老年人公交服务满意度模型。李雪妍(2017)以北京老城 60 岁及以上老年人为调查对象，通过问卷调查及李克特量表，研究老年人群对基本生活出行便捷的感知程度，表明居住在老城的老年人对交通便捷度相当满意；但由于车辆占据了大量步行空间，导致老年人群对停车便利程度的满意度最低。

8.2.3.2　老龄交通政策评价

对于政策实施效果，近期一些研究运用公共政策相关原理，定性评估了国内老龄交通政策。顾海兵(2017)从公平与效率两个角度，指出老年人免费乘坐公交车政策的弊端，认为免费乘车不仅会造成拥挤困境、影响财政支出效率，还会引起老年人和其他社会群体的利益分配不公，甚至导致老年人群体内部的不公平。

而作为特大城市的代表，上海 2007 年和 2016 年先后经历了老龄交通政策的两次变更，政策实践对其他城市有较好的参考价值，一些研究评估了上海政策。鲁斐(2017)基于渐进决策模型对上海老年人交通补贴政策进行分析，发现“敬老卡”的出现使老年人幸福感提高，但也暴露出交通压力过大、社会矛盾激增、不理性、不文明现象等突出问题；而老年综合津贴制度扩大了受益人群，采取随年龄增长而递进式的补贴额度，使老年人福利由过去单一的免费乘车形式转变成了老人对社会福利的自主支配，让他们把福利用于所需，而不是为了享受政策而所用。胡中毅(2017)从不同利益集团角度出发讨论老年综合津贴对于各主体的影响。对上海市政府而言，老年综合津贴制度涉及 260 万老年人，年财政投入超过 45 亿元，加大资金压力。对老年人而言，实施补贴政策后，原本“高龄老人营养补贴”和“70 岁以上老年人免费乘车”两项政策的覆盖范围扩大。对公交营运企业来讲，将以往的老年人免费乘车补贴从暗补改为明补，缓解了在公交企业改革进程中一部分压力。同时把老人免费乘车转换为发放补贴，将交通出行重新还原为商品流通，老人所做出的理性出行选择使得公交资源配置重新向帕累托最优靠拢，有利于公交运力和资源的合理分配。

通过对国内相关研究进行简单梳理，发现仍然存在以下不足：首先，在老人出行特征研究上，对于我国老年人出行的规律性有待归纳总结，缺乏出行特征之间关联度研究，针对老年人出行意愿的分析也存在不足。其次，在研究影响老年人出行因素方面，缺乏对多因素联合影响的研究，以及剔除掉个人属性及家庭结构后客观环境对老年人出行影响的研究。第三，对于老龄交通政策研究，国内近几年相关研究才开始出现，多为运用公共政策理论进行定性评估，缺乏对老年人进行直接效用分析以及出行幸福感评估，理论上还存在较大空白。本报告将针对这些不足，通过建立老年人出行优惠政策的效用模型，评估不同的老龄交通补贴方式所产生的影响。

8.3　发卡 vs 发钱：一个经济学模型

本节主要分析"无补贴""完全补贴(免费交通卡)"以及"货币补贴"三种方式对不同年龄段老年人效用的影响，以此初步评价 2016 年上海老年人交通补贴政策所产生的效果(冯苏苇等，2019)。在当前老龄化背景下，对老年人交通补贴方式进行效用分析具有重要的理论及现实意义。第一，我国城市老年人出行方式与发达国家差异较大，对政策变更的效用分析有助于找到与我国老年人出行方式相匹配的补贴方式；第二，尝试回答本文研究的核心问题：补贴方式的变更是否有效提高了老年人的出行效用和生活质量。第三，结合近年来居民消费支出结构的变化，回答目前所采用的两种补贴方式，哪一种会更加有利于老年人效用的提高。

本节将经济学效用论模型引入老年交通补贴分析。不妨假设：

(1)老年人将总收入 I 花费在公共交通以及公交以外其他消费品上，其中公共交通支出为 P_tX_t，在生活其他方面的支出为 P_iX_i，两类商品的消费不存在交叉弹性。

(2)在所考察的时间段及补贴方式变更前后，老年人对消费品的偏好不变，效用函数不变，收入不变。

(3)用 P_t 及 P_i 分别表示公共交通价格以及老年人用于公交以外其他消费品的价格，且价格在所考察的时间段均不发生变化。

设消费者效用函数为 $u=X_i^aX_t^b(a+b=1)$，预算约束为 $I=P_iX_i+P_tX_t$。

8.3.1　无补贴情形

在政府不补贴老人交通的情况下，老年人将根据自己的收入以及效用函数，将全部收入在公共交通以及其他消费之间分配，可以推导出在预算约束条件下效用最大化的条件如下：

$$\max_{X_iX_t} u=f(X_i^a,X_t^b) \tag{8-1}$$

$$s.t.\ I=P_iX_i+P_tX_t \tag{8—2}$$

通过(1)和(2)联立,可以求出老年人效用最大化的一阶条件

$$\frac{\partial u}{\partial x_i}=aX_i^{a-1}X_t^b$$

$$\frac{\partial u}{\partial x_t}=bX_i^aX_t^{b-1}$$

在预算约束下,效用最大化条件为$\frac{Mu_x}{P_x}=\frac{Mu_y}{P_y}$,其中

$$Mu_x=\frac{\partial u}{\partial x},Mu_y=\frac{\partial u}{\partial y}$$

因此根据之前推出的一阶条件,可以得出以下等式

$$\frac{aX_i^{a-1}X_t^b}{P_i}=\frac{bX_i^aX_t^{b-1}}{P_t}$$

即

$$aX_tP_t=bX_iP_i \tag{8—3}$$

联立(1)与(3),可得到老年人在无政府补贴的情况下,对于公共交通以及其他消费品的消费数量:

$$\begin{cases}X_t=\dfrac{b}{a+b}\cdot\dfrac{I}{P_t}\\ X_i=\dfrac{a}{a+b}\cdot\dfrac{I}{P_i}\end{cases}$$

8.3.2 完全补贴情形

政府完全补贴老年人公共交通支出的情形,类似目前我国大多数城市实施的对老年人发放免费乘车卡措施。设此时老年人的两种消费量分别为公共交通支出 X_t',以及其他消费品的支出为 X_i'。政府完全补贴公共交通支出的情况下,即老年人使用免费公交卡,刷公交卡消费的数额 P_tX_t'完全由政府补贴,设政府该项支出设为 $P_tX_t^g$,且 $P_tX_t^g=P_tX_t'$,则老年人新预算线为

$$P_tX_t^g+I=P_iX_i'+P_tX_t' \tag{8—4}$$

此时政府支出等于老年人交通支出,即 $P_tX_t^g=P_tX_t'$,则可推出

$$I=P_iX_i'$$

由效用最大化条件,容易得出

$$aX_t'P_t=bX_i'P_i \tag{8—3}'$$

令(4)与(3)′联立,可以得到当政府完全补贴公共交通时,老年人消费者对于公共

交通以及其他消费品的消费数量为：

$$\begin{cases} X_t' = \dfrac{b}{a} \cdot \dfrac{I}{P_t} \\ X_i' = \dfrac{I}{P_i} \end{cases}$$

8.3.3 货币补贴情形

政府采用货币补贴的情形，类似上海市目前实施的政策，对老年人发放一定的货币津贴取代发放免费公交卡。在这种情况下，假设老年人对于交通的消费为 X_t^*，对其他消费为 X_i^*。设政府货币补贴为 M^g，则老年人的新预算线变为

$$M^g + I = P_i X_i^* + P_t X_t^* \tag{8—5}$$

由效用最大化条件，容易得出(3)″

$$aX_t' P_t = bX_i' P_i \tag{8—3)″}$$

令(3)″与(5)联立，可以得到当政府采用货币补贴的情况下，老年人对于公共交通以及其他消费品的消费数量为：

$$\begin{cases} X_t^* = \dfrac{b}{a+b} \cdot \dfrac{I+M^g}{P_t} \\ X_i^* = \dfrac{a}{a+b} \cdot \dfrac{I+M^g}{P_i} \end{cases}$$

8.3.4 补贴方式的对比分析

1. 有补贴与无补贴的比较

根据上文的三种情形，即政府不补贴老年人、政府采用完全补贴(即发放老人免费公交卡)以及货币补贴方式，分别得到了三组老年人效用最大化时对于交通以及其他消费品的数量。表 8—2 分析可见，两种有补贴情形均好于无补贴情形。

表 8—2　补贴情形与无补贴情形的比较

政策类型	最优消费品数量	比较分析	结　论
无补贴(基准情形)	$\begin{cases} X_t = \dfrac{b}{a+b} \cdot \dfrac{I}{P_t} \\ X_i = \dfrac{a}{a+b} \cdot \dfrac{I}{P_i} \end{cases}$	设为比较基准	—
完全补贴	$\begin{cases} X_t' = \dfrac{b}{a} \cdot \dfrac{I}{P_t} \\ X_i' = \dfrac{I}{P_i} \end{cases}$	$\begin{cases} X_t' > X_t \\ X_i' > X_i \end{cases}$	老年人公交消费及其他消费品均有所增加

续表

政策类型	最优消费品数量	比较分析	结　论
货币补贴	$\begin{cases} X_t^* = \dfrac{b}{a+b} \cdot \dfrac{I+M^g}{P_t} \\ X_i^* = \dfrac{a}{a+b} \cdot \dfrac{I+M^g}{P_i} \end{cases}$	$\begin{cases} X_t^* > X_t \\ X_i^* > X_i \end{cases}$	老年人公交消费及其他消费品均有所增加

2. 完全补贴与货币补贴的比较

进一步比较两种补贴方式之间的相对优劣。假设两种补贴方式下，老年人消费者对其他商品的消费量相等，即不论是完全补贴（免费交通卡）还是货币补贴，老年人的生活支出保持相同的状态，不会因为补贴方式而诱发对其他商品的消费行为。则令 $X_i' = X_i^*$，从而可得

$$M^g = \frac{b}{a} I \tag{8-6}$$

(1)两种补贴方式的比较

首先，可以通过简单比较政府补贴额 M^g 与 $\frac{b}{a}I$ 的大小，对比分析完全补贴（免费交通卡）和货币补贴的优劣及其影响因素。

注意在完全补贴情形下，有 $X_t' = \frac{b}{a} \cdot \frac{I}{P_t}$，由此可见，(6)式右端 $\frac{b}{a}I$ 的含义为完全补贴情形下老年人公交消费总额，也就是说，在政府完全承担老年人公交支出的前提下，此时老年人的交通支出处于无预算约束状态，可以理解为一种不考虑个人经济条件下老年人出行行为的自由状态，这种状态有利于提升老年人的出行效用。

如果 $M^g < \frac{b}{a}I$，即货币补贴额小于完全补贴（免费交通卡），它无法满足老年人按需求出行的愿望，而完全补贴（免费交通卡）时，老年人不需要考虑预算约束而自由出行，因此完全补贴（免费交通卡）将优于货币补贴。相反，如果 $M^g > \frac{b}{a}I$，此时货币补贴超出了老年人出行需求消费额，老年人可以将结余的补贴用于生活的其他消费，显然货币补贴优于完全补贴（免费交通卡）的情形。

(2)各年龄段老年人效用比较

其次，各年龄段老年人的活动能力、出行需求、对出行方式的偏好有所差异，补贴政策对不同年龄段老人的额度也有所不同，可以分析两种补贴方式给各年龄段老年人带来的不同影响（表 8—3）。

表 8—3　　两种补贴方式对各年龄段老年人的影响

<table>
<tr><th>年龄段</th><th>补贴额</th><th>补贴额增量ΔM^g</th><th>公交出行偏好
系数增量 Δb</th><th>完全补贴
（免费交通卡）</th></tr>
<tr><td>60—65</td><td>0(基准)</td><td>0</td><td>基准
（各年龄段与之相比）</td><td rowspan="2">不享受免费交通卡</td></tr>
<tr><td>65—69</td><td>75</td><td>75</td><td>$\Delta b<0$</td></tr>
<tr><td>70—79</td><td>150</td><td>75</td><td>$\Delta b<0$</td><td rowspan="4">老年人公交出行无个人预算约束，免费交通卡对公交出行需求完全满足</td></tr>
<tr><td>80—89</td><td>180</td><td>30</td><td>$\Delta b<0$</td></tr>
<tr><td>90—99</td><td>350</td><td>170</td><td>$\Delta b<0$</td></tr>
<tr><td>100 及以上</td><td>500</td><td>150</td><td>$\Delta b<0$</td></tr>
</table>

以上海 2016 年 6 月实施的老年综合津贴制度为例，涵盖高龄营养、交通出行等方面需求，而之前采用的是“70 岁以上老年人免费乘车”政策。假设各年龄段老年人的养老金收入 I 与其他商品的消费偏好系数 a 不变，则有：

$$\Delta M^g = \frac{\Delta b}{a} I \tag{8—7}$$

Δ 表示各年龄段老年人群体之间的差异，ΔM^g 为各年龄段老年人群体补贴的差异，Δb 代表各年龄段老年人群体公交支出的偏好差异，相比基准年龄段 60—65 岁，$\Delta b<0$ 一定程度上反映了随着年龄增长，老年人活动能力降低，对公交出行的偏好也逐渐降低的状况。

实施货币补贴方式之后，对于活动能力最好的 60—65 年龄段的补贴为零，由于他们之前未享受免费乘车，他们的效用没有发生变化，公交出行的费用完全自付。

对于活动能力相对较好的 65—69 年龄段老年人，他们之前也未享受免费乘车，实施货币补贴政策后每月增加了 75 元补贴。如果将 75 元完全用于公交出行（每月按 30 天计），该年龄段每天出行可支配补贴为 2.5 元，出行效用由于有了补贴而有所增加。

对于 70—79 年龄段老年人，原来的免费乘车政策取消，如果将 150 元完全用于公交出行（每月按 30 天计），该年龄段每天出行可支配补贴为 5 元，如果按公交出行一趟往返 4 元计算，可盈余 1 元。实际上，当政策变更后，该年龄段老年人的效用变化情况较为复杂：原先免费乘车政策并不限制出行次数，对于出行次数多的老年人是有利的，货币补贴反而会降低这些老年人的出行效用；但另一方面，货币补贴会给予老年人更多消费选择的权利，选择自由度增加也会带来幸福感提升。因此，仍需针对该年龄段老年人的消费偏好和出行行为展开细致调查，对他们的效用变化进行综合评价。

由于综合补贴中含有“高龄营养补贴”，因此补贴数额随年龄增长而递增，对营养需求高、出行需求低的80岁以上年龄段较为有利。对于90—99岁以上的老年人补贴相比较90岁以下的年龄段增加一倍，更加侧重对老年人其他消费补贴的增加。该结论对100岁以上的老年人也适用。

此外，针对70—89年龄段老年人保险市场推出了“保险交通卡”(简称“保通卡”)，购买“保通卡”的上海市户籍老年人可在工作日非高峰时段和节假日全天，免费乘坐全市除行驶高速公路线路、机场线、旅游线及磁浮线外的公交和轨道交通线路。而“上海市老年人公共交通意外综合险”保费根据老年人的年龄划分为两档，即：70至79周岁，每月保费150元；80至89周岁，每月保费139元。也就是说，70至79周岁的老年人领取政府发放的老年综合津贴后办理“保通卡”，完全收支平衡，80周岁以上老年人还略有盈余①。投保老年人若因乘坐上海市公共交通和轨道交通时发生意外事故，最高可获赔5万元。这些措施采用市场化手段给有支付意愿和能力的老年人提供了更多的选择性。

8.4　问卷调查及分析

8.4.1　受访对象画像

上海老年人出行状况调查分别于2018年7月、2019年1月、2019年7月三个阶段实施，共获得样本749份，样本回收率为91%。调查方式为线下访员面访和少量的网络问卷调查，由于老年人认知程度和视力因素等影响，线下面访全部采用双访员辅助调查，即一位访员以交流方式向受访老人介绍问卷题干，另一位访员根据受访者的回答填写问卷。以下各项除特别说明外，样本数均为749人。

1. 性别比例：在749受访者中，男性343人(46%)，女性406人(54%)，两者基本持平。

2. 年龄分布：从50岁开始分9个年龄段统计，每5—10年为一段，其中以70—74段人数最多，达182人(24%)，其次是65－69岁段，为156人(21%)。年龄分布基本符合上海老年人实际情况。

3. 空间分布：本次调研覆盖了上海市各行政区，其中浦东有211人，占比28.17%；杨浦112人，占比14.95%。其他各区人数分布较为均匀，其中虹口(8.14%)、奉贤(8.01%)、闵行(7.34%)、徐汇(5.07%)、静安(4.94%)、黄浦(4.27%)

① 上海老年人免费乘公交制度变更为按月领津贴，2016年06月28日，人民网－人民日报，http://leaders.people.com.cn/n1/2016/0628/c347621－28503741.html

等区都有一定人数参与问卷调查。

4. 户籍情况：90%受访对象有上海本地户籍，人数为 671 人，并且大部分人可享受交通补贴政策。

5. 居住时间(748 份)：受访者中有 650 人，占总数 87%在上海居住时间在 10 年以上，对上海的政策环境相对比较熟悉。

6. 教育程度：呈正态分布，以高中为峰值，达 198 人(27%)，初中、专科占 20%左右，基本反映上海市老年人的实际情况。

7. 月收入(含退休金)：收入分布呈正态分布，0—1 999 元(10.55%)、2 000—3 999 元(40.72%)、4 000—5 999 元(29.77%)、6 000 元以上(18.96%)。

8. 居住状态：过半数老年人与老伴两人共同居住，近四成与子女一起居住，不足一成的老年人处于独居状态。具体而言，与老伴两人(51.27%)、与子女一起(37.91%)、独居(9.21%)及其他(1.60%)。空巢老人(独居或与老伴两人且不与子女同住)占六成以上。

9. 近期状态(745 份)：在 745 位受访者近期状态调查中，状态良好(开心和非常开心)人数为 534 人，占总数 71%。其余大部分心境平和，占总数 23%。

8.4.2 日常出行特征

1. 出行目的：在日常出行主要目的中，日常购物、锻炼娱乐和看病就医等目的位列前三，具体而言，日常购物(28.84%)、锻炼娱乐(26.64%)、看病就医(14.42%)、接送孙辈(7.96%)、探亲访友(7.67%)、工作兼职(6.00%)、继续教育(2.65%)、其他(5.82%)。

2. 每天出行次数：大部分受访者每天出行次数在 1～2 次，总共有 579 人，占总数 77%。0 次或多次(4 次以上)都占少数，占比 5%及以下。

3. 平均每次出行的时间长度(742 份)：大部分受访者平均每次出行时间在 10 分钟以上。其中，10—30 分钟占 34%，30—60 分钟占 37%，大于 60 分钟占 24%。

4. 最常采用的出行方式：常用的出行方式主要有三种：步行有 542 人选择，占 28%；常规公交有 524 人选择，占 27%；地铁有 411 人选择，占 21%。

5. 理想出行方式(745 份)：理想出行方式基本与现有出行方式相一致，步行、常规交通、地铁占多数，三者占理想出行方式的 75%。其次，有 83 人选择私家车为理想出行方式，占 11%，多于实际采用私家车出行的老人(7%)。

8.4.3 特定出行特征

除了对老年人日常出行特征进行调查之外，还对最近一次外出活动(即特定出行)

情况进行了调查。对于最近一次特定目的的出行，老年人记忆清晰，容易获得更准确的数据，并且可以与日常出行进行对比。

1. 此次(特定)出行的目的：特定出行目的基本与平均出行目的相同，日常购物和锻炼娱乐占多数，两者共占69%，其他选项较为平均，选择继续教育的人数较少，仅占1%。

2. 此次出行采用的方式(748份)：单次出行采用的方式基本与平均出行方式相同，步行、常规公交、地铁占多数，三者占总数的79%。

3. 此次出行的时间长度(747份)：最近出行时长基本与平均出行时间相一致，10—60分钟占多数，占总数71%。

4. 此次出行花费(740份)：在此次出行的费用统计中，花费0元为288人，占总数39%；花费为1—5元的为224人，占总数30%。多数人为低花费，60元以上的仅占3%。

5. 这趟出行的感受(594份)：在出行感受调查中，在舒适性、便利性、安全性等方面大部分人选择满意或非常满意，两者在6项指标统计中均占70%以上，大部分人对出行满意度较高。

6. 情绪体验(742份)：在情绪体验的统计中，正面情绪(开心、有意义)程度较高，反面情绪(担忧、痛苦、压力、疲劳)程度较低，受访者普遍情绪为正向情绪。

8.4.4 政策满意程度

问卷调查询问了受访者享受交通现金补贴情况、没有享受现金补贴的原因、补贴能否满足日常出行需求、购买“保通卡”情况以及对补贴政策的满意程度。

1. 享受交通现金补贴情况(744份)：在744个受调查者中，419人享受到现金补贴，占总数56%。

2. 没有享受现金补贴的原因(319份)：未接受现金补贴的人中，半数以上受访者反映的原因为“未满65岁”，占比高达55%。其他的原因中，非上海户籍和不知晓该政策占比较高，占比均为17%。

3. 享受现金补贴能否满足日常出行需求(410份)：84%以上的受访者表示现金补贴完全满足或基本日常需求，对政策的满意度普遍较高。

4. 购买“保通卡”情况(501份)：在501位受访者中，46%未购买“保通卡”，41%从未听说过“保通卡”，“保通卡”的普及率较低。

8.4.5 综合分析

1. 总体情况

受访对象男女比例基本持平，以70—74岁年龄段人数最多(24%)，65—69岁段为21%，受访对象的年龄段基本符合调查设计的预期。受访对象来源于上海各行政区，浦东和杨浦比例较高，其他各区人数较为均匀。90%受访对象有上海本地户籍，大部分人可享受交通补贴政策。受教育程度以高中为主。七成以上(70.49%)老年人月收入(含退休金)在2 000—6 000元范围内，与独居或与老伴共同居住超过半数，近期心理状态良好。

大部分受访者每天出行次数在1～2次，大部分出行时间在10分钟以上(95%)，以日常购物和锻炼娱乐为主要目的，出行方式以步行、常规公交和地铁为首选(76%)。老年人的理想出行方式与实际方式较为一致，步行、常规公交、地铁占多数(75%)，私家车也是老人们青睐的方式(11%)。大部分人对出行满意度较高，受访者在出行中普遍感受到正向情绪。

受访者中，有半数的人享受交通现金补贴。未接受现金补贴的原因主要是未满足年龄条件、非上海户籍和不知道该政策等。84%以上的受访者表示现金补贴完全满足或基本日常需求，对政策的满意度普遍较高，但"保通卡"的普及率较低。

2. 特殊发现

除了上述一般出行情况，在出行特征上，调查有一些特殊的发现：

(1)随年龄增长，出行频次减少。65—69年龄段老年人倾向于出行2次/天，而70岁以上老年人倾向于出行1次/天。

(2)随着年龄增长，出行时间缩短。在出行时间10—30分钟范围内，80岁以上比例最高，而大于60分钟的出行中，70—74岁比例最高，80岁以上比例最低。

(3)步行和常规公交是各年龄段最常用的出行方式。各年龄段出行方式排序前三名分别为：

65—69岁：步行(34.55%)，常规公交(28.48%)，地铁(11.52%)；

70—74岁：常规公交(29.86%)，步行(27.25%)，地铁(15.94%)；

75—79岁：常规公交(28.67%)，步行(28%)，地铁(22.67%)；

80+：步行(34.94%)，常规公交(28.31%)，地铁(16.87%)。

(4)年龄越大，出行花费的平均值越小。65—69岁为6.23元，70—74岁为4.88元，75—79岁为4.36元，80岁以上为3.67元。

(5)由分年龄段测算的补贴差额，65—69岁为－9.96元，70—74岁为0.12元，75—79岁为0.64元，80岁以上为2.33元。也就是说，65—69岁年龄段由于身体尚处于活动能力良好阶段，出行次数比高龄组会更多，因此导致补贴出现不够用(负值)的状况。当问及每月补贴是否够用时，65—69岁段补贴完全满足(包括基本满足＋有盈余)程度的排序也是各组中最低的(87.75%)。65—69岁段对政策的满意度也是各组中最低的(70%)。

8.5　结论和建议

本报告通过引入经济学效用分析,从理论角度研究了政府对老年人实施不同交通补贴方式所产生的影响,并利用2018年7月—2019年7月期间三次问卷调查所得数据,对老年综合津贴政策实施效果进行了综合评估。

分析表明,首先,对老年人有补贴的情形总是优于没有任何补贴的情形。而完全补贴和货币补贴两种方式的优劣,则取决于政府补贴额度、老年人养老金收入以及消费偏好等因素之间的关系。问卷调查的结果也证实了发钱优于发卡方式,老年人对老年综合津贴政策满意度较高。

第二,从政策机制设计与老年人出行需求的匹配度来看,上海老年综合津贴政策根据不同年龄段老年人活动能力、出行意愿来设计补贴额度,充分体现老年人基本出行权利的保障原则。对于受政策变更影响较大、相对敏感的70—79年龄段老年人,老年综合津贴政策强调了对他们基本出行福利的保障。但同时也存在65—69年龄段补贴金额相对较低,与该年龄段来年人活动能力不匹配的状况。

第三,从二十多年来居民消费支出结构的长期变化来看,上海老龄交通政策的改革及时地适应了外部环境变化,在不同时期依据居民交通通信支出负担做出了相应调整。在居民交通通信支出负担较重的平台期前后(2007—2015年),通过完全补贴,及时有效地降低了70岁以上老年人的交通成本。而2016年之后随着支出占比下降,政策变更为部分补贴,使政策更为精准地满足各年龄段老年人出行需求,有助于老年人抵御外部消费结构变化所产生的风险。

总体而言,上海综合老年津贴政策由发卡到发钱,充分发挥了市场对资源配置的作用,交通补贴使老年人可以按照自身状况合理安排出行活动,因此提高了市场和财政资金的效率。年龄越大的组,补贴的余额越多,对高龄老人的营养和生活质量保障作用发挥得越好。政策的改进方向包括以下三个方面:

(1)应重点关注65—69年龄段人群,相对2016年之前70岁以上老年人免费交通政策,65—69人群每月增加了75元补贴;但是对于出行支出,仍然无法全部覆盖。可考虑增加该年龄段的补贴额度,并逐步实现补贴与出行支出之间的大体平衡。

(2) 近年来智能手机应用等新技术的兴起,对老年人的使用和普及存在一定的排他性,尤其是新兴的共享出行方式(网约车、共享单车等)对老年用户的渗透率较低,影响了老年群体采用个人体机动化方式出行的效用。调查中,有的老年人对新技术持积极态度,认为网约车挺方便的,比在路边扬招巡游出租车更为便捷,但大部分受访老人的态度却是负面和消极的，认为智能手机“不会用，不懂怎么操作，操作有些难”，“手机没有那个功能，那是年轻人用的”，“不太安全，服务不稳定”等。

可见，老年群体对新生事物的接受和认可过程比较缓慢，可采取的回应性策略包括：首先，针对老年人群体的出行需求，积极推动订制出行服务，比如发展服务于老年人的订制公交，以及出租车（网约车）手机叫车服务，并开发适用于老年人的手机App；其次，老年人主要活动范围以社区为主，他们也会与街道和居委会保持一定的联系，可以在社区积极开展与智能手机应用相关的宣传教育活动，并提供志愿者服务等。

（3）加强老年人出行的配套设施建设，提高“保通卡”覆盖面，改善公交硬件设施（如增加公交专座和采用可升降踏板）和乘车环境（如改善服务态度），提供道路交通的适老化信息服务，以及完善出行与就医、购物的关联服务。

在此基础上，本文认为，在我国老龄化社会进程中，一方面要保障老年人的养老权益，通过精细化的政策设计，实现“老有所养，老有所医，老有所学，老有所乐”；另一方面，政府也需要运用相关经济学原理，精准施策，提高老年人的实际效用水平。特别是老龄化程度较高的大中城市，在城市发展过程中交通资源日益紧张的背景下，政府更应结合老年人的出行模式和消费习惯，依据环境变化不断调整老龄交通政策，在确保老年人出行利益的前提下，实现城市交通资源在不同利益群体之间的合理配置和有效调节。

8.6 成果要报：适应老年人出行需要，加强政府引导，推进市场供给，完善社会扶持，切实提高老年人出行幸福感

——《上海老年人出行状况及老年综合津贴政策调查与思考》

主要观点

· 上海老年人主要的出行方式为步行和公交（包括常规公交和地铁、轻轨等）。在出行设施和服务的适老化方面，老年人的总体满意度较高。公交设施和服务保障了老年人基本出行权利，适老化改造实施情况较好，但随着老龄化程度加深，设施数量和服务质量需要进一步提升和完善。

· 在老年人出行保障方式方面，老年综合津贴（发钱模式）的效果优于免费公交卡（发卡模式），但与老年综合津贴政策配套的保通卡，其知晓率与使用率偏低。

· 上海老龄交通政策由“发卡”到“发钱”，较好地适应了外部环境变化，根据不同时期居民交通通信支出负担积极做出调整，具有良好的环境互适性，但对于65—69年龄段老年人群，目前补贴仍然无法全部覆盖出行支出。

· 为了切实提高老年人出行的便利程度和幸福感，应该在顺应老年居民实际需要

的基础上，加强政府引导，推进市场供给，完善社会扶持，多方协力，具体建议有：第一，继续推进和完善老年综合津贴政策，重点关注“政策缝隙”人群；第二，建立“长效发展”的老年人出行保障推进机制，鼓励市场针对老年用户提供定制化出行服务；第三，构建社会帮扶机制，让老年人适应信息化和新技术下出行市场的新变化，切实提高老年人出行幸福感。

交通是派生需求，出行的便捷、安全、服务可及、价格可承受等因素与老年人的生活质量息息相关。在当前不断加深的老龄化社会背景下，关注我国城市老年人出行状况，评估交通“惠老”政策对老年人出行的改善效果，在适老化设施建设和服务供给方面具有重要的现实意义。上海作为中国较早出现老龄化的大城市，老龄化程度高于全国平均水平。2016 年 6 月，上海在全国城市中率先将老年人免费公交卡变为按年龄段给予现金补贴，实施老年综合津贴政策。三年过去了，这项改革的成效令人瞩目。

8.6.1 上海老年人出行状况

8.6.1.1 大部分老年人以步行和公交为主要出行方式，实际出行方式与理想出行方式高度一致

90%受访老年人有上海本地户籍，大部分人可享受老年综合津贴政策。受教育程度以高中为主。七成以上(70.49%)老年人月收入(含退休金)在 2 000—6 000 元范围内，独居或与老伴共同居住的老年人超过半数，近期心理状态良好。

大部分老年人每天出行次数在 1～2 次，出行时间在 10 分钟以上(95%)，以日常购物和锻炼娱乐为主要目的，出行方式以步行、常规公交和地铁为首选(76%)。老年人的理想出行方式与实际方式较为一致，步行、常规公交、地铁占多数(75%)，私家车也是老人们青睐的出行方式(11%)。

8.6.1.2 老年人对出行设施和服务的总体满意度较高

在交通支出调查中，老年人一趟出行的开支普遍较低，花费 0 元(39%)和 1—5 元(30%)占大多数，60 元以上的仅占 3%。这表明在当前补贴政策下，老年人出行支出占收入水平的比例维持在一个合理、可承受的范围之内。

大部分老年人对出行设施和服务的满意度较高，在出行时普遍感受到正向情绪。在出行感受调查中，在舒适性、便利性、安全性等方面，大部分老年人选择“满意”或“非常满意”，两个选项占 70%以上，显示大部分人对出行设施和服务的满意度较高。在情绪体验调查中，正面情绪(开心、有意义)程度较高，反面情绪(担忧、痛苦、压力、疲劳)程度较低，表明受访老年人在出行中普遍体验到正向情绪，出行幸福感处于一个较高水平。

8.6.2 上海老年综合津贴政策实施情况

8.6.2.1 老年综合津贴覆盖面逐年扩大

调查中，56%的受访老年人享受老年综合津贴政策。未享受现金补贴的人中，半数以上受访者陈述的原因为“未满 65 岁”(55%)，而非上海户籍(17%)和不知晓该政策(17%)是达到年龄标准但未享受政策的两个主要原因，反映出政策的知晓度有待扩大。

8.6.2.2 政策设计符合老年人生理特征和出行需求，政策满意度高

调查发现，老年人年龄与出行特征之间存在一定的相关性：

(1)随着年龄增长，每天出行频次趋于减少。65—69 岁老年人倾向于出行 2 次/天，而 70 岁以上老年人倾向于出行 1 次/天。

(2)随着年龄增长，每趟出行时间趋于缩短。在短时间出行(10—30 分钟)范围内，80 岁以上老年人比例最高，而长时间出行(大于 60 分钟)中，70—74 岁年龄段老年人比例最高，80 岁以上比例最低。

(3)年龄越大，出行支出的平均值越小。65—69 岁年龄段老年人为 6.23 元/趟，70—74 岁为 4.88 元/趟，75—79 岁为 4.36 元/趟，80 岁以上为 3.67 元/趟，出行支出呈递减趋势。

由于综合津贴额度按照年龄段设计，随着年龄增长，补贴额度增加，营养保障功能增强，政策设计符合老年人生理特征和出行需求。84%以上的受访老年人表示现金补贴“完全满足”或“基本满足”日常需求，对政策的满意度普遍较高。

8.6.2.3 存在三类“政策缝隙”人群

“政策缝隙”人群是指应享受但实际却未享受政策的老年人，以及政策无法完全覆盖出行需求的特定人群。“政策缝隙”人群主要有三类：

(1)不知晓政策的老年群体；

(2)补贴额度无法覆盖老年群体的实际出行需求；

(3)不享受配套政策(如保通卡)的老年群体。

按年龄段测算的补贴差额，65—69 岁为－9.96 元，70—74 岁为 0.12 元，75—79 岁为 0.64 元，80 岁以上为 2.33 元。其中，65—69 岁年龄段老年人由于身体尚处于活动能力良好的状态，出行次数会比高龄组更多，导致补贴差额出现负值(不够用)的状况。当问及每月补贴是否够用时，65—69 岁年龄段补贴“完全满足”(包括“基本满足”及“有盈余”)程度的百分比为 87.75%，其排序是各组中最低的。65—69 岁年龄段对政策的满意度也是各组中最低的，仅为 70%。这表明 65—69 岁年龄段是老年综合津贴政策主要的“政策缝隙”人群。

8.6.3 新技术对老年人出行方式的挑战

8.6.3.1 网约车等新业态发展迅猛,改变个体机动化服务市场生态

出租车等个体机动化服务虽然在老年人出行方式中占比很低,但对老年人看病就医、购物休闲、探亲访友等发挥着不可替代的作用,尤其对老年人看病就医而言,出租车服务更是一种出行刚需。近年来智能手机应用等新技术快速发展,改变了个体机动化服务市场的生态。虽然上海管理部门对网约车提高了准入门槛,对驾驶员、车辆要求持有沪籍和沪牌,并对非法经营加强了监督执法,个体机动化服务的市场秩序变得更加规范,但随着智能手机应用的普及,传统巡游出租车的市场份额不断降低,网约车市场占有率持续增长,这种市场态势使得老年人可以享受的个体机动化服务出现较大的变化。

8.6.3.2 老年人对网约车等新服务的接受度偏低,影响服务的可得性

智能手机应用等新技术在老年群体中的使用和普及存在一定的排他性,尤其是新兴的共享出行方式(网约车、共享单车、汽车分时租赁等)对老年用户的渗透率较低,影响了老年群体使用个人体机动化方式的方便程度。调查中发现,一方面,老人们对手机打车的接受和认可程度普遍比较低,打车智能手机应用的使用率随年龄而递减;另一方面,随着出租车"网约化"逐步渗透,而老年人所偏好的传统路边扬招方式,打车的成功率在下降,一定程度上影响了老年人对个体机动化服务的可得性和及时性。

8.6.4 提升老年人出行幸福感的政策思考和建议

针对上海市老年人出行特征以及设施和服务适老化改造过程中存在的问题,我们认为,应该在顺应老年居民实际需要的基础上加强政府引导,培育出行市场,加大社会扶持,提升老年群体出行服务的水平和质量。

8.6.4.1 继续推进和完善老年综合津贴政策,打造"无缝隙、全覆盖"政策体系

上海老年综合津贴政策将"发卡"变为"发钱",根据不同年龄段老年人活动能力、出行意愿来设计补贴额度,交通补贴使老年人可以按照自身状况合理安排出行活动,体现老年人基本出行权利的保障原则,发挥市场对资源的配置作用,提高了市场和财政资金的使用效率。应进一步通过宣传扩大政策知晓度和覆盖面,重点关注 65—69 年龄段老年群体的出行补贴差额问题,实现老龄交通政策"无缝隙、全覆盖"。对于老龄化程度较高的特大城市,在交通资源日益紧张的背景下,政府和管理部门应结合老年人的出行模式和消费习惯,依据环境变化不断调整政策,在确保老年人出行利益的前提下,实现城市交通资源在不同利益群体之间的合理配置和有效调节。

8.6.4.2 建立"长效发展"的老年人出行保障推进机制,培育多元化老龄出行市场

针对老年人偏好步行和公交等方式的特点,重点加强人行道的适老化改造以及和常规公交、地铁、轻轨等硬件设施的适老化改善,如增加公交专座、采用可升降踏板以及优化乘车环境、改善服务态度等。针对当前交通市场老年人出行服务缺位状况,着力培育订制公交、爱心出租车等适老化出行服务,并在财政上给予大力支持。面对老龄化进程加快的挑战,对老年人出行满意度进行持续跟踪评估,制定并发布交通出行的适老化指数,确保政策变更与外部环境变化相协调、相一致,推进老年人出行保障机制"长效发展",切实提高老年人出行幸福感。

8.6.4.3 逐步完善适老化配套设施,构建社会扶持机制

加强老年人出行的配套设施建设,提高保通卡的知晓度和覆盖面,提供道路交通和公交运营的适老化信息服务,推进市场和社区联动,提供出行与就医"门到门"关联服务,改善公共服务的可达性。老龄化的一个特点是空巢老人占一定比例,他们的看病就医出行容易遇到困难,也是社区重点帮扶的对象。积极培育社会力量,提供社区专项服务,为老年人提供学习新技术和信息化的机会。

9. 西南民族地区移民社区的语言文化适应、国家认同与社会治理调研报告

9.1 西南民族地区语言文化背景和社会经济概况

9.1.1 西南民族地区的民族语言文化背景

西南民族地区地形极端复杂、气候多变，有着世界上最高的青藏高原，名山大川纵横交错。自然环境复杂多样，以及在此基础上形成的独特文化的“共生”，使西南民族地区有着特殊性。如居住在怒江谷地的怒族、独龙江畔的独龙族，以及滇南宽谷中的拉祜族、基诺族、佤族、哈尼族、景颇族等都是在较狭小、闭塞的地域单元内形成的少数民族。崎岖复杂的地势把西南地区分隔成了众多相互隔绝、互不连通、封闭性极强的地域单元，各民族在与别的民族交流、融合中保留了自己的特点，从而形成了各民族独特的文化和基本完整的宗教派别体系。佛教、道教、伊斯兰教、基督教和天主教世界五大宗教，不同程度地分布在西南民族地区。此外，还有众多的少数民族信仰自己的民族民间传统宗教。这样，各民族的农耕、游牧、节庆、服饰、饮食起居、婚丧、建筑、语言文字和宗教信仰等，构成了一幅浓郁而又色彩斑斓的中国民俗风情图画，充满了神秘与诱惑。

西南民族地区集中了西部乃至全国最具代表性的边疆边境省区和少数民族省区，拥有着彝、白、壮、傣、苗、藏、傈僳、哈尼、佤、纳西、瑶、景颇、布朗、普米、阿昌和基诺等独有的 30 多个世居少数民族，其中，傣、景颇、怒、独龙、阿昌、德昂、布朗、珞巴和门巴等民族跨境而居。仅仅云南、贵州、四川三省就汇聚了全国 1/3 的少数民族人口，拥有 44 个少数民族自治县(见表 9－1)、159 个国家扶贫工作重点县和 25 个边境县(市)。多民族的西南，多元的民族文化，多元的经济社会发展进程，西南少数民族和民族关系的这些因素，使西南的民族问题具有极端重要性、特殊性和复杂性，呈现出复杂化、敏感化，还带有国际化的特点。可见，西南民族地区具有重要的生态地位、文化传承地位、战略物资储备地位、军事安全地位，这些都关系着整个国家的安全大局，必须高度

重视和关注。

云南是一个多民族的边疆省份，是全国世居民族最多、特有民族最多、跨境民族最多、自治民族最多、民族自治地方最多、少数民族人口居全国第二的省份，少数民族在构成和分布上有别于其他省区。全省共有 5 000 人以上的世居少数民族 25 个、独有民族 16 个、跨境民族 16 个，实行自治的民族达 18 个，均为全国最多。第六次人口普查显示，少数民族人口为 1 533.7 万人，占全国的 1/3，少数民族人口总量在全国排第二位，比重排第七位。全省共有独龙族、德昂族、基诺族、怒族、阿昌族、普米族和布朗族等 7 个人口较少民族，均占全国的 1/3。民族自治地方的土地面积为 27.67 万平方公里，有 8 个自治州、29 个自治县，共辖民族自治地方 78 个县(市)，占全省总面积的 70.2%。

我国各种少数民族语言的活力值和聚类结果共分为三组，第一组活力值范围 225—287，相当于汉语活力值的 56%～71%，包括维吾尔、蒙古、藏、哈萨克、朝鲜 5 种语言；第二组活力值范围 44—141，相当于汉语活力值的 14%～35%，包括柯尔克孜、傣、锡伯、彝、壮、景颇、载瓦、傈僳、苗、拉祜、布依、佤、纳西、侗、哈尼 15 种语言；第三组活力值范围 1—40，仅相当于汉语活力值的 1/10 甚至不到 1/10，其中使用人口达到百万以上的语言有 3 个(白、勉、黎)，十几万到四十几万的有 8 个(土族、达斡尔、水、仫佬、羌、布努、东乡、土家)，一万以上十万以下的有 14 个(鄂温克、阿昌、嘉绒、撒拉、独龙、毛南、普米、塔吉克、德昂、拉珈、布朗、怒苏、保安、基诺)(道布，2005)。

由此可见，云南少数民族语言中部分语言属于活力值居中的范围，使用人口数量较多，也有自己的文字，但是兼通普通话和本民族语的人数也比较多，如：彝语、傣语、壮语、苗语、傈僳语、纳西语和哈尼语等，但是有些语言的语言活力值偏低，如白族语、阿昌语、普米语等。

全省 25 个少数民族中，除回、水、满 3 个民族使用汉语文外，其他 22 个少数民族使用 26 种语言，14 个民族使用 22 种文字。云南省傣族人口约 106 万(1994 年)，主要聚居在西双版纳、德宏两个自治州以及耿马、孟连、元江、新平等自治县。傣语属汉藏语系壮侗语族壮傣语支，分为西双版纳、德宏、金平三个方言，使用较多的是西双版纳方言和德宏方言。傣族共有四种不同形式的文字：西双版纳傣文、德宏傣文、傣绷文和金平傣文。这四种文字都从印度字母脱化而来，经过不同的发展演变过程，逐渐形成不同风格的文字。其中西双版纳傣文约有 700 多年历史，通行于西双版纳、思茅傣族地区；德宏傣文约有 500 年历史，通行于德宏、保山、临沧傣族地区；傣绷文除在国外使用外，瑞丽、陇川、耿马边境一线的傣族也使用；金平傣文通行于金平县的傣族地区。四种文字中，当前使用范围较广影响较大的是西双版纳傣文和德宏傣文。

在有着中国母系民族社会传统的摩梭人中，小于 20 岁的年轻人要么摩梭语发音

“变味”，要么就根本不会讲。虽然生长于云南丽江泸沽湖畔的大于60岁的摩梭人还能用自己的语言交流，但越来越多的年轻人放弃了对原有民族语言的传承，因其语言没有文字形式，文化传承靠口耳相传，摩梭语即将成为中国正在消失的语言之一。云南面临消失危机的语言还有文山部分彝族使用的普标语、部分壮族使用的拉基语、怒江部分怒族使用的阿侬语等。

贵州省除汉族外，世居少数民族有苗、布依、侗、彝、水、回、仡佬、壮、瑶、满、白、蒙古、羌和土家等17个。第六次人口普查显示，少数民族人口为1 137.9万人，占全省人口的36.1%，少数民族人口总量在全国排第四位，比重排第五位。各少数民族常住人口中数量排前5位的依次为苗族、布依族、土家族、侗族和彝族，这5种民族占少数民族人口总量的82.09%。其中，布依族、水族和仡佬族，人口均占国内本民族人口总数的95%以上。民族自治区域辖区面积9.77万平方公里，有黔东南、黔南和黔西南3个民族自治州、11个民族自治县，共辖民族自治地方35个县(市)6个新区1个试验区和1个开发区，占贵州省总面积的55.5%。

从语言的系属来看，苗族、瑶族、畲族语言属汉藏语系苗瑶语族；壮族、侗族、布依族、水族、仫佬族、毛南族、仡佬族语言属汉藏语系壮侗语族；彝族、白族、土家族、羌族语言属汉藏语系藏缅语族；满族语言属阿尔泰语系满—通古斯语族，蒙古族语言属阿尔泰语系蒙古族。

四川是民族大省，世居民族14种，是全国第二大藏区、最大的彝族聚居区和唯一的羌族聚居区。第六次人口普查显示，少数民族人口490.80万人，占全省总人口的6.10%，少数民族人口总量在全国排第八位，比重排第十五位。世居的14个少数民族按在省内人口的多少依次为彝族、藏族、羌族、苗族、回族、蒙古族、土家族、傈僳族、满族、纳西族、布依族、白族、壮族和傣族。四川少数民族以藏、彝、羌为主，人口分别为125万人、187万人和25万人。民族自治区域辖区面积30.2万平方公里，包括甘孜藏族自治州、阿坝藏族羌族自治州、凉山彝族自治州和峨边彝族自治县、马边彝族自治县、北川羌族自治县、木里藏族自治县，民族自治区域共有51个县(市)，占四川省总面积的62.1%。

四川民族地区主要使用的语言有藏语、彝语、羌语、苗语 、土家语等。现代四川方言是元、明、清以来的湖广移民带来的。根据移民史的材料、现代四川方言大致以岷江为界，以东以北地区是明清移民带来的方言，以西以南地区则是当地宋元方言的存留。

西藏东面、北面分别与四川、云南、青海、新疆等省(区)接壤，南面同印度、不丹、缅甸等国毗邻。第六次人口普查显示，藏族人口为271.6万人，其他少数民族人口为40 514人，汉族人口为245 263人。藏族和其他少数民族人口占91.83%(其中，藏族人口占90.48%，其他少数民族人口占1.35%，汉族人口占8.17%。就西藏现在所使用的交际语言看，也是以藏语和汉语为主要语言。藏语使用人口数量多，通行范围广，是本地区使用的主要语言，汉语、门巴语、珞巴语在不同地区、部门、场合与藏语同时并用，呈现出以一种语言为主、两种语言或多种语言并用的局面。

广西是以壮族为主体的少数民族自治区，也是全国少数民族人口最多的省（区）。境内居住着壮、汉、瑶、苗、侗、仫（mù）佬、毛南、回、京、彝、水、仡（gē）佬 12 个世居民族，其中广西是全国瑶族人口最多的地区，约占全国瑶族总人口的 60%；是全国仫佬族人口最多的地区，约占全国仫佬族人口的 90%；环江毛南族自治县是全国唯一的毛南族自治县，也是我国毛南族最大的聚居区，有 7 万多人；广西是中国京族唯一的居住地，境内其他 44 个少数民族均有居住。

由于历史及现实的原因，广西地区的文化具有浓厚的地方特色，这自然也表现在语言文字使用方面，因此对广西的语言文字使用情况的调查就具有极强的典型性。广西是以壮族为主体民族的多民族地区，除回族外，11 个民族都有自己的语言。少数民族中，壮族、苗族、侗族、彝族还有自己的文字，瑶文正在制定和试验中。除京语未定系属外，境内各民族语言同属汉藏语系。壮语是绝大多数壮族人用以交际的工具。壮语分南部方言和北部方言，两大方言大体以右江、邕江、郁江为界。操北部方言的约占壮族人口的 2/3。自治区的汉族除部分人日常生活使用汉语普通话外，多数人使用汉语方言。南宁、梧州、北海等市及桂东、桂南的汉族通用粤语；柳州市、桂林市及桂中、桂北、桂西北的汉族通用西南官话；桂北湘江流域部分汉族使用湘语；陆川、贵县、博白、柳江等县有部分汉族操客家话；南宁市郊区及邕江、左江、右江河谷一带的汉族有不少人使用平话；桂南、柳州地区北部部分汉族讲闽语。

境内瑶语大体分两个方言——勉语和布努话。西部边界、桂东、桂北等地瑶族讲勉语，河池地区的瑶族讲布努话。此外，金秀一带部分瑶族讲拉伽话，富川、恭城部分瑶族讲优念话。境内苗族聚居区，苗语是主要的交际工具。侗语分南部方言和北部方言，境内的三江、龙胜等自治县的侗语属南部方言。仫佬语比较一致。仫佬族人民都能用松佬语互相通话。水族的群众用水语进行交际。毛南语内部基本一致，没有方言土语的差别。其语音与水族接近。境内的彝语属彝语东部方言，散居于隆林、那坡等县山区的彝族，一般只会说彝语。仡佬族散居在隆林各族自治县，由于居住较分散，仡佬语差别亦较大，所以，本民族的语言已不是主要的交际工具。京族聚居在防城各族自治县。京语是京族内部交际的主要工具。境内的京族和越南的京族属同一语言。境内的回族已不使用本民族语言，通用汉语。①

---

① 广西年鉴编辑部. 广西年鉴. 1988 年 93—95 页。

表 9—1　　2017 年西南五省(区)民族自治地方基本情况

地方		民族自治地方名称	总人口数（万人）	土地面积（万平方公里）	少数民族人口比例(%)
云南省	民族自治州	迪庆藏族自治州	41.20	2.32	83.56
		怒江傈僳族自治州	54.70	1.46	92.2
		西双版纳傣族自治州	118.00	1.92	74.5
		红河哈尼族彝族自治州	471.30	3.20	61.2
		文山壮族苗族自治州	360.60	3.15	57.9
		大理白族自治州	358.40	2.82	51.98
		德宏傣族景颇族自治州	130.90	1.11	47.75
		楚雄彝族自治州	274.40	2.84	36.2
	民族自治县	贡山独龙族怒族自治县	3.88	0.44	96.4
		兰坪白族普米族自治县	21.80	0.44	93.4
		西盟佤族自治县	9.56	0.13	94
		沧源佤族自治县	18.85	0.24	93.4
		金平苗族瑶族傣族自治县	37.56	0.31	85.54
		维西傈僳族自治县	16.45	0.45	65.61
		玉龙纳西族自治县	22.30	0.62	86
		宁蒗彝族自治县	26.85	0.60	82
		江城哈尼族彝族自治县	12.78	0.34	59.4
		元江哈尼族彝族傣族自治县	22.45	0.27	48.72
		澜沧拉祜族自治县	50.09	0.87	79.46
		孟连傣族拉祜族佤族自治县	14.20	0.19	86
		墨江哈尼族自治县	36.91	0.53	75.21
		新平彝族傣族自治县	29.20	0.43	68.19
		漾濞彝族自治县	10.71	0.19	67.61
		峨山彝族自治县	17.01	0.19	68.2
		河口瑶族自治县	10.92	0.18	61.58
		屏边苗族自治县	15.44	0.13	66
		耿马傣族佤族自治县	30.87	0.37	52.91
		镇沅彝族哈尼族拉祜族自治县	20.40	0.41	53.67
		宁洱哈尼族彝族自治县	19.35	0.37	52.56
		南涧彝族自治县	22.01	0.17	53.65

续表

地方		民族自治地方名称	总人口数（万人）	土地面积（万平方公里）	少数民族人口比例（%）
		景东彝族自治县	36.93	0.45	50.8
		景谷傣族彝族自治县	29.98	0.75	48.11
		双江拉祜族佤族布朗族傣族自治县	18.46	0.22	45
		巍山彝族回族自治县	31.49	0.22	46.00
		石林彝族自治县	26.27	0.17	34.7
		禄劝彝族苗族自治县	41.42	0.42	30.7
		寻甸回族彝族自治县	47.22	0.36	23.72
贵州省	民族自治州	黔东南苗族侗族自治州	352.37	3.03	81.1
		黔西南布依族苗族自治州	286.00	1.68	39.7
		黔南布依族苗族自治州	328.09	2.62	58
	民族自治县	三都水族自治县	40	0.24	96.7
		道真仡佬族苗族自治县	35.09	0.21	73.74
		镇宁布依族苗族自治县	28.7	0.17	78.6
		印江土家族苗族自治县	45.11	0.19	71.15
		松桃苗族自治县	74	0.34	68.1
		沿河土家族自治县	57.8	0.25	74.6
		关岭布依族苗族自治县	39.27	0.17	64.72
		务川仡佬族苗族自治县	47	0.28	96.56
		紫云苗族布依族自治县	40.02	0.23	65.14
		玉屏侗族自治县	16.3	0.051	78.65
		威宁彝族回族苗族自治县	151.3	0.63	23.4
四川省	民族自治州	甘孜藏族自治州	110.11	15.3	85.1
		阿坝藏族羌族自治州	91.52	8.42	80.61
		凉山彝族自治州	483.02	6.04	56.32
	民族自治县	北川羌族自治县	23.52	0.31	80.74
		马边彝族自治县	18.86	2383	45.00
		峨边彝族自治县	13.38	0.24	33.10
		木里藏族自治县	13.72	1.33	79.1

续表

地方		民族自治地方名称	总人口数（万人）	土地面积（万平方公里）	少数民族人口比例(%)
西藏自治区			337	122	90
广西壮族自治区	民族自治县	龙胜各族自治县	17.25	0.25	80
		金绣瑶族自治县	15.69	0.25	74
		融水苗族自治县	51.97	0.46	73
		三江侗族自治县	40.26	0.24	84
		隆林各族自治县	43.00	0.02	81.2
		都安瑶族自治县	72.06	0.41	96
		巴马瑶族自治县	29.42	0.20	86.95
		富川瑶族自治县	33.75	0.15	—
		罗城仫佬族自治县	38.7	2.65	73.78
		环江毛南自治县	37.69	0.46	93.81
		大化瑶族自治县	47.90	0.28	94
		恭城瑶族自治县	30.36	0.21	0.25

注:资料来源于各省 2017 年年鉴及《2017 年中国民族统计年鉴》。

自古以来,西南民族地区就是和整个国家紧密联系在一起的。单从我国有文字记载的历史来看,西南民族地区的开发至少也有 3 000 年以上的历史。史书记述,早在公元前 3 世纪,云贵地区就已开发。到了公元 10 世纪以后,农业和手工业已经很发达。随着农牧业和手工业的进一步发展,从贵阳到昆明、大理、保山和景洪等地,出现了许多商业贸易中心。13 世纪后,由于土司制度的建立,生产发展与经济开发比较缓慢。明清以后,实行“改土归流”,特别是“屯田”制度的发展,大批汉族劳动者从内地移居到西南,同各族群众共同开发。到了近代,西南民族地区由于外国资本帝国主义的侵入,各种生产和经济活动都处于停滞与落后的状态。

新中国成立之后,国家实行民族区域自治,重视帮助少数民族进行民主改革和社会主义改造,扶持民族地区发展经济,使西南各民族地区贫困落后的面貌发生了很大变化,广大少数民族群众的生产、生活条件有了较大改善。

改革开放特别是西部大开发以来,西南民族地区交通、水利、能源和通信等重大基础设施建设得到大幅改善,经济社会取得了长足发展,各族人民生活水平不断提高,步入了持续、快速发展的轨道。但是由于受自然、经济、社会、文化和宗教等多种因素的相互制约和历史发展影响，西南边疆民族地区经济社会发展非常落后，经济总量小，发展实力弱，贫困分布极其广泛，内生增长能力严重不足，社会发育程度相对低下，民族宗教问题错综复杂，社会矛盾日渐增多，社会稳定压力十分沉重，不仅直接影响西南边疆民族地区经济发展、民族团结、社会稳定和边疆的巩固，而且还影响西部地区乃至整个中国经济社会现代化的进程以及影响和谐社会的建设。

9.2 西南民族地区经济社会发展中的差距概况

由于西南民族地区不具备东部沿海地区优越的地理区位、市场化水平、人力资本、开放意识等有利于经济增长的重要条件，财政收支不平衡，对中央财政转移支付依存度大。与国内发达地区相比，经济社会各方面发展的差距不断扩大。

9.2.1 经济发展方面的差距

近年来，西部地区发展速度惊人。从经济规模总量来看，12 个省（市、自治区）的经济总量，从 2009 年的 1.58 万亿元，增长到 2018 年的 18.4 万亿元，即西部大开发的 20 年间，西部 12 省（市、自治区）的经济总量增长了 11.6 倍。尤其是在 2013 年到 2018 年间，西部地区生产总值从 12.7 万亿元增加到 18.4 万亿元，占全国比重从 19.8%提高到 20.6%，主要经济指标高于全国平均水平。

分地区来看，1999 年，西部经济总量最高的四川省，其 GDP 仅 3 649.12 亿元，而 2018 年已经突破 4 万亿元。此外，2018 年，西部地区经济总量突破两万亿的还有陕西、重庆和广西三地。其余地区的经济总量亦出现了较大幅度的增长，云南、内蒙古、贵州、新疆四地突破了 1 万亿元，而经济体量最小的西藏，其经济总量亦从 1999 年的 105.98 亿元，提高到 2018 年的 1 477.63 亿元。

西部地区的进出口亦获得发展。从外贸占比看，21 世纪经济报道记者根据国家统计局的数据，1999 年，西部 12 省（市、自治区）的外贸总额（经营单位所在地进出口总额）占东部 11 省份的比重为 4.1%，而到了 2017 年，这一占比增长到 8.9%。

铁路营运里程由 1999 年的 2.6 万公里增长到 2017 年 5.4 万公里，年复合增长率 5.2%，高于同期全国增速 3.7%。公路营运里程从 1999 年 53.27 万公里增长到 2017 年的 194.43 万公里，年复合增速 7.7%，高于全国同期的 6.3%。近 10 年民航新通航城市中，西部城市占比 53.4%。

但西南地区的总体经济发展仍然处于很低的水平，在如此惊人的发展速度下，2018 年云南、贵州、四川、广西、西藏五省（区）生产总值人均均低于全国平均值，尤其是增速排名第一的西藏，只有排名第一的广东的 1.44%。五省经济总量在全国排名，除四川省稍靠前外，贵州、西藏两省长期处于末位。统计数据非常直观地表明：西南边疆民族地区经济总量在全国的地位微不足道，而且这种趋势还在继续强化。

1. 区域差距、城乡差距、行业差距加速拉大

(1)区域差距

——与东部省市的差距。GDP 增速排名第一的西藏，总量只有排名第一的广东 1.44%。

——民族自治地方与本省内发展较快地区之间的差距。2017 年，云南 8 个民族自治州 GDP 总量达 4 800.16 亿元，还不及昆明市的 4 857.64 亿元。2018 年怒江州农村常住居民人均可支配收入 6 449 元，仅为昆明市城乡居民人均可支配收入的 15% 和 43.3%。

——民族自治地方与非民族自治地方、民族自治地方之间的差距。如下表所示，云南民族自治州人均 GDP 平均为 16 311.70 元，民族自治县为 12 374 元，而非民族地市则为 19 506.78 元，人均地方财政一般预算收入民族自治州为 219.52 元，民族自治县为 24.59 元，非民族自治地方为 579.28 元，二者相差 23 倍。

预算内财政收入平均为 61.327 5 亿元，最高的红河自治州 218.66 亿元，最低的怒江傈僳族自治州 7.51 亿元，相差 29.12 倍。详见表 9—2。

表 9—2　2017 年西南五省(区)民族自治地方经济发展差距情况

地方		民族自治地方名称	GDP(亿元)	人均 GDP(元)	地方公共财政一般预算收入(亿元)
全国		/	820 754.3	59 201	91 469.41
北京		/	28 014.94	128 994	5 430.79
上海		/	30 632.99	126 634	6 642.26
云南省	全省	/	16 376.34	34 221	1 886.17
		迪庆藏族自治州	196.65	47 731	10.17
		楚雄彝族自治州	356.97	13 009	80.26
		西双版纳傣族自治州	393.84	33 376	28.46
		红河哈尼族彝族自治州	1 478.57	31 372	141.28
		大理白族自治州	1 066.55	29 759	87.01
		德宏傣族景颇族自治州	356.97	27 270	33.77
		怒江傈僳族自治州	141.50	25 868	9.9.3
		文山壮族苗族自治州	809.11	22 438	56.88

续表

地方		民族自治地方名称	GDP（亿元）	人均 GDP（元）	地方公共财政一般预算收入（亿元）
云南省	非民族自治地方	昆明市	4 857.64	38 831	560.86
		玉溪市	1 415.14	37 913	137.22
		曲靖市	1 941.12	20 588	136.22
		丽江市	339.48	14 279	40.06
		保山市	678.95	12 847	62.32
		普洱市	624.59	11 795	53.22
		临沧市	604.06	11 166	40.04
		昭通市	156.38	8 877	67.53
	民族自治县	新平彝族傣族自治县	139.68	47 836	12.67
		峨山彝族自治县	78.17	45 955	4.33
		河口瑶族自治县	51.42	47 088	3.00
		石林彝族自治县	85.96	32 722	6.17
		景谷傣族彝族自治县	100.30	33 456	5.84
		元江哈尼族彝族傣族自治县	81.55	36 325	4.88
		耿马傣族佤族自治县	89.93	29 132	3.79
		宁洱哈尼族彝族自治县	52.80	27 287	3.60
		维西傈僳族自治县	46.91	28 517	1.02
		玉龙纳西族自治县	58.61	26 283	5.58
		兰坪白族普米族自治县	59.23	27 170	4.00
		漾濞彝族自治县	22.72	21 214	1.48
		江城哈尼族彝族自治县	8.29	6 487	1.81
		贡山独龙族怒族自治县	12.64	32 577	0.75
		镇沅彝族哈尼族拉祜族自治县	51.13	25 064	3.86
		双江拉祜族佤族布朗族傣族自治县	42.48	23 012	3.05
		寻甸回族彝族自治县	89.89	19 036	6.80
		禄劝彝族苗族自治县	91.19	22 016	6.12
		南涧彝族自治县	52.46	23 835	3.00
		景东彝族自治县	68.84	18 641	4.73
		沧源佤族自治县	41.91	22 233	2.77

续表

地方		民族自治地方名称	GDP（亿元）	人均 GDP（元）	地方公共财政一般预算收入（亿元）
云南省	民族自治县	孟连傣族拉祜族佤族自治县	28.77	20 261	1.67
		屏边苗族自治县	32.41	20 991	1.57
		巍山彝族回族自治县	57.53	18 269	3.42
		墨江哈尼族自治县	62.29	16 876	3.59
		宁蒗彝族自治县	36.29	13 516	2.42
		澜沧拉祜族自治县	72.50	14 474	5.47
		金平苗族瑶族傣族自治县	53.25	14 177	2.41
		西盟佤族自治县	13.57	14 195	0.78
贵州省	全省		13 540.83	37 956	1 613.84
	民族自治州	黔南布依族苗族自治州	1 160.59	35 374	119
		黔西南布依族苗族自治州	1 067.60	37 330	114.38
		黔东南苗族侗族自治州	972.18	27 590	87.45
	非民族自治地方	贵阳市	3 537.96	74 493	377.85
		六盘水市	1 461.71	50 136	138.62
		遵义市	2 748.59	44 060	210
		安顺市	802.46	34 345	75.045
		铜仁市	969.86	30 801	65.64
		毕节市	1 841.61	27 690	123.8
	民族自治县	玉屏侗族自治县	78.63	63 131	5.03
		镇宁布依族苗族自治县	101.52	35 373	5.48
		印江土家族苗族自治县	104.6	23 188	2.79
		关岭布依族苗族自治县	88.05	22 422	3.54
		松桃苗族自治县	134.6	18 189	6.81
		沿河土家族自治县	103.23	17 860	4.73
		道真仡佬族苗族自治县	65.15	18 567	4.49
		紫云苗族布依族自治县	64.41	16 094	4.9
		务川仡佬族苗族自治县	70	14 894	5.14
		三都水族自治县	67.29	16 823	3.55
		威宁彝族回族苗族自治县	250.73	16 572	11.20

续表

地方		民族自治地方名称	GDP（亿元）	人均 GDP（元）	地方公共财政一般预算收入（亿元）
四川省	全省		36 980.22	44 651	3 577.99
	民族自治州	凉山彝族自治州	1 480.913 6	30 659	133
		阿坝藏族羌族自治州	286.403 1	31 294	40.07
		甘孜藏族自治州	261.501 0	23 749	27.366
		攀枝花市	1 144.3	92 607	60.6
		成都市	13 889.4	87 258	1275.53
		德阳市	1 960.6	55 702	106.2
		自贡市	1 312.1	47 183	53.22
		乐山市	1 507.8	46 180	98.9
		绵阳市	2 074.8	43 126	110.6
		宜宾市	1 847.2	40 959	138.8
		雅安市	602.8	39 149	34.8
		内江市	1 332.1	35 555	56.1
		资阳市	1 022.2	40 237	49.8
		眉山市	1 183.4	39 433	93.2
		泸州市	1 596.2	37 066	146
		广安市	1 173.8	35 954	71.2
		遂宁市	1 138.1	34 508	60.2
		达州市	1 583.9	2 826	90.7
		南充市	1 827.9	28 552	103.2
		广元市	732.1	27 784	43.99
		巴中市	6.1.4	18 163	45.5
	民族自治县	峨边彝族自治县	42.383 9	31 677	3.01
		木里藏族自治县	30.067 8	21 915	5.91
		北川羌族自治县	5.018 83	2 134	4.51
		马边彝族自治县	37.594 8	19 934	3.70

续表

地方		民族自治地方名称	GDP（亿元）	人均 GDP（元）	地方公共财政一般预算收入（亿元）
广西壮族自治区	民族自治县	龙胜各族自治县	66.63	41 537	2.36
		金绣瑶族自治县	32.23	24 716	0.92
		融水苗族自治县	98.57	23 568	4.67
		三江侗族自治县	51.83	16 719	2.21
		隆林各族自治县	54.02	15 110	3.31
		都安瑶族自治县	48.74	9 067	2.59
		巴马瑶族自治县	42.96	18 437	1.69
		富川瑶族自治县	70.29	26 059	3.89
		罗城仫佬族自治县	46.46	14 960	1.87
		环江毛南自治县	51.53	18 316	2.38
		大化瑶族自治县	56.28	15 016	3.27
		恭城瑶族自治县	81.90	31 682	4.02
西藏自治区			1 310.92	39 267	185.83

注：资料来源于各省 2017 年年鉴。

可见，在这些贫困的民族县内部，也存在着较大的发展差距。一般而言，汉族人口主要居住在土地肥沃、条件较为优越的地区，而少数民族往往居住在条件艰苦、土地贫瘠、环境恶劣的村寨和深山中，生产条件简陋、社会发育程度较低，收入差距加大，生活环境对比明显。

(2)城乡差距

城乡差距包括城乡居民收入差距、城乡教育差距、城乡医疗差距、城乡消费差距、城乡就业差距、政府公共投入差距等等。以最突出的城乡收入差距来看，数据显示，西南民族地区城乡收入差距比均高于全国平均水平。不同区域的民族地区间、乡镇之间经济发展差距大。统计显示，越是经济发展落后的地方，城乡差距越大，越是发达的地区城乡差距越小。

由于西南民族地区相对落后统计统筹工作还不全面，目前的数据主要以州政府所在地的城乡收入代替全州的大致水平，这些地区政府所在的城市都是全州的政治、文化、经济中心，可见，这样看待民族州的城乡收入差距还是过于乐观了，毕竟相对欠发达、不发达的地区在民族自治地方是占多数的。仅从自治州、自治县大致的城乡收入差距就可以预见，西南民族自治地方整体上在城乡收入差距方面存在着巨大的鸿沟。

与此同时，由于农村居民收入增长速度逐年加快，农村居民家庭收入差距也呈现出快速增长的趋势，主要是由于非农收入以及农民家庭占有生产资料差异所造成的。人口较多的家庭，除了留有一部分从事农业生产以外，更多的劳动力则流向城市，从事非农生产，由于劳动力的个人素质存在着较大的差异，高素质的劳动力可以从事报酬较高的行业，而素质较低的劳动者则只能从事一些简单的体力劳动，劳动报酬相对较低，因此，收入差距也就越来越大。

城镇居民之间收入差距随着经济的快速发展而越来越大，行业之间的差距也越来越明显，由于市场经济的发展和产业结构的调整及升级，房地产金融保险业等新兴产业收入大幅提高，而一些传统产业则增幅不大，导致收入差距进一步扩大。另一个原因就是近年来我国的资产价格快速膨胀，城镇居民中，高收入者的财产性收入大幅提高，而中低阶层的劳动者的财产性收入则增长较慢，城镇居民收入差距也越来越大。

2. 社会事业发展差距

相对于经济发展问题，少数民族和民族地区社会事业发展面临的问题更加突出，教育、卫生、文化和社会保障等各项事业发展严重滞后，基本公共服务水平都很低，和其他非民族地区相比存在较大的差距，成为制约少数民族和民族地区全面发展的“瓶颈”。

依据2013年中国统计学会发布的《2011年地区发展与民生指数报告》，通过包括经济发展、民生改善、社会发展、生态建设、科技创新和公众评价六大方面的42项指标的综合考量，四川、云南、贵州发展与民生指数分别为58.85％、53％、51.08％，在全国31个省区中，分列第14、25、26位，排名为依次为0.763、0.710、0.690，列第24、28、30位，人类发展指数的最后一梯由经济、教育、医疗发展拖底的贵州和西藏组成，相当于中阶发展中国家。

3. 主要困难和机遇挑战

2016年《国务院关于印发“十三五”促进民族地区和人口较少民族发展规划的通知》里明确指出：由于历史、自然和地理等原因，少数民族和民族地区发展仍面临一些突出问题和特殊困难。经济社会发展总体滞后，供给侧结构性改革任务艰巨，产业发展层次水平偏低，新旧动能转换难度较大。城乡区域发展不平衡，基本公共服务供给不足，基础设施建设欠账多，资源环境约束大，创新发展能力弱，对内对外开放水平不高。少数民族和民族地区人口整体素质有待提高，少数民族传统文化传承发展亟待加强，贫困问题依然严峻，维护社会和谐稳定任务繁重，缩小与全国发展差距仍然任重道远。破解多重问题和困难，必须加快少数民族和民族地区发展。

“十三五”时期，我国经济发展进入新常态，国际国内发展环境更加复杂，少数民族和民族地区发展呈现新的特点，面临新的机遇和挑战。一方面，世界局势正在发生深刻变化，地缘政治关系多极化不断向纵深发展，世界范围内不稳定不确定不平衡因素显著增多，我国发展面临的国际风险挑战加大。同时，新型工业化、信息化、城镇化、农业现代化深入推进，改革攻坚进入深水区，我国经济下行压力增大，稳增长、调结构、惠民生、防风险任务日益繁重，民族地区协调各方面关系、承受各种风险、化解社会矛盾的压力呈现加大趋势，面临脱贫攻坚和实现全面小康双重任务、发展经济和保护环境双重责任、加快发展和维护团结稳定双重压力。另一方面，随着我国进入全面建成小康社会决胜阶段，“一带一路”建设加快推进，区域协调有序发展，脱贫攻坚全面展开，民族地区奔小康行动深入实施，国家对民族地区、边疆地区、贫困地区全方位扶持力度不断加大，少数民族和民族地区面临难得的发展机遇。“十三五”时期加快少数民族和民族地区发展必须把握机遇，应对挑战，确保如期实现全面建成小康社会目标。

西南三省的地方财政收入来源少，收入低，靠自身财力无法维持地方政府运转和行使政府职能，必须依靠中央转移支付。从表 9－3 可见，2017 年五省地区财政自给率最高的四川省为 41.15％，最低的西藏仅为 11.05％。

表 9－3　　　　2017 年西南五省(区)民族自治地方财政自给率

地方		民族自治地方名称	地方公共财政一般预算收入(亿元)	地方公共财政一般预算支出(亿元)	财政自给率(％)
云南省	全省		1 886.17	5 712.97	33.02
	民族自治州	红河哈尼族彝族自治州	141.28	402.79	35.08
		楚雄彝族自治州	80.26	248.69	32.27
		大理白族自治州	87.01	338.18	25.73
		西双版纳傣族自治州	28.46	117.77	24.17
		德宏傣族景颇族自治州	33.77	150.92	22.38
		文山壮族苗族自治州	56.88	321.57	17.69
		怒江傈僳族自治州	9.93	89.67	11.07
		迪庆藏族自治州	10.17	39.94	25.46
	民族自治县	石林彝族自治县	6.17	20.35	30.32
		新平彝族傣族自治县	12.67	27.88	45.44
		峨山彝族自治县	4.33	15.52	27.90
		寻甸回族彝族自治县	6.80	36.42	18.67
		兰坪白族普米族自治县	4.00	25.47	15.70

续表

地方		民族自治地方名称	地方公共财政一般预算收入（亿元）	地方公共财政一般预算支出（亿元）	财政自给率（%）
云南省	民族自治县	禄劝彝族苗族自治县	6.12	33.59	18.22
		玉龙纳西族自治县	5.58	27.87	20.02
		景谷傣族彝族自治县	5.84	26.98	21.65
		南涧彝族自治县	3.00	20.36	14.73
		元江哈尼族彝族傣族自治县	4.88	18.89	25.83
		宁洱哈尼族彝族自治县	3.60	19.65	18.32
		景东彝族自治县	4.73	26.48	17.86
		巍山彝族回族自治县	3.42	21.50	15.91
		墨江哈尼族自治县	3.59	26.74	13.43
		漾濞彝族自治县	1.48	13.89	10.66
		河口瑶族自治县	3.00	16.39	18.30
		镇沅彝族哈尼族拉祜族自治县	3.86	22.72	16.99
		金平苗族瑶族傣族自治县	2.41	26.65	9.04
		澜沧拉祜族自治县	5.47	45.10	12.13
		维西傈僳族自治县	1.02	28.69	3.56
		耿马傣族佤族自治县	3.79	26.46	14.32
		沧源佤族自治县	2.77	21.07	13.15
		宁蒗彝族自治县	2.42	28.64	8.45
		江城哈尼族彝族自治县	1.81	15.46	11.71
		双江拉祜族佤族布朗族傣族自治县	3.05	19.97	15.27
		屏边苗族自治县	1.57	14.66	10.71
		孟连傣族拉祜族佤族自治县	1.67	17.56	9.51
		西盟佤族自治县	0.78	13.62	5.73
		贡山独龙族怒族自治县	0.75	11.96	6.27
贵州省	全省		1 613.84	4 612.57	34.99
	民族自治州	黔西南布依族苗族自治州	114.38	331.32	34.52
		黔南布依族苗族自治州	119.01	378.16	31.47
		黔东南苗族侗族自治州	86.56	401.56	21.56

续表

地方		民族自治地方名称	地方公共财政一般预算收入（亿元）	地方公共财政一般预算支出（亿元）	财政自给率（%）
贵州省	民族自治县	镇宁布依族苗族自治县	5.48	29.75	18.42
贵州省	民族自治县	沿河土家族自治县	4.73	47.70	9.92
贵州省	民族自治县	务川仡佬族苗族自治县	5.14	31.35	16.40
贵州省	民族自治县	松桃苗族自治县	6.81	42.69	15.95
贵州省	民族自治县	关岭布依族苗族自治县	3.54	24.99	14.17
贵州省	民族自治县	威宁彝族回族苗族自治县	11.20	71.47	15.67
贵州省	民族自治县	三都水族自治县	3.55	25.97	13.67
贵州省	民族自治县	印江土家族苗族自治县	2.79	39.91	6.99
贵州省	民族自治县	道真仡佬族苗族自治县	4.49	3.29	136.47
四川省	全省		3 577.99	8 694.76	41.15
四川省	民族自治州	凉山彝族自治州	108.70	409.69	26.53
四川省	民族自治州	阿坝藏族羌族自治州	14.64	187.95	7.79
四川省	民族自治州	甘孜藏族自治州	19.06	265.71	7.17
四川省	民族自治县	马边彝族自治县	3.70	21.99	16.83
四川省	民族自治县	峨边彝族自治县	3.01	17.97	16.75
四川省	民族自治县	木里藏族自治县	5.91	22.70	26.04
四川省	民族自治县	北川羌族自治县	4.51	22.81	19.77
广西壮族自治区	全省		1 615.03	4 912.89	32.87
广西壮族自治区	民族自治县	龙胜各族自治县	2.36	19.68	11.99
广西壮族自治区	民族自治县	锦绣瑶族自治县	0.92	16.38	5.62
广西壮族自治区	民族自治县	融水苗族自治县	4.67	35.16	13.28
广西壮族自治区	民族自治县	三江侗族自治县	2.21	26.24	8.42
广西壮族自治区	民族自治县	隆林各族自治县	3.31	29.12	11.37
广西壮族自治区	民族自治县	都安瑶族自治县	2.59	44.75	5.79
广西壮族自治区	民族自治县	巴马瑶族自治县	1.69	24.53	6.89
广西壮族自治区	民族自治县	富川瑶族自治县	3.89	27.60	14.09
广西壮族自治区	民族自治县	罗城仫佬族自治县	1.87	29.47	6.35
广西壮族自治区	民族自治县	环江毛南自治县	2.38	28.33	8.40
广西壮族自治区	民族自治县	大化瑶族自治县	3.27	32.29	10.13
广西壮族自治区	民族自治县	恭城瑶族自治县	4.02	21.16	19.00

续表

地方		民族自治 地方名称	地方公共财政 一般预算收入 (亿元)	地方公共财政 一般预算支出 (亿元)	财政自给率 (%)
西藏自治区			185.83	1 681.94	11.05%

注:资料来源于各地 2017 年年鉴。

可见,民族地州市对上级财政的依赖程度都较大,尤其民族自治县财力更是薄弱。一旦省级加大对州市级财力的集中力度,民族自治州也是被集中对象,这对于财力捉襟见肘的民族自治州来说无疑雪上加霜,自治州财力减少,收支缺口将会进一步拉大,经济社会发展的正常支出需要得不到满足,陷入经济落后与财政收入偏低的恶性循环。在中央财政援助的资金中,有相当一部分属于有条件的专项援助,要求地方对这类援助进行配套投入,结果往往有些贫困地区由于拿不出配套资金而得不到中央的援助。由于民贫地穷,群众无力投入扩大再生产,地方政府无力投入搞建设,经济处于简单再循环,始终处于低水平发展状况。民族地区的基础设施建设长期滞后,各民族地区间的基础设施发展不平衡进一步加剧。由于民族地区县、乡级财力较为有限,基础设施的建设必须依靠上级财政的支持才能实施。尽管各地方竭尽所能争取项目、资金,但是“僧多粥少”的局面使得相关决策部门不得不选择地投资,因而基础设施发展的不平衡就不可避免。民族地区的财政收入除了承担必要的生产性投入之外,还要维持科教文卫等各项公共事业,再加上民族自治地方大多处于我国的边疆要塞,维护边境安全和社会的长治久安都是一笔很大的财政支出。这对于财政收入本来就不高的民族地区无疑是很重的负担。调查中发现,一些村委会还没有办公房或在危房中办公,村组干部的补贴主要由地方财政负担,召集村民开会无地点,开展政策和法律宣传无经费。仅在省内州市、县之间比较就存在基本公共服务的不均等、低水平现象,如果和其他发达地区做比较则存在更大的差距,全省民族自治地区的公共服务水平离基本公共服务水平的目标还有很大的差距,如果缩小差距,必须要增加财政对医疗、卫生、教育、社会保障等的支出,民族自治地区的财政将会面临更大的支出压力。云南省民族自治地区公共服务均等化水平同有限财力之间的矛盾这一实际情况无疑给改革带来了压力。

4. 生态环境恶化,民族生存、发展空间受限

在经济社会发展取得进步的同时,由于对自然资源不适当的开发利用使得民族地

区生态环境恶化、资源遭到破坏，[1]民族的生存和发展空间受限，生态平衡的严峻性加剧。旱涝冰雹等灾害频繁，常引发泥石流甚至地震等灾害，很多地方抵御自然灾害能力十分脆弱，见表9－4。

表9－4　　2012—2017年西南五省(区)地质灾害情况

	云南省			贵州省			四川省			广西壮族自治区			西藏自治区*		
	旱灾受灾面积(千公顷)	发生地质灾害起数(次)	发生泥石流起数(次)	旱灾受灾面积(千公顷)	发生地质灾害起数(次)	发生泥石流起数(次)	旱灾受灾面积(千公顷)	发生地质灾害起数(次)	发生泥石流起数(次)	旱灾受灾面积(千公顷)	发生地质灾害起数(次)	发生泥石流起数(次)	旱灾受灾面积(千公顷)	发生地质灾害起数(次)	发生泥石流起数(次)
2012年	651	1 691	220	594	436	66	1 241	1 808	77	1 437	—	—	—	—	—
2013年	220	3 056	725	175	276	11	304	973	60	561.4	—	—	—	—	—
2014年	2 053	34	8	442	121	3	317	175	28	—	481	4	—	—	—
2015年	993	281	22	717	157	5	402	295	46	—	330	6	—	—	—
2016年	703	1 154	161	179	704	27	1 381	7 707	235	—	357	1	—	—	—
2017年	475	1 035	70	30	381	5	107	6 205	445	—	183	5	—	—	—

注：资料来源于各地2012—2017年年鉴，西藏部分缺失。

一方水土养不活一方人，罪魁祸首就是石漠化，西南五省(区)都有。据统计，贵州省被石漠化的土地面积达36 000平方公里，占贵州省国土总面积20.39%，占全省面积的60%以上，而且土地石漠化正以每年900平方公里的速度扩展。云南省是全国石漠化危害程度最深、治理难度最大的省区之一，石漠化严重的65个县处于“九分石头一分土，寸土如金水如油，耕地似碗又盆”。石漠化被称为地球的癌症，发展的主要原因是长期过度垦殖，即便是停止过度人为破坏后，环境也很难在短时期内得到恢复。尽管已经在大石山区封山育林长达二十多年，但这些地方的乔木依然很幼小、稀疏。重度石漠化的严重后果是恶化了农业生产条件和生态环境，使当地人民失去了赖以生存的基本条件。此外，因市场风险、政策风险、工程移民、建设用地和生态保护等因素，都有可能产生新的贫困群体。

西南民族地区的环境破坏、资源萎缩的另一个重要原因是地方工业化和产业转移。随着东部地区产业向西部地区转移和地方工业化的步伐加快，转移到西南民族地区的项目多为采矿、食品加工、林业化工和建材等资源开发型项目。一些开发商只注重生产，不注重环境保护，对区域内的生态平衡造成了严重影响。例如，近年来，由于部分地区资源过度开采制造了大面积的采空区，毕节市金沙县茶园乡石板坡煤矿附近

① 王玉芳和祁永安(2011)使用1995—2007年西部民族7省份面板数据，研究我国西部民族地区经济增长与环境污染的关系，发现云南和贵州省区 CO_2 污染物排放与经济增长正相关。民族地区将较长时间处在经济发展造成环境污染的阶段。

地表塌陷，随即引发了采空区水源枯竭、土壤保墒能力受到破坏、村民房屋变成危房等一系列连锁问题。另外，煤矿废水的超标排放又使得大多受污染的农田产量大幅度下降，当地老百姓的生存状况一度令人担忧。

国家民委发布 2017 年少数民族地区农村贫困监测结果，广西、贵州、云南三省区有农村扶贫对象 820 万人，占八省区农村扶贫对象的比重为 79.5%。截至 2019 年 1 月国家公布的 584 个国家级重点贫困县中，云南是贫困县第二的地区，而在这些贫困县中民族自治地方一共有 308 个，而云南、贵州、四川三省就占了 49.03%，占全国的 25.86%。

5. 社会稳定压力大

西南边疆民族地区是中国众多少数民族的发源地和世居地，宗教派系完整，民族习俗复杂，社会发展类型多样，历史上民族之间极为复杂的族际关系和经济社会发展的现实差距，不仅极易引发文化冲突和民族矛盾，而且处于转型期的西南边疆民族地区还面临着由城乡差距、贫富差距、区域差距、行业差距等附着产生的各种社会矛盾和社会冲突。特别是市场经济的发展，各民族交流日益频繁，民族意识增强，导致对民族自尊的敏感，民族关系的敏感点增多。加之云南是全国边境线较长的省区，边境线长达 4 060 千米，有 16 个民族与境外同一民族相邻而居，同时，佛教、道教、伊斯兰教、基督教和天主教俱全，有些民族是普遍性信教。特殊的地理位置，造成许多特殊情况和问题。

经济的不稳定因素与政治、社会的不稳定因素相互影响，短期与长期问题相互叠加，国内外不稳定因素相互交织，传统的与非传统的安全威胁相互融合，加上经济基础极端薄弱、社会发展机制不完善、社会组织建设相对滞后和基层政权建设严重不力共同构成西南边疆民族地区社会稳定的沉重压力。每年用于公共安全的经费逐年攀升。详见表 9—5。

表 9—5　　2012—2017 年五省地方财政一般预算支出中公共安全支出情况　　单位：万元

	云　南	贵　州	四　川	广　西	西　藏
	财政支出中公共安全支出	财政支出中公共安全支出	财政支出中公共安全支出	财政支出中公共安全支出	财政支出中公共安全支出
2012 年	1 653 200	1 173 100	2 460 700	1 394 400	517 600
2013 年	1 858 800	1 462 100	2 726 300	1 523 900	617 700
2014 年	2 142 200	1 682 200	3 234 900	1 788 100	716 500
2015 年	2 196 600	1 879 700	3 191 900	1 922 200	693 600
2016 年	2 425 400	2 159 500	3 697 400	2 205 500	1 032 300

续表

	云　南	贵　州	四　川	广　西	西　藏
	财政支出中公共安全支出	财政支出中公共安全支出	财政支出中公共安全支出	财政支出中公共安全支出	财政支出中公共安全支出
2017年	2 936 100	2 499 600	4 293 900	2 632 800	956 600

注:资料来源于各地2012—2017年年鉴。

在西南民族地区,巨大的收入差距引起一系列的影响社会稳定的问题。边境地带极少数群众被犯罪分子诱惑,通过走私贩卖毒品而牟取暴利,企图可以改变贫困的现状;极少数农村妇女因为贫困外出务工,从事色情服务行业,但是传染艾滋病毒而陷入更加的贫困;极少数青年男子因生活艰苦,自暴自弃,打架闹事,威胁社会治安;邪恶组织利用当地的贫困现状和民众的脱贫的渴望心理,传播非法理念,教唆村民闹事,严重影响社会稳定。这些因贫困而引起的一系列的恶性循环严重影响了社会稳定和国家团结,制约了国家推进民族地区经济社会全面发展的建设。

禁毒防艾形势严峻。云南边境民族地区与邻国山水相连,边民生活习俗习性相同,通婚、互市十分普遍,经贸往来频繁,疾病传播无天然屏障,加之离毒源地"金三角"较近(当前中国毒品约60%～70%来自"金三角"地区),一些地方已成为毒品的主要通道和消费地,成为遭受毒品和艾滋病双重危害的重灾区。截至2018年10月底,云南累计报告艾滋病病毒感染者和病人已超10万例。2017年－2018年6月以来,云南公安机关攻坚克难破获毒品犯罪案件1.2万余起,抓获犯罪嫌疑人1.3万余人,缴获毒品25.54吨,缴获毒品数量再创历史新高①。注射吸毒传播占16.5%,艾滋病病毒感染者和病人中20～39岁的青壮年为主,占总数的55.3%,农民和无业人员分别占59.9%和17.0%。其中,云南、新疆、广西、广东、四川和贵州6个省(自治区)注射吸毒传播导致感染的估计数之和,占全国该人群估计数的87.2%。云南、贵州、四川一些比较贫困的地区,形成突出的外流贩毒情况。同时贩毒集团、贩毒分子雇用一些特殊人群,比如怀抱婴儿的妇女、怀孕的妇女、残疾人、老人和幼儿特殊群体,诱导他们携带毒品贩毒,这是一个比较突出的问题。

新时期西南地区虽然在政府实施开发战略的过程中取得众多建设成就,但不可否认,由于地区的政治经济文化宗教信仰和思想观念等差异,加之各项改革措施的推进,使得人民内部矛盾依然存在。

9.2.2 西南民族地区生态移民的途径和特点

西南地区是中国少数民族聚居区,是中华民族与各少数民族相互作用的最后空

① http://www.sohu.com/a/237977600_248772。

间。从宏观上看,西南地区也是东部地区的生态屏障,深入对其生态、经济问题的研究对于整个国家的生态安全、经济的可持续发展和生态文明的实现有重要意义。中国西部生态移民源于西部地区恶劣的生态自然环境及落后的社会经济条件,目标是改善生态退化、调节人与自然和谐发展、为西部社会经济发展提供良好的自然条件。因此,中央及各地方政府将生态移民作为一项重大的政治工程、民生工程加以推进,经过10余年的生态移民建设,西部地区生态移民工程已取得了初步成效,表现出其独有的中国形态与特点,并为后期发展和推广提供了有效的经验与借鉴。

9.2.2.1 西南民族地区生态移民的途径

在移民的安置过程中,安置方式的选择非常重要,它不仅受不同自然条件状况和社会经济发展水平的约束,而且也受到移民本身个体差异如年龄、文化程度、心理承受能力的影响。根据国内外生态移民的方式来看,对生态移民在途径上进行分类可分为计划性生态移民与非计划性生态移民;在形式上可以分类为分散安置和集中安置等。

(1)计划性生态移民。计划性生态移民是指一种国家投资并负责移民的各项权益根据财力和各项条件的基础上有序地组织移民迁移,并遵循移民自觉行动的原则,可持续发展原则。只有实施贫困人口移民才能真正实现全面建设小康社会宏伟目标,但是贫困人口往往地处人烟稀少又环境偏僻的地区,在当地并不具备相应的物质条件而改善现状的成本又过于高昂。对自然条件过于恶劣的贫困地区的贫困户应有计划、有组织地搬迁出来,实行异地开发,异地安置。在这样的地方就地改变生产条件,解决群众温饱,往往事倍功半,设置几倍的投入也难以实现稳定脱贫。因此,只能实施异地开发,搬迁脱贫。

(2)非计划性生态移民。相比于计划性移民非计划性生态移民与其截然相反,非计划性移民是指贫困地区的居民为改变自己的生活状况自发地向向往的地方迁移。城市化发展的最初表现就是人口迁移。与农村人口流动的不规律性不同,农村人口迁移往往最终会完全与乡村脱离。非计划性生态移民可以减轻贫困地 E 人口多耕地少的现象降低对耕地及地区生态环境的破坏,还能进入城市改善自己生活的同时扩大城市消费。

西部地区生态移民的形式多样,针对区域内被迁移群众的特点与经济发展的不同方式,因地制宜,进而采取当地群众易于接受、灵活多样的移民方式:

一是镇区移民。镇区移民主要是利用迁入地城镇在基础设施、生产生活条件和市场方面的优越条件吸引生态移民进行开发。在乡镇郊区建设移民扩镇工程,通过城镇化的聚集效应,带动周边生态移民主动迁入以发展经济,从而对迁出地的生态环境形成保护。

二是集中移民和分散移民相结合。需大规模移民的生态脆弱区、自然灾害区,以集中移民的方式为主，统一迁移，整体安置，以提高移民效率；其他不需整体迁移的地区，以投入少、见效快的本乡本村内小型分散式移民为主，以降低迁移成本。

三是撤并村社移民。将生态环境亟须保护、开发条件较差的村社撤销，就近并入有开发条件、经济发展基础较好的村社，在并入地政府联合企业集中投资开发，将撤销村社的农牧户迁入开发区，推动生态移民的逐步迁移。

四是自愿组合移民。鼓励农牧户自愿报名、自由组合，按照生产方式、生活习惯、移民意愿，实行联户分片异地移民，开发统一区块以供具备联合生产生活的移民共同生存发展。

五是三大产业相结合的移民开发模式。在为生态移民创造种养业生产条件的同时，努力推进城镇化建设，通过区域内第一、二、三产业的共同发展，组织移民进入建筑业、矿业、服务业等第二、三产业，使移民能够迅速定位新角色、发展新生活。

六是项目结合移民。在迁入地利用较大的农牧业开发项目安置移民。例如，申请世界银行小流域治理开发项目、农牧业综合开发项目以及较大的招商引资的农牧业项目等，提高迁入地对劳动人口的需求，增加迁移成功率。

七是企业移民。政府在开展生态移民工程的过程中，运用行政手段移民的同时，也应重视运用市场手段，调动企业参与生态移民工程的实施。招商引资，在迁入地建设大型企业生产场地，创造就业、改善生态移民的生活条件。

9.2.2.2 西南民族地区生态移民的特点

(1)从生态移民的实施范围来看，移民面广。需进行生态移民工程的几大区域——生态贫困区、生态脆弱区、自然保护区以及自然灾害区，以深山区、石山区、荒漠区、高寒山区、黄土高原区、地方病高发区为主。从地域范围上看，面积广大，需要进行大规模、持续性的生态移民工作；从人口特征上看，移民数量可观，涉及民族众多，文化多重性特征明显，生态移民工作亟须落实与逐步推进。

(2)从生态移民的实施主体来看，政府在生态移民中发挥着主导作用。生态移民是国家区域援助的产物，没有政府的大力扶持，生态移民工程无法启动。有关区域发展援助的理论认为，实行区域援助是必要的。原因在于经济发展存在严重制约因素的地区，自身缺乏经济发展的必要条件，如果得不到政府的援助，而单纯依靠自身的力量发展，是难以实现发展的。从这一概念看，西部地区生态移民就需要政府的援助，并且政府应当发挥主导作用，从而使之摆脱自我困境。

(3)从生态移民对象来看，移民的意愿具有双重性。依据人们主观意愿的不同，移民可分为自愿移民和非自愿移民。自愿移民是指所在地的人民因为对周围环境有更高的需求，或对现有经济、政治、文化生活水平不满意而处于自身意愿的迁移；非自愿移民是指出于某些特定原因政府或组织强制要求某一区域的人搬迁。自愿移民的受益人主要是移民本人和迁出地的生态环境；强制移民的受益人则是政府或其他经济实体，也可能是移民。

(4)从生态移民的实施效果来看，生态移民是一种高效的生态治理方式。移民的治理方式相对于其他的治理方式在资金支出方面是最节俭的，一方面能够相对彻底解决西部贫困人口问题，另一方面还能促进为西部地区生态环境自我恢复。移民的方式与当前的治理方式相比从短中长期看，无论是在总投入和实际效果方面还是时间跨度上，都能更迅速地缓解草原生态的压力甚至能减轻全国生态恶化压力。

生态移民不仅仅是生态环境的改善与经济发展的问题，还涉及区域内及区域间的政治、文化、教育、宗教、民族等问题，是一项复杂的系统工程。对广大移民来说，移民将对他们沿袭数千年的传统习惯产生巨大冲击，带来生产方式和生活方式的根本改变。遵循马克思主义哲学“具体问题具体分析”的方法论，探讨西部地区生态移民的特殊性，与一般性生态移民不同，首要面临的就是民族文化与民族特性的，冲击对生态移民这一综合系统产生的影响。

首先，西部地区进行生态移民的地区基本均处于少数民族地区，移民对象中少数民族群众占大多数，在迁移过程中，从开始接受迁移到后期移民安置，少数民族面临着生产、生活方式的改变，传统的民族心理将受到冲击和挑战。

其次，西部地区生态移民的少数民族群众在迁移过程中往往面临不同民族间的融合，迁移群众进入迁入地后，经常与当地群众，尤其是迁入不同民族的区域时，将处于一种相对隔离的状态，未能顺利实现其在迁入地的社会适应。

再次，民族文化与民族传统在生态移民过程中将受到冲击。迁出地的少数民族群众，进入迁入地后，一旦与迁入地的生产生活方式逐渐融合，原有的民族传统、民族文化可能将逐渐丢失。因此，重视移民民族文化与民族传统的保护与传承，就成为西部地区生态移民的重点。

生态移民工程是一项极为复杂的综合系统，通过该系统人们发挥主观能动性，利用自然规律，合理寻求经济发展。生态移民带来的变化不仅是物质上的还是精神上，因而政府既要解决移民的生活问题又要为他们提供长期的生存和发展的条件。

生态移民需要组织者综合各方面因素从各个层面运用先进的自然科学和社会科学知识严格规划工程建设设计、妥善安排移民安置，综合考虑具体实施的步骤、相关政策。生态移民存在不确定性和风险性因而需要谨慎安排移民的各个环节尽量减少生态移民可能带来的各种损失和社会遗留问题。生态移民的民族性与综合性共同构成西部地区生态移民有别于一般性生态移民的特征，他们共同决定了西部地区生态移民综合系统下的民族文化、民族传统、民族心理的适应性需求。因此，在生态移民过程中，应当着重保护少数民族在迁移中的政治、文化、经济发展的权利，形成民族文化这一精神层面与生态保护、经济发展等物质层面的并进。

9.3 调查概况及问卷的信度检验

9.3.1 调查概况

为了研究西南民族地区的语言与文化适应、国家认同、社会治理状况，考虑到统计资料的可得性、权威性及研究的便利性及研究口径的一致性和可比性，本文以少数民族人口规模及经济社会发展的代表性为依据确定西南民族地区范畴，并选择实证样本。根据各县(市)的人口、经济、社会等因素确定其抽样数量。在确定各县(市)的抽样数量后再采取随机、等距抽样方法抽取调研社区。由此，课题组在云南省选取了大理白族自治州巍山县、红河哈尼族彝族自治州元阳县、个旧市以及少数民族自治县——丽江地区玉龙纳西族自治县；在贵州省选取了黔南布依族苗族自治州的长顺县、三都水族自治县、黔东南苗族侗族自治州的州府凯里市；在四川省，选取了凉山彝族自治州州府西昌市、马边县、阿坝藏族自治州的黑水县，先后于 2009 年 7—8 月、2011 年 7—8 月、2013 年 1—2 月份、2018 年 6—10 月、2019 年 6—9 月在上述地方，后两次增加了在广西壮族自治区的柳州市、阳朔县、巴马瑶族自治县，西藏拉萨市、日喀则市、林芝市共 16 个地方的移民社区分别通过与各县(市)相关部门座谈、走访移民安置点、深入移民家庭调研等途径，全面了解扶贫生态移民实施情况以及后续发展存在的问题。

调查采用入户问卷访问的方式，由调查员进行面访。除西藏每次发放 250 份问卷外，其余每个民族自治地方发放 500 份问卷，见表 9－6。

表 9－6　　2009 年—2019 年五次问卷调查的数据样本量统计

<table>
<tr><th>年份</th><th>调查地点</th><th>有效问卷数量(份)</th></tr>
<tr><td>2009 年</td><td rowspan="5">云南：大理白族自治州巍山县、红河哈尼族彝族自治州个旧市、元阳县(2017、2019 年取消)、丽江地区玉龙纳西族自治县
贵州：黔南布依族苗族自治州长顺县、黔东南苗族侗族自治州凯里市、三都水族自治县
四川：阿坝藏族自治州黑水县、凉山彝族自治州西昌市、马边彝族自治县
广西：柳州市、阳朔县、巴马瑶族自治县(注：自 2018 年伊始)
西藏：日喀则市、昌都市江达县、林芝市米林县(注：自 2018 年伊始)</td><td>4 338</td></tr>
<tr><td>2011 年</td><td>4 262</td></tr>
<tr><td>2013 年</td><td>4 273</td></tr>
<tr><td>2018 年</td><td>6 739</td></tr>
<tr><td>2019 年</td><td>6 523</td></tr>
</table>

本课题共发放问卷 28 500 份，最后回收有效问卷 26 135 份，回收率为 91.70%。最近一次 2019 年西南五省(区)十六个民族自治地方的移民社区填制问卷 6 750 份，

有效问卷:6 523 份,有效率为 97.13%。其受访者具有不同的区域特征、年龄特征、性别特征、文化程度特征、家庭人口规模特征和劳动力分布特征。这些特征与西南五省(区)现实的情况基本吻合,说明所收集的数据质量较好,完全可以为后续的研究提供真实的支撑。下述调查凡有 2009—2018 年的只涉及云、贵、川三省,2019 年的则涵盖了广西、西藏。

9.3.2 调查样本的基本情况

9.3.2.1 调查样本的百分比概况

调查样本百分比概况详见表 9—7。

表 9—7　　调查样本百分比概况(N=6523,单位:%)

项　目	类　别	百分比	类　别	百分比
性别	男性	53.73	女性	46.27
民族构成	汉族	31.85	少数民族(含未识别民族)	68.15
语言使用	会讲普通话的(除汉族)	85.52	不会讲普通话	14.48
居住地	城镇	65.68	新农村	34.32
年龄	18 岁以下	15.82	18—25 岁	18.84
	25—40 岁	20.39	40—50 岁	14.36
	50—60 岁	17.33	60 岁以上	13.26
受教育状况	小学及以下	55.06	初中、技校	16.32
	高中、中专	15.4	大专及以上	13.22
就业分布	原农(牧)民	48.33	工人	24.81
	学生	6.19	教师	6.28
	干部	5.21	商业人员、服务人员	5.13
	其他	14.05		

9.3.2.2 调查样本的民族构成比例

本次调研,少数民族的受访者占了 68.15%,其中还有部分未识别民族,见图 9—1。贵州 20 世纪 50 年代的民族识别跟云南相比不够深不够细,因而遗留下大量的“待识别民族”人口。很多人的民族成分至今不能得到妥善安置,给今日贵州发展和民族工作造成了难题。

9.3.2.3 问卷的信度检验

本项目设计的问卷包括语言文化适应、国家认同和社会治理三个主体部分,对三个维度的问卷信度检验结果如表所示,问卷的总信度良好,各维度问项具有较高质量,

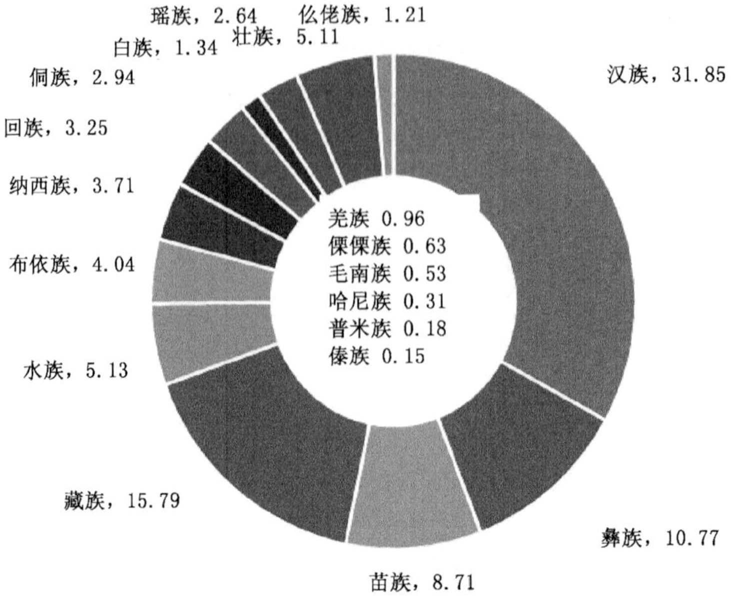

图 9—1 调查对象的民族构成比例(%)

其测量结果是可靠的。三个维度的 KMO 统计量分别为：语言文化适应为 0.867；国家认同为 0.854；社会治理为 0.921，所有的 KMO 统计量均在 0.80 以上，说明三个维度均适合进行因素分析，见表 9—8。

表 9—8 度检验表

量表名	总量表	语言文化适应	国家认同	社会治理
Cronbach's Alpha	0.915	0.893	0.835	0.838
N	73	24	24	28
剔除项目后的 Cronbach's Alpha	0.905	0.867	0.854	0.921
N	70	23	20	26

9.4 西南民族地区移民社区的语言文化适应调查情况与分析

9.4.1 西南少数民族地区移民社区语言文化适应情况

9.4.1.1 各地语言文化适应平均得分

问卷是从文化基础、序列秩序、价值规范几个层面，从认知、情感、评价维度设计了 25 个指标，每个指标 5 个选择，从“很不同意—不太同意—不确定—比较同意—很同意”分别标记为 1—5 进行数据统计。统计结果显示，西南民族自治地方各族群的语言文化适应在三个维度上的得分都高于中点 3 分。我们首先对 2019 年全部样本的语言文化适应平均得分进行了计算，如表 9—9 所示，有效的 6 523 个样本的平均得分为 4.049 90，以 100 分为满分对其进行换算(原始满分为 5 分)，全部样本的平均得分为 81.00 分。其次，以地区为单位，分别对这些地区样本的语言文化适应平均得分进行计算。详见表 9—10。

表 9—9　　2019 年西南五省(自治区)语言文化适应平均分

样本	全部样本	云南			贵州			四川			广西			西藏		
		平均值 4.016 21		换算值 80.32	平均值 4.126 70		换算值 82.53	平均值 4.061 70		换算值 81.23	平均分 4.042 14		换算值 80.84	平均值 3.955 60		换算值 79.11
		个旧	巍山	玉龙	凯里	长顺	三都	西昌	黑水	马边	柳州	阳朔	巴马	拉萨	林芝	日喀则
N	6 523	500	467	455	499	498	461	456	494	474	499	500	482	246	248	244
平均分		4.029 50														

其次，对五省十年来的样本进行计算，得分如下：

表 9—10　　2009 年—2019 年各省语言文化适应平均分

省份	2009 年	2013 年	2019 年
云南	75.08	77.64	80.32
贵州	72.83	76.51	82.53
四川	75.19	78.36	81.23
广西	—	—	80.84
西藏	—	—	79.11

从表 9—10 可见，西南五省(自治区)各地族群对本族群的文化传统、风俗习惯有着深刻的了解和认知，表现出了对本族群强烈的依恋感和归属感，有着较高的语言文化适应。但随着各族群在族际交往、社会活动等方面的日益广泛和密切，各族群间的族际差别在不断缩小，语言文化适应呈逐年上升趋势。

9.4.1.2　各主要族群语言文化适应平均得分

除了对各地区人们的语言文化适应进行分析以外，我们还对西南五省(自治区)主要族群的语言文化适应情况进行了分析，结果如图 9—2 所示，各族群中，语言文化适应得分最高的是汉族，折算分为 84.37 分，最低的是纳西族，语言文化适应得分仅为 72.12 分，比汉族要低 12 分。

9.4.1.3　各主要职业类别语言文化适应平均得分

不同职业的受访者有不同的认同和感知，并呈现出明显的差异，干部、教师、学生

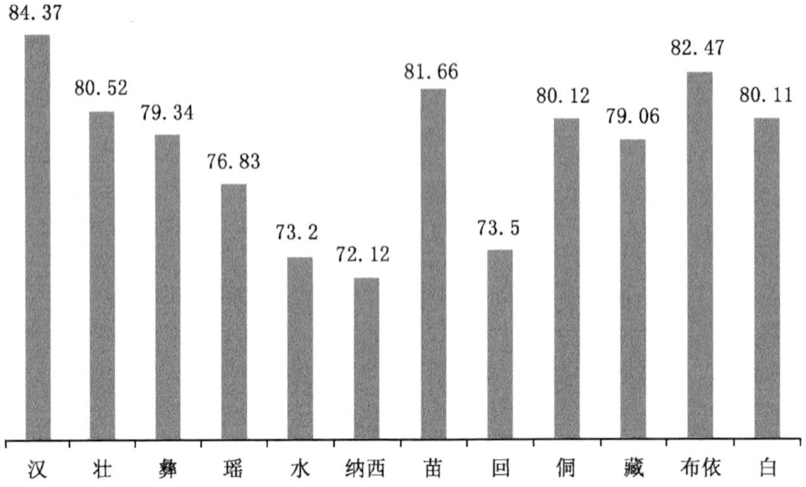

图 9—2 2019 年各主要族群语言文化适应平均分

的语言文化适应得分高于商业、服务人员，原农(牧)民和工人的最低，见图 9—3。

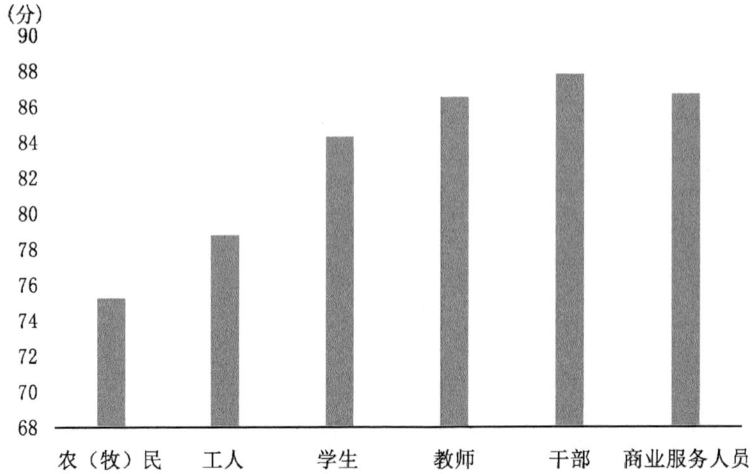

图 9—3 2019 年西南五省(自治区)各职业语言文化适应平均分

此外，调查还发现，女性受访者语言文化适应程度高于男性。干部和教师语言文化适应度最高，工人和农(牧)民语言文化适应度最低。

9.4.2 西南少数民族地区移民社区语言文化适应情况的具体分析

9.4.2.1 *价值理念层面*

问卷结合了现在国内通用的价值观调查量表(The Value Survey)中文版，结合少数民族价值规范浓厚的宗教性、丰富的民俗性、生动的具象性、开放的兼容性等特点进行了适度调整。调查发现，在价值理念层面，汉族与少数民族存在差异。详见图 9—4。

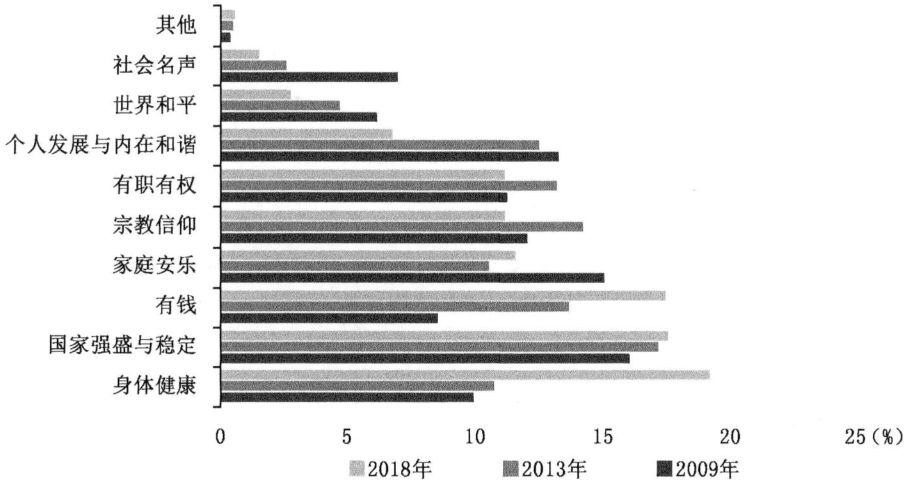

图 9—4 2009 年—2019 年典型题目"在您的心目中，人生最大的幸福是什么"的选择比例

可以看出，各民族的价值理念呈现多元化的结构。调查发现，在世界的和谐、国家的强盛上，各族群选择比例差异不大。但在宗教的信仰、社会名声、有职有权、有钱上，汉族与少数民族存在差异。相对于汉族，少数民族对社会名声、个人发展与内在和谐更为看重。

这是因为移民和社会流动使得民族自治地方不再是一个封闭的空间，尤其是在外地打工或求学、工作生活时感受了现代化的城市生活的年轻一代。考虑如何挣到更多的钱成为他们的首要问题，逐渐消解了本民族的文化价值观，利益导向逐渐成为少数民族成员价值观的主导型要素。

在调查中发现，虽然围绕民族身份的群体性事件不多，但基本上是围绕经济利益的冲突而引发的，会与语言文化适应联系起来。例如云南的黑树林地区，是哈尼族、彝族等少数民族聚居的地区，长期以来存在着山林、水利、土地等权属纠纷。各个村寨对山林等资源的争夺，常常是以民族纠纷的形式出现。

调查还发现，各民族的人民在与其他民族交往时，对民族尊重与理解看得很重，希望得到平等对待的期望很大，不希望被特殊对待，无论正面还是负面，同意的被访者人数几年来均超过了 80％的比重，且呈逐年上升趋势。具体见图 9—5。

9.4.2.2 文化基础层面

(1)文化传统情况

调查显示，各民族的一半以上的人对自己的文化和传统都非常了解，积极参与本

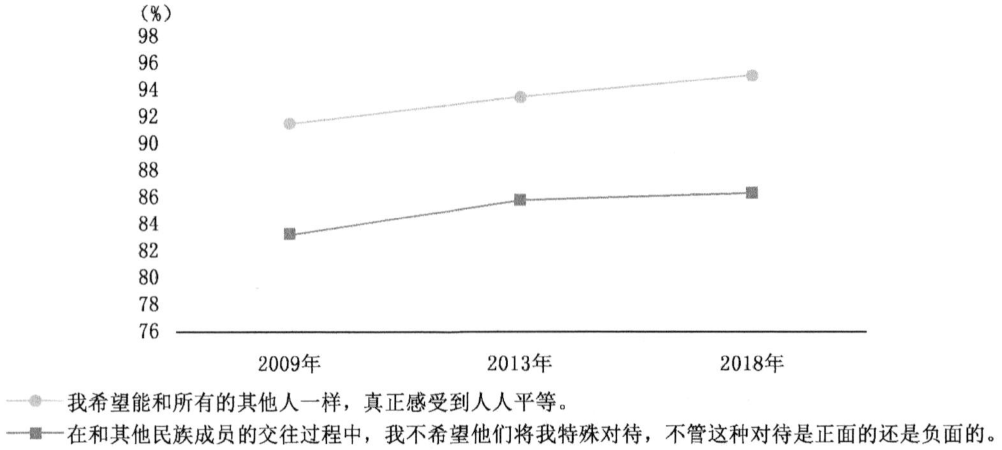

图 9－5　2009 年—2019 年民族平等观状况(“很同意”和“比较同意”比例)

民族的文化和社会活动，文化传统认同度较高。各民族人民对本民族的传统、舞蹈、文字表达、歌曲和方言的优点认知比较明显，但随着各民族之间的文化融合，少数民族的民族服饰、语言文字、传统民居和歌舞艺术等，都出现了不同程度的认同下降。

受访者都有很强的民族自豪感，以宣传自己民族的文化和传统为己任，以自己的后代也要选择本民族为荣。与汉族相比，少数民族受访者在以下关于族群传统文化、文化、语言、文字、服装和舞蹈方面，比例呈逐年下降的趋势。详见下图 9－6。

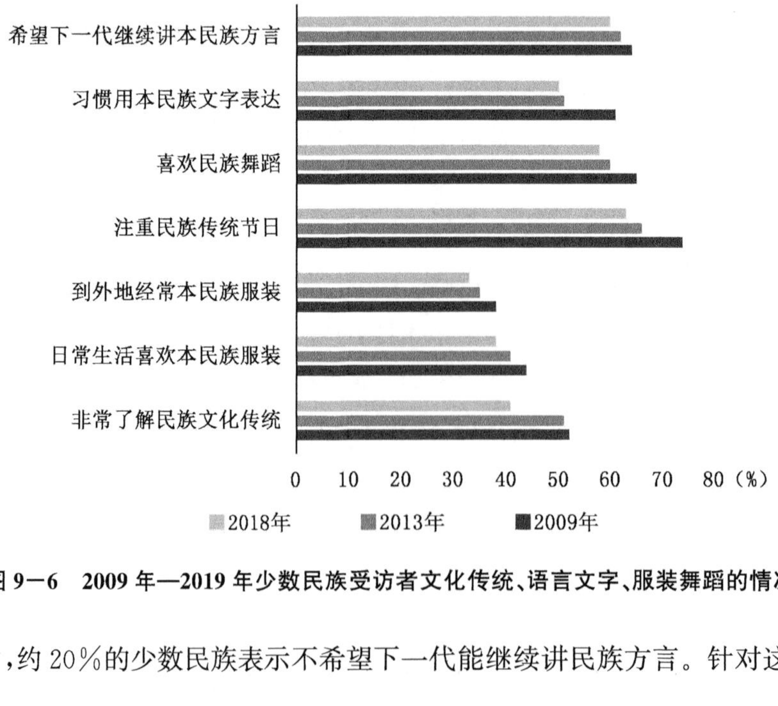

图 9－6　2009 年—2019 年少数民族受访者文化传统、语言文字、服装舞蹈的情况

其中，约 20％的少数民族表示不希望下一代能继续讲民族方言。针对这一问题，对受访者进行了访谈。他们对普通话的有用性及社会影响力持充分肯定和认可的态度，也充分意识到了它在日常生活交流中的重要性。对于民族语，是他们的母语，很多人都是从小就和家里人用民族语沟通交流，是他们在家乡环境中的主要交际用语，为此他们民族语最为亲切，也很好听。但随着外出求学或务工，他们认为民族语适用性不够，有用度的评价也就降低，同时社会影响力也比较小。很多少数民族对本民族语的掌握程度已经远不及他们的父辈。往往是祖父母说少数民族语言，孙辈却不会说，一些家庭对孩子学习本民族语言持否定态度。他们认为讲本民族语言后，再讲普通话会有口音。随着普通话的推广应用，各民族的方言呈现逐渐被淡忘的趋势。

我们发现在语言的相互适应上的一些规律性的东西。首先，在迁移距离上，迁移地越近，移民的语言适应越快；移民的原居地和迁入地同属于一个大的方言区，方言区别越小，移民的语言适应性越强。同时，迁入地的居民对移民的语言适应也越快越强。其次，移民因年龄、性别、文化程度的不同，其语言适应能力也表现出明显的差异。一般说来，青少年的语言适应能力比中老年要强，老人的语言适应能力最差；女性移民比男性移民语言适应能力要强；文化程度高的移民比文化程度低的移民语言适应能力要强。同理，迁入地的居民对移民语言的适应也是这样。再次，移民与迁入地居民之间在语言的交流、沟通上虽然有一个不熟悉到熟悉的过程，不适应到适应的过程，而且在这个过程中会有不便、苦恼和无奈，但是一旦熟悉、适应之后，两种语言反而有一种互补性，正是这两种语言的差异带来了语言的丰富和交流的乐趣。

调查还发现，在藏区，和原来住在牧区时相比，男性藏族同胞大多数觉得穿藏袍办事不方便，尤其是年轻人更容易受外来的服饰文化的影响，而移民新村的老人、妇女们对外来服饰文化抱有更加谨慎的态度。传统思想“男主外女主内”的思想依然深深地影响着这里的人们。出去办事的大多还是男性，女人只是在里家负责照顾老人、煮饭、打扫卫生之类的琐碎事情，平时要是没事很少会出门，导致新移民中的老人、妇女与外界几乎处于无交流的状态，老人、妇女触及外来思想及其他新鲜事物较少，闭塞的生活方式加上原有生活习惯的影响使移民新村的老人、妇女对传统藏袍更加青睐，造成了移民新村的女性与男性在服饰适应性方面存在一定的差距。在实际调查中发现：66.9%的新移民认为在衣着方面的开支明显比在牧区时增加一定数额。当被问道：“您平时在家和在牧区都是一直穿着藏袍吗？”益西卓玛老人说：“自己在记事的时候就开始穿藏袍了，都穿了几十年了，早都习惯了，感觉别的衣服也不如藏服舒服，平时做佛事活动也都习惯穿藏服了，藏袍也暖和啊，要是天热了就把袖子脱掉，冷了就穿上，别的衣服哪能这么穿，还是藏袍穿着既方便又舒服。”老人、妇女与外界接触机会较少，妇女大多数时间都在忙活家务，老人大多住在移民新村的家里，平时没事就做做佛事活动。这两类人在服饰的选择上大多都以藏服为主，而男人和年轻人与外界接触不断增多后，使他们在服饰上比其他群体有更多的选择性。可以看出：移民新村的人们在服饰的选择上是主动的，这种服饰上更宽泛的选择使藏族族群的服饰文化发生较为明显的变化。

对于无土安置的移民而言，他们中的相当一部分在搬迁之前常住偏远农村，世世代代日出而作、日暮而归，是地地道道的农民。搬迁到一个完全陌生的、现代化的环境，他们必然会经历相当大的心理震荡，对传统的眷恋也在逐渐变淡，“到了城里大家各谋生路，忙忙碌碌地讨生活。”贵州长顺县老人石祖志叹息着说：“好多节日的氛围都淡化了。”

调查发现，西南民族地区虽然在保护民族传统文化方面做了大量的工作，取得了可喜的成绩，但面临的形势仍然十分严峻。引发民族传统文化消失、濒危、消退和变异的原因是多方面的：一是长期以来的忽视。特别是少数民族对文化不够尊重，长期的“落后标签”使得少数民族对自己的文化也不够自信。二是现代技术和传媒的运用。传统的民族竹楼、木房由于现代化建筑材料的使用，其负载的文化记忆和文化场景也消失了。三是外出打工在为本地发展带来经济效应和全新理念的同时，传统的价值观和生活方式对年轻人逐渐失去了吸引力，致使民族服饰、语言、传统民居、歌舞艺术和礼仪习俗等后继无人，加剧流失，而留守儿童的心理健康和空巢老人的问题也日益突出。四是旅游业带来的效益使得一些民族文化庸俗化。五是民族文化自身不注意保护。总之，多元民族文化处境已是岌岌可危，令人担忧。

饮食是人类的生存根本，能反映出当地人的生活水平并折射出一定的文化特征。藏区的新移民的饮食习俗与原来的饮食习俗虽然相差不大，但从细微方面来看仍然存在变化。从饮食种类上看，以前在牧区新村藏族移民主要以肉类、奶类、糌粑为主；搬到移民新村后他们的饮食品种却比原来增加很多，交通上的便利使新移民在饮食的选择上更加多样化，新鲜的蔬菜、水果、面食、油炸的麻花、油饼、油条、馓子都是藏族群体现在常用来招待客人的食物，即使在常喝奶茶中也逐渐融入其他种类的饮品。藏区移民新村 63.6%的调查对象认为在食品方面的开支也比以前在牧区有明显的提高。当被问道：“您在移民新村居住时的饮食与在牧区时相比变化大吗?”嘎玛这样说：“变化还是挺大的，以前在牧区我们主要以牛羊肉为主，很少吃蔬菜的，现在牛羊肉越来越贵了，除非家里有什么事情才舍得宰只羊吃，要不就让亲戚或朋友从牧区带些肉下来。不过，现在交通也方便，离镇上也不远，买菜买水果都很方便，平时吃菜吃水果倒是比牧区多了很多。就是现在吃什么都要花钱，就连喝个奶子都要买，一箱要二十几块呢。菜也很贵，平时吃的话就选便宜的买，洋芋、萝卜、白菜什么的都买，既便宜又容易放。以前吃肉吃的习惯了，天天吃菜的日子还是有点不习惯，牛羊没有了，以后吃肉的日子就更少了，慢慢习惯吧。”

以前在牧区，牧民的饮食结构主要是以牛羊肉为主，吃的喝的都来自自家养的牛羊身上，在饮食方面的开支只占牧民家庭开支的很小一部分。但搬迁到移民新村之后，物价水平比牧区高出很多，牛羊数量的减少使牧民的经济来源没有保证，靠政府的各项补助难以满足日益增长的生活开支。原来以肉为主的饮食习惯很难维持，客观条件的限制使新移民开始寻找其他食物来代替原来牛羊肉。

最大的担忧仍然来自生存，“搬出去吃什么?”这几乎是每一个面对面动员群众搬迁的镇村干部需要解答的首要问题。“下去没得活路，在这守着几亩土还能过生活。”贵州惠水县赵登银 83 岁的堂哥赵登荣说。赵登荣不愿搬迁的另一层原因则出于对土地的眷恋，“守着祖宗的地，过着祖宗的生活”是他头脑里难易的观念。但惠水县创新实施“迁企融合”模式打消了他的顾虑，以就业岗位确定搬迁数量，同时对企业实行每安置一名搬迁群众给予 10 万元贷款贴息的扶持，确保每户搬迁家庭有一人以上实现转移就业。经开区安置点目前已入住 205 户 909 人，转移就业 450 人，实现户均 2.2 人就业。

通过调查发现 89％的新移民对现有住房情况是满意的，有 20％的调查对象选择由于舒适的住房条件吸引他们迁移到移民新村。住房条件的改变使新移民在看病、购物、子女教育等方面条件迅速提升，使新村藏族移民生活更加的方便。巴桑次仁在回答对住房满意程度时这样说：“这里住的还算满意，和以前相比条件好得多了，现在家家自来水入户，还都通上电了，在生活条件上确实方便了很多。以前我们住得很分散，各村之间离的都很远，干事情很不方便，家家基本上都是土房土墙，有家庭条件不好的人家，甚至连门都没有，我们村不通电也不通水，生活上不方便。现在好多了，国家出钱给我们建好了房子，家家都住上了瓦房，又都通电通水了，条件比以前方便多了，离镇上的距离也很近，孩子上学，家里老人看病都比在牧区时方便多了。”

在迁移到移民新村后，这些藏族牧民离开草原，放弃游牧生活，原有的生产技能已经没有用武之地，长年累月的游牧生活又使他们缺少学习新的、能适应现在新生活环境的生产技能，在移民新村居住的村民在逐渐失去放牧草场之后，传统的生存方式面临严峻的挑战。桑培在被问到“您家里的主要生活来源是什么?”时这样回答：“现在家里的主要收入靠的是国家的还草补助款，80 岁的老母每月有国家给的几十块的养老金，姐姐他们还养了一些羊，姐姐姐夫平时在草场上放牧，使家里有了点收入，还有一个上寄宿小学的小孩，小孩上学也花不了多少，平时只需要给寄宿学校交些生活费就可以了，母亲身体也还不错，平时也不需要去医院看病，省去了一大笔开支，总的来说，家里的开支也不算太大。我平时靠念经或做一些佛事活动也有一些收入，条件好的人家能够给上一百元到三百元，条件不好的就给几十块，总的来说家里的生活还可以吧！”

移民搬迁以后,那种依靠土地为生的传统生产方式将逐渐改变,转而寻求新的谋生手段,最直接的方式就是通过实现就业或进行自主创业实现移民家庭自身的经济可持续发展。具体而言,生态移民的就业去向主要有四种:产业园区就业、公益性岗位就业、自己创业和外出打工。

“我来参加培训已经有十多天了,老师们教的时候,非常认真,等我学到技术之后将就在附近的厂里上班,一个月下来起码也有两三千块,虽然没有在外面打工强,但是能照顾家里”。贵州长顺县长寨街道榈笋村搬迁到摆托的搬迁户邓云,今年才20多岁,她一边踩着缝纫机一边说道,“像我们这样的年轻人,在这个培训班还有好几个,最小的有18岁,最大的有53岁,都不想出门了,在家又能赚钱,又能顾家,这种好事哪里来哦!”据了解,长顺县通过招投标的方式委托师资力量强的6家定点培训机构分布到全县7个乡镇、街道进行培训,根据市场需求和群众意愿,分别开设汽车驾驶、车工、计算机、农艺工(蔬菜、畜禽养殖)等培训班。根据高矿重工和神泉谷景区、幕城实业有限公司、白云山移民小区扶贫车间服装厂用工需求,分别开展了车工订单培训22人、旅游服务员订单培训60人、缝纫工订单培训110人,192名参训学员培训合格后将直接进入高矿重工、神泉谷景区和白云山移民小区服装厂就地就业。

“这边的环境好呀,小孩子读书也方便得很。”谈起搬迁后的生活,66岁的周小兰高兴地说着新生活,“住上新房子后,出行也更方便了,小区的物管免费,还经常搞各种活动,增加我们这些从四面八方搬来的群众感情,大家也都很喜欢。”去年12月,周小兰从长顺县鼓扬镇田哨村搬迁道广顺镇金竹花园移民安置小区,由于儿子媳妇常年外出打工,老两口除了种植庄稼维持生活外,还得到鼓扬镇上租房子照看上学的三个孙子。自去年搬迁后,小区旁有幼儿园和小学,再加上公益性岗位在小区打扫卫生,夫妻俩每个月还有一千多块的收入补贴家用。

但调查也发现,“有的企业招进去31个,没干多久走了19个。主要原因可以归结为移民自身组织化程度较低、缺乏纪律约束意识。工厂流水线上不能抽烟,一站就是几个小时。公司假期少,法定节假日也难得休息。更有部分人遇到红白喜事几天不来上班,遇上收谷子的季节,很多人又跑回老家忙农活去了……”惠水经开区一家加工制造企业负责人说。“由政府协调安置就业的这部分人,大多是45岁以上、原本留守在村从事传统农业生产的移民,由以前的‘看天时’上山下地,突然转入‘朝九晚五’的上班族生活,再加上本身学历偏低、技能缺乏,难免产生诸多不适。”惠水县干部万庆华说。

调查还发现,新一代移民走出去和留下来的艰难选择。对于少数民族的大学毕业生当地也有一些就业方面的激励政策。每年县里乡里都会通过统一考试招收大学生,帮助他们实现就业。但即便这样调查时,还有多个大学毕业生未能实现就业。这些人当中也有许多是在外面闯荡碰壁后回来的。“走出去还是留下来”似乎成了当前年轻人的一项艰难抉择，在上海闯荡过五年又回到贵州家乡的彝族青年说：“虽然外面的世界很精彩，但是大多数青年人还是更希望会到故乡来就业。甚至许多人在外打工几年后赚了钱也还会选择回乡。我觉得还是族人身边更为安全稳定，可以照顾家里”。乡土社会赋予族人的安全感还是很强的，这一点确实和汉族年轻人有一定的差异。设想一下，彝族目前本来能够培养出大学生来就相对不容易，但如今一个乡尚有好几个大学生在家待业实在浪费人才。

总体看来，生态移民家庭收入水平普遍不高，约半数家庭在移民搬迁后的收入水平处于中等以下，43.25％的家庭认为搬迁前后的收入没有变化，非农收入无论搬迁前后都处于绝对优势。与收入的变化不同，消费支出特别是生活性的消费支出明显增加。为了修建新居，约41.50％的生态移民家庭用于建房的资金超过5万元，为了解决资金缺口，生态移民家庭都或多或少地存在家庭债务负担，与搬迁前相比，这些家庭的债务负担也明显增大。移民搬迁后的就业状况也令人担忧，产业园区、公益性岗位解决就业的能力有限，自主创业虽然占有一定的比例但发展吃力，外出打工仍是主要的就业方式。只有约24.75％的移民参加过培训，培训的内容主要倾向于种植技术培训，不利于移民在安置点就业。移民搬迁以后的经济可持续发展，但这种发展是较为脆弱的，随时可能陷入不可持续的状态。

(2)族群身份认同情况

受访者都有很强的民族自豪感，以宣传自己民族的文化和传统为己任，以自己的后代也要选择本民族为荣。表9－11中列出的是五年间对于这些问题持“很同意”和“比较同意”态度的各族受访者所占的百分比。

表9－11　　2009年—2013年西南三省各族群身份认同典型题目选择频次表　　单位：％

选项题目	2009年	2013年	2018年
作为一名本民族成员，我有义务对其他民族展示本民族的文化和传统	81.91	84.73	85.12
我会积极参与本民族的文化和社会活动	72.14	73.99	80.12
我的民族有很强的团结凝聚力，让我感到温暖和安全	76.60	74.71	72.27
我会为我的本民族利益舍弃个人的利益	63.10	61.29	60.12
只有我的民族强大了，我的自尊才能体现	48.12	46.19	45.25
如果让我能随意选择我的民族身份，我仍然选择本民族	73.89	73.25	74.28
如果我的下一代可以随意选择民族身份，我仍然希望他选择本民族	67.52	73.72	74.33

从上表可见，大部分受访者都对自己民族的文化活动积极参与，且越来越积极。70％以上的受访者都有很强的民族自豪感，以宣传自己民族的文化和传统为己任，以

自己的后代也要选择本民族为荣。占近一半的受访者表示在遇到困难时，会首先向本民族的组织或团体求助。课题组和部分少数民族受访者进行了交流，他们都认为和本民族成员交往沟通，安全感更强，和其他民族相处时总觉得有些距离感，这是对本民族的一种依赖感。

在“我会为本民族利益舍弃个人的利益”这一题上，选择同意的人数均超过60%，接下来的认同序列秩序调查也充分证明了这一点，可见各民族人民将本民族利益看得较重，大于个人的利益，充分显示了各民族人民的族群认同感。综合以上各指标的统计情况，西南民族地区各族群对本民族情感上的认可度是较高的。

(3)民族交往情况

图9—7可见，西南民族地区移民社区各民族之间交往日益频繁和深入，此外，对口支援干部和项目的开展也使得各民族间接触机会增多，有助于彼此的了解和帮助。

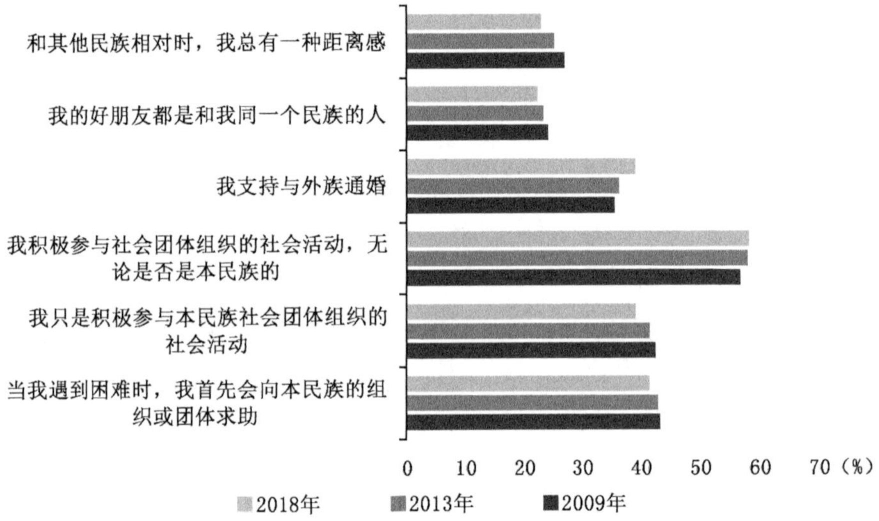

图9—7　2009年—2019年民族交往情况(“很同意”和“比较同意”态度的选择率

(4)宗教信仰情况

西南各民族的宗教文化形成了迄今相互影响、和谐共存的局面。随着社会的发展，一个民族同时信仰好几种宗教，一种宗教同时为好几种民族所信仰的现象将成为一种趋势，比如彝族群众既有信奉毕摩教的，又有信奉佛教、道教的，也有信奉天主教、基督教的(见图9—8)。

各民族虽然文化各异，习俗有别，却能够相互交融，长期和睦相处，谁也离不开谁。各民族、各宗教之间相互尊重、相互团结、相互包容、和谐相处，一个家庭由多民族组成，家庭成员中信仰不同宗教的和谐景象已经非常普遍。

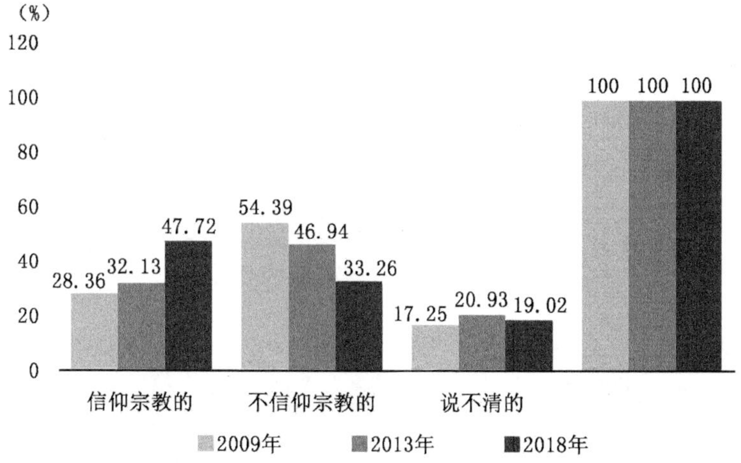

图 9—8　2009 年—2019 年三次调查的宗教信仰情况统计

调研也发现，不少有务工经历的被访移民农户都表示外出务工活动中由于宗教文化观念、饮食习惯等方面的差异，对他们工作、生活甚至宗教活动产生很大的影响。超过 50%的前往异地务工的宗教信仰移民认为移民搬迁对他们的宗教活动产生影响，其中甚至有约 25%的认为影响明显。由此可见，移民搬迁背景下的外出务工活动会造成移民户的宗教活动参与方面的变化(见图 9—9)。

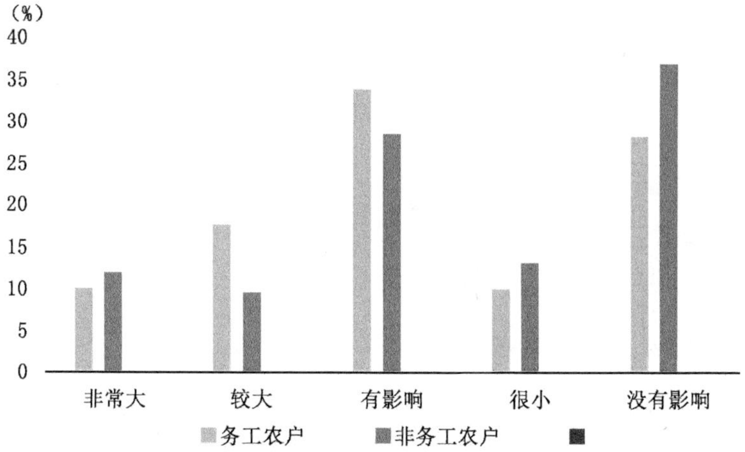

图 9—9　2019 年移民搬迁对宗教活动参与的影响程度

9.4.2.3　*序列秩序层面*

我们发现，国家仍是包括少数民族在内的各语言文化适应的最终落脚点。详见下列典型题目。

综合图 9—10 中这三个问题的统计结果可知，绝大多数受访者认为本民族与国家的关系非常紧密，两者是和谐共生的关系。

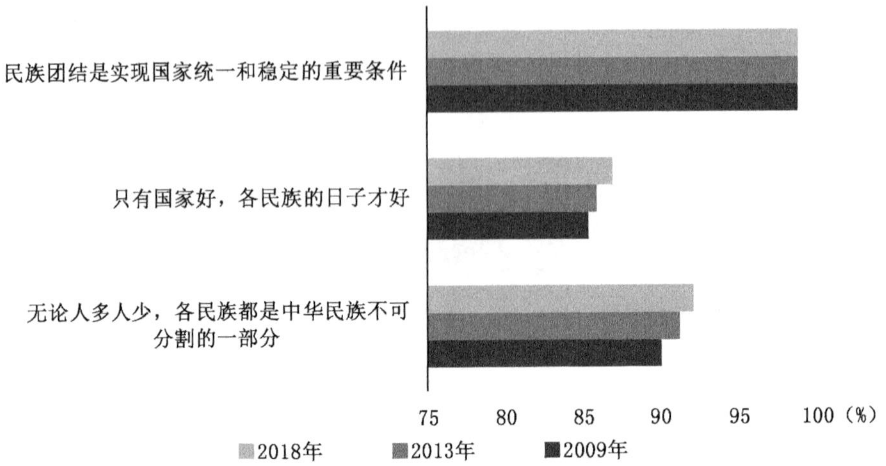

图 9—10 2009—2019 年民族与国家关系认知情况（“很同意”和“比较同意”的比例）

从图 9—11 可见，超过 80%的受访者认为在国家利益与民族利益发生冲突时，应该以国家利益为主，同时也应兼顾本民族的利益。这就说明绝大多数受访者能够正确妥善地处理国家和本民族的关系。只顾本民族利益的毕竟是极少数人。可见，如果过分强调民族利益就会削减国家意识和国家观念，若被民族分裂分子利用，会对国家的稳定统一以及民族团结构成严重威胁。如果过分强调国家利益则会使一些民族感觉到被忽略或被歧视，伤害民族感情，也不利于民族团结与国家的稳定。

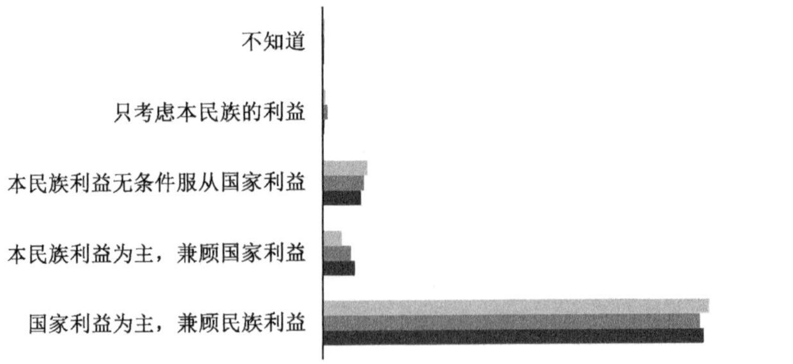

图 9—11 2009 年—2019 年典型题目“当本民族利益与国家利益冲突的时候”的选择比例

在题目“在您的心中排第一的是什么”超过 50%以上的受访者选择了国家，选择现居住地最重要的人数比例由 2009 年的 13.68%上升到了 2018 年的 19.80%，超过了对本民族、家庭和个人的选择，而家庭的比例有所下降，个人的地位有所上升。这是生活在移民社区的各族群共同促成的一种新的地方族群意识，见图 9－12。

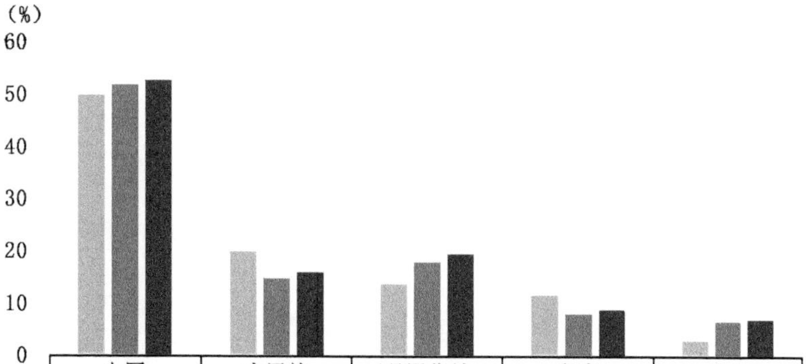

	中国	本民族	现居住地	家庭	个人
2009年	50%	19.90%	14%	11.80%	3.10%
2013年	52%	15%	17.80%	8.10%	6.70%
2018年	53%	16%	19.80%	9.10%	7.00%

图 9－12　2009 年—2019 年典型题目"在您的心中排第一的是什么"的选择比例

地域认同的要点是生活在某个地域的人群对于这个地域的环境、经济、文化等各方面的总体评价，最后达到融入当地生活的目的。移民搬迁后，对于新社区印象如何直接影响到他们是否认可移民社区，愿意在这扎根，对于新移民的融入具有重要的作用。

在访谈中发现，许多汉族年轻人的祖籍地在他们的脑海已模糊不清，甚至有农民工二代认为自己就是所在打工地的人，原来的亲缘关系也与他们疏远，现居住地成了他们物质和精神的家园。

9.5　西南少数民族地区国家认同调查

9.5.1　各地国家认同平均得分

通过调查发现，目前保持在一个较高的水平上，各地人们的国家认同差异度不大。西藏和贵州最高。而云贵川三省各族群的国家认同状况，在十年间有了较大的提升见表 9－12。

表 9—12　　2009 年—2019 年西南少数民族地区国家认同平均分

地区	2009 年	2013 年	2019 年
云南	71.44	75.5	80.29
贵州	71.63	75.7	81.82
四川	72.75	76.2	80.63
广西	—	—	80.12
西藏	—	—	82.35

9.5.2 各主要族群国家认同平均得分

十年来，各主要族群国家认同平均得分逐年提升，得分较高，且苗族、藏族、彝族的国家认同超过了汉族，见图 9—13。

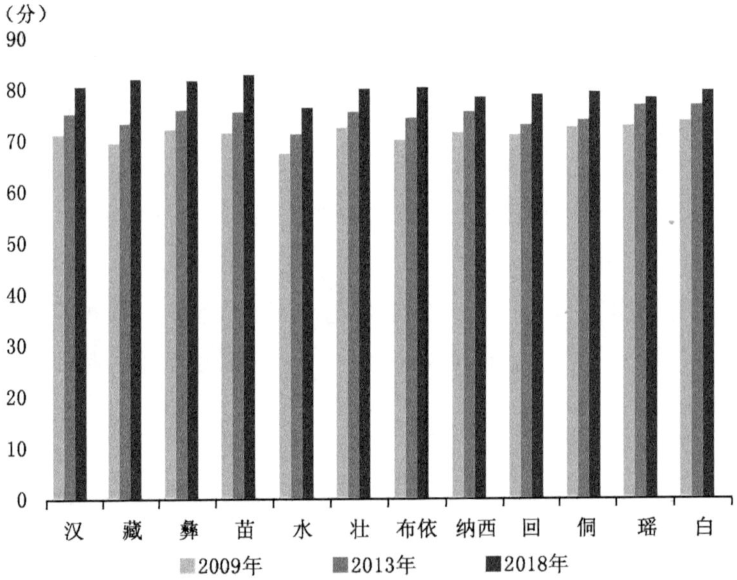

图 9—13　2009 年—2019 年各主要族群国家认同平均分

9.5.3 各主要职业类别国家认同平均得分

在现代化过程中，一个显著的特征就是族群内部的分化，中国西南民族地区的发展过程中也出现了类似情况。尽管国家试图通过正式的教育体系提升少数民族成员的竞争力，使其向更高的社会阶层流动，从而避免国家内部分层与族群特征结合一起。但实际情况是，社会转型所造成的社会经济环境决定只有少数的少数民族成员，通过教育等社会流动的方式成为社会精英，而大部分成员是生活在少数民族区域中的普通大众，所以不同少数民族成员对于国家、民族等有不同的认同和感知，并呈现出明显的差异，见图 9－14。

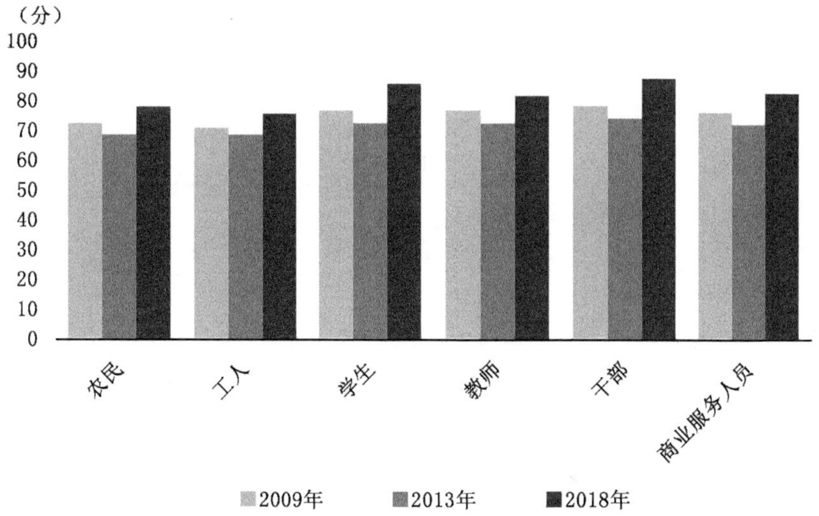

图 9－14　2009 年—2019 年西南三省各职业国家认同平均分

调查发现，与语言文化适应相比，干部的国家认同程度同样最高，比程度最低的农民平均高了五个百分点。

调查还发现，农村的少数民族干部的国家认同程度最高，其次是城镇的。教师、学生、商业服务人员的国家认同度差异不大，农民和工人的国家认同度最低。

9.5.4　国家认同的具体情况

9.5.4.1　中国人的自豪感

从图 9－15 可见，中国人自豪感的族群差异很小，各民族受访者中，有 70%以上的人回答说，作为中华人民共和国的一名公民，感到光荣和自豪，比如奥运健儿夺金时会感到高兴。但有 20%左右的人们对中华民族这个身份没有特别的荣辱感，更多的只是承认自己属于中华民族的一员。有接近 80%以上的人觉得如果外国人说中国人的坏话与自己有关。60%左右的人认为国家的发展和壮大对自己的自尊发展有重要影响。

我们的相关分析也显示，族群身份特征与中国人认同的程度显示为不相关(同时求两个定类变量的 λ 系数和 τ 系数，结果一致，Logistic 分析的显著度为 0.782)。这种民族自豪感是各族群对民族国家认同的综合体现。

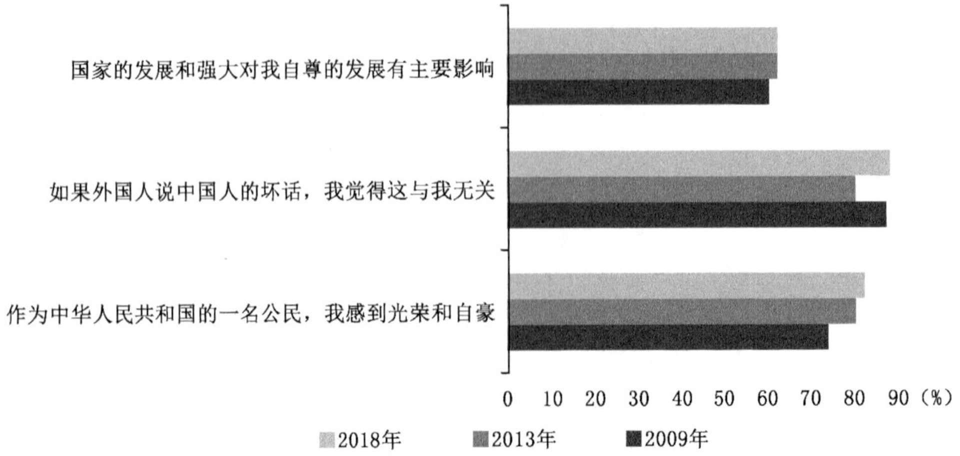

图 9—15 2009 年—2019 年中国人的自豪感选择题频次分布

9.5.4.2 民族国家认同

调查问卷测量了受访者对民族国家认同意识。有 80%以上的受访者相信国家会让他们过上幸福的生活，尤其是 2019 年，比例急剧上升了 5%（见表 9—13）。

表 9—13 2009 年—2019 年民族国家认同典型题目选择频次分布 （单位：%）

选项题目	2009 年	2013 年	2019 年
我相信国家能够让我们过上幸福的生活	80.25	82.39	87.94

9.5.4.3 公民身份认同

几年来，在被调查是否愿意参加县乡人大代表直接选举活动时，有 60%以上的受访者愿意主动参加选举，10%左右的人不愿意参加选举；17%以上的受访者表示对选区候选人的情况非常了解，35%左右的受访者表示对候选人的情况不了解；80%以上的受访者愿意履行公民应尽的责任和义务。

值得注意的是，随着农村流动者公民权利意识的增强，愿意政治参与的比例也在不断上升。详见图 9—16。

9.5.4.4 法律认同

公民对国家法律的认同也体现了公民对国家民族的认同。88%的受访者认为各民族在法律面前一律平等，85%的受访者想要了解一些与自己相关的法律知识。可见，公民对国家的法律认同度比较高，体现了公民对国家的认同，见图 9—17。

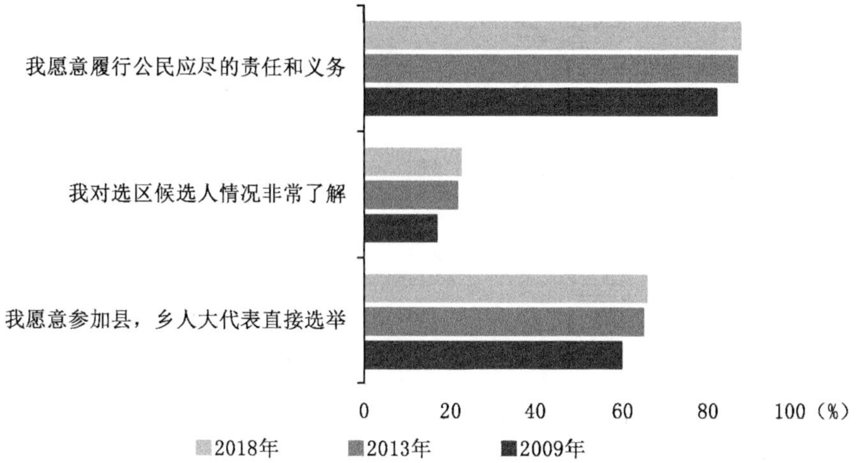

图 9—16　2009 年—2019 年公民身份认同情况各题选择频次分布

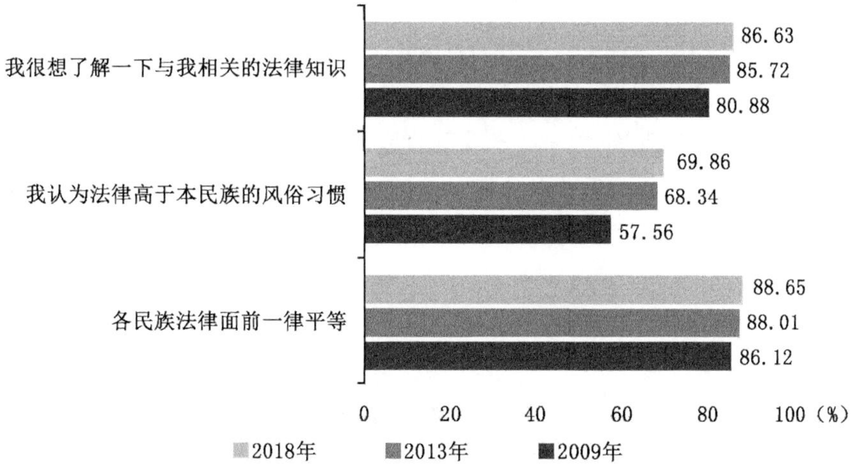

图 9—17　2009 年—2019 年法律认同各题选择频次分布

9.5.5　西南少数民族地区社会治理治理调查

9.5.5.1　各地社会治理满意度平均得分

我们首先对所有受访者关于西南少数民族地区社会治理的评价进行了分析，如表 9—14、表 9—15 所示，有效样本共 6 523 个，社会治理平均得分为 3.715 28 分，以百分为满分换算后为 74.31 分，说明受访者的总体满意度处于中等略微偏上的水平。

表 9—14　2019 年西南五省(自治区)各地社会治理平均分

样本	全部样本	云南			贵州			四川			广西			西藏		
		平均值 3.716 95		换算值 74.34	平均值 3.760 48		换算值 75.21	平均值 3.734 23		换算值 74.68	平均分 3.677 50		换算值 73.55	平均值 3.662 10		换算值 73.24
		个旧	巍山	玉龙	凯里	长顺	三都	西昌	黑水	马边	柳州	阳朔	巴马	拉萨	林芝	日喀则
N	6 523	500	467	455	499	498	461	456	494	474	499	500	482	246	248	244

表 9—15　2009—2019 年西南五省(自治区)社会治理平均分

省份(自治区)	2009 年	2013 年	2018 年
云南	66.64	69.3	74.34
贵州	65.19	67.8	75.21
四川	66.73	69.4	74.68
广西	—	—	73.55
西藏	—	—	73.24

9.5.5.2　各主要族群社会治理满意度平均分

我们对 2019 西南三省主要族群的社会治理满意度得分进行了比较分析，结果如下图所示，与语言文化适应和国家认同相比较，各族群社会治理满意度得分明显偏低。各族群中，社会治理满意的得分最高的是藏族，折算分为 78.56 分，最低的是水族，仅为 66.7 分，处于刚刚及格的水平。见图 9—18。

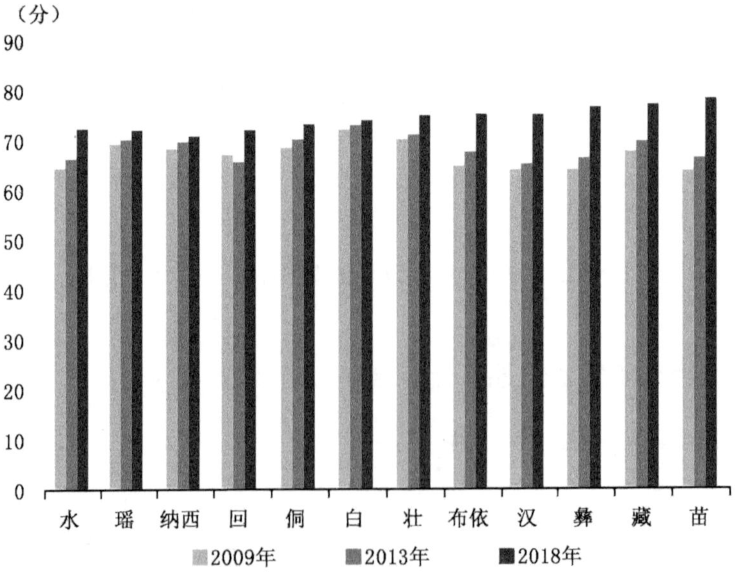

图 9—18　2009 年—2019 年各主要族群社会治理满意度平均分

9.5.5.3　各职业类别社会治理满意度的情况

调查发现，与语言文化适应、国家认同相比，干部的社会治理满意程度同样最高，其次是教师、学生、商业服务人员，满意程度最低的仍然是农民和工人，见图 9－19。

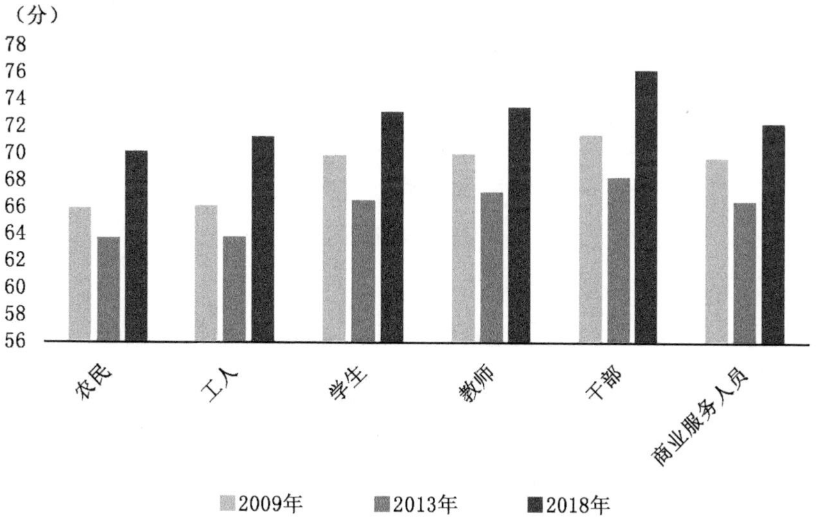

图 9－19　2009—2019 年西南三省各职业社会治理平均分

9.5.5.4　社会治理的具体情况

(1)社会政策制定方面

政策的制定是社会治理的重要内容，尤其是在多民族多宗教的复杂的西南地区，政策的制定更要考虑当地各民族利益，尊重他们的主体性，反映他们的意愿。测试对现有移民政策、措施的满意度，但本次调查中，仅有 15%左右的受访者认为能真正反映他们的意愿，见图 9－20。

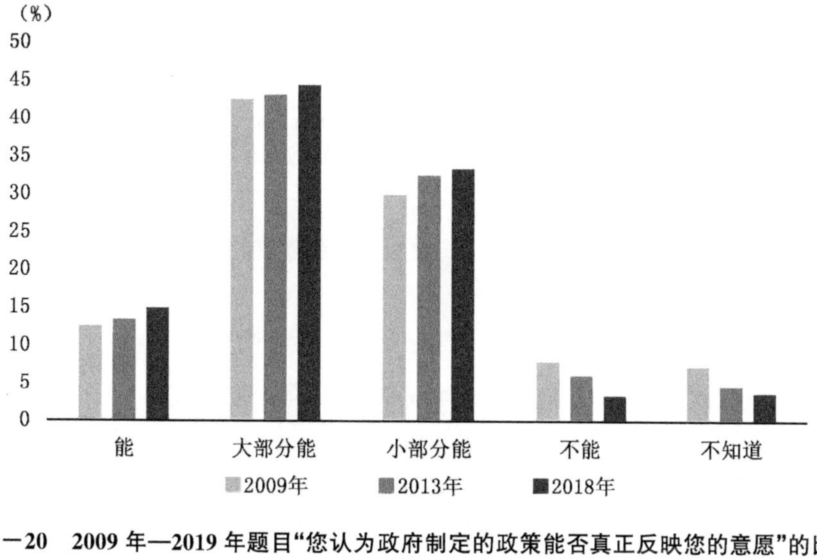

图 9－20　2009 年—2019 年题目“您认为政府制定的政策能否真正反映您的意愿”的比例

对相关政府领导的访谈也表明，这些地方政策的出台，有时可能只是出于上级部门部署和个别领导的决策意向，对包括少数民族在内的各族群的社会组织和个人的需求关注不足。现在不少地方干部为干满一届就调走，且异地任职者较多，很多刚刚熟悉情况就被调走了，政策的连续性也难以保证。另一方面，如果干部在制定政策时不懂少数民族和民族地区所蕴含的政治、社会和文化生态能量，对少数民族的传统习俗、宗教文化、社会组织了解不深，关注不够，出台的政策很可能与实际需要有距离。

9.5.5.5　民族区域自治和群众自治情况

(1)民族区域自治实施情况

如图所示：有40%以上的受访者认为本地区实现了真正的民族区域自治；65%以上的受访者认为民族区域自治促进了本地区的发展。调查发现，民族地区群众对这几项方略的理解度差异很大。一部分受访者根本就讲不清民族区域自治制度，而且有相当多的受访者认为民族区域自治是政府的事情，和自己无关。不少只知道西部大开发了，但却不知道详细情况。

中国的民族文化保护与发展往往由政府主导，对于小规模聚居生活的人口较少数民族成员，他们缺乏参与较高层次的决策制定的机会。民族区域自治制度的落实，一方面是给予少数民族权利和尊重，让他们依照本民族区域自治的层次拥有了法律和政治地位。而另一方面，也许是制度设计没有考虑到的负面作用，却也压缩了那些分散在人口更多的民族中的人口较少民族的权利存在空间。

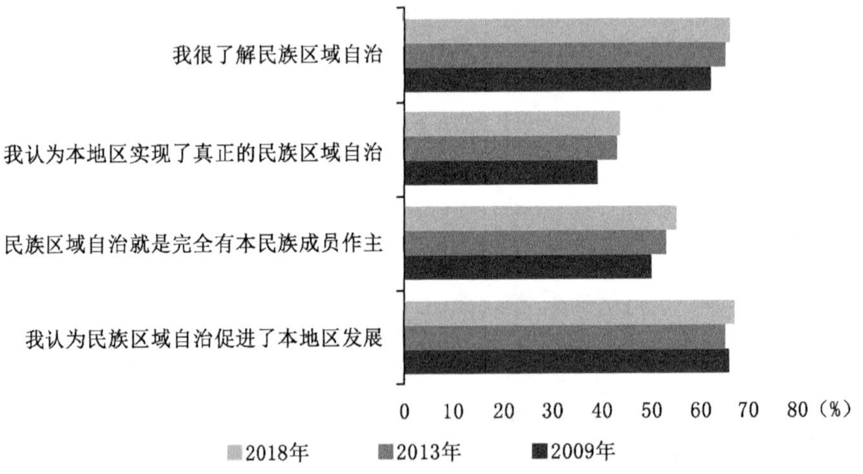

图9—21　2009年—2019年民族区域自治实施情况

(2)群众自治实施情况

调研发现，只有35%左右的受访者知道村委会和居委会是群众性自治组织，很多人以为是基层政府。这种情况虽有利于政权对社会的控制和管理，但不利于公民通过自治组织参与社会管理，见图9－22。

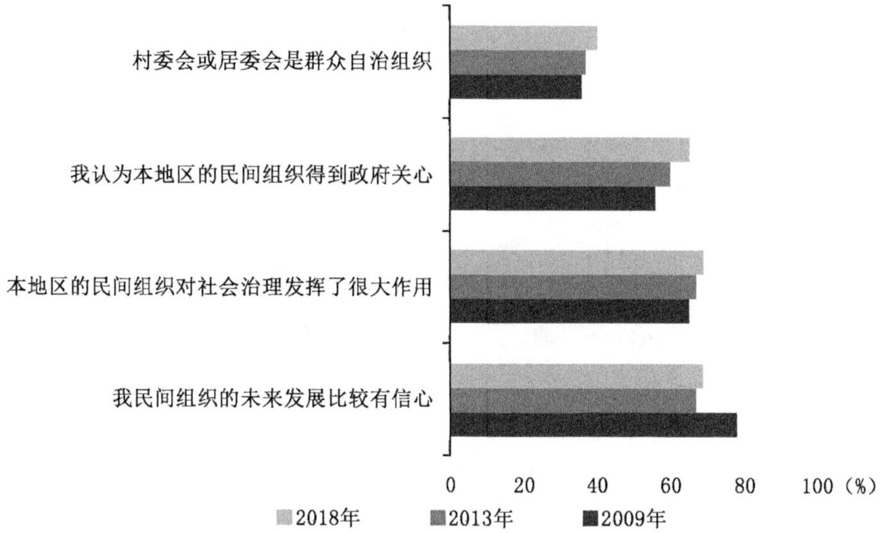

图9－22　2009年—2019年群众自治实施情况

我们在调研中发现，受访者对当地政府对民间组织的态度仍然予以了积极的评价，超过一半的受访者选择“得到了政府关心”，且这一比例逐年递增，尤其是四川的受访者所持的比例最高，这与2008年的汶川地震和2013年的雅安地震的影响分不开。这也从侧面反映了政府对民间组织的态度是不断放开的，给予其更大的发展空间。

调查也发现，2011年由于“郭美美事件”的影响，民间组织公信力受到质疑，受访者对民间组织的未来发展的信心有所下降。对公益组织来说，社会提出了更高的要求——提高透明度(见图9－23)。

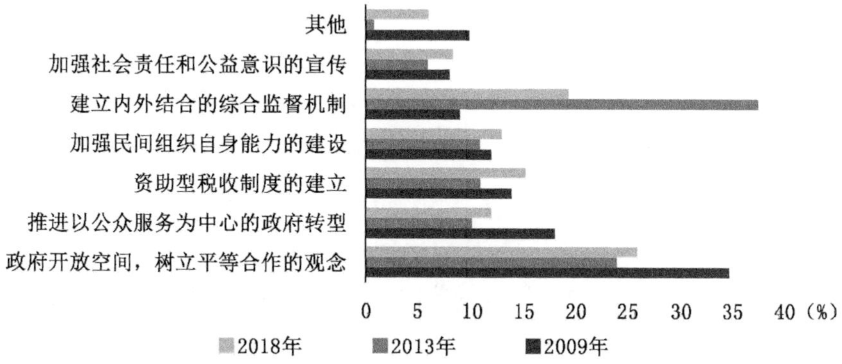

图9－23　典型题目“您认为当前民间组织发展最重要的因素是( )”的选项

9.5.5.6　政府工作满意度

调查发现,2013年以来的政府工作满意度在逐年上升,60%的受访者对国家民族工作的执行情况总体是满意的,近半数的受访者对本地区经济发展情况、本地区的政务公开情况满意见图9—24。

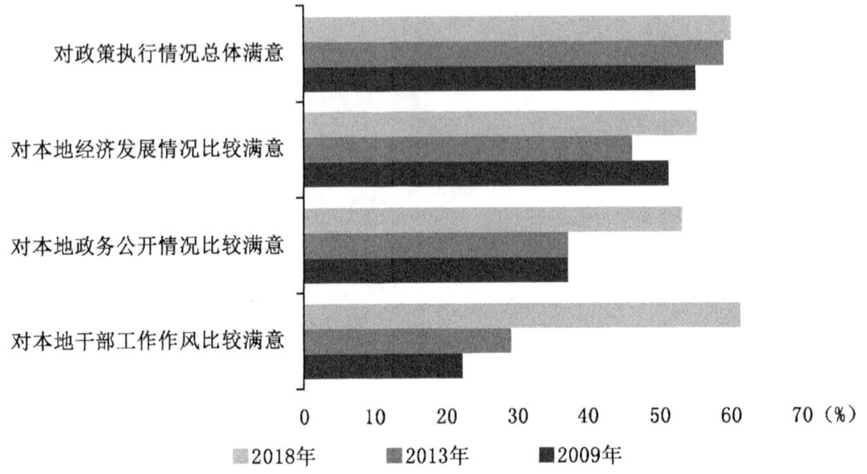

图9—24　2009年—2019年政府工作满意度情况

调查发现,2019年对本地干部作风的满意度较2013年上升了32%。比如凯里市扶贫生态移民局紧紧围绕凯里市帮扶干部“十个一”工作法,就非常具体:定一个脱贫计划,摸清贫困户致贫原因和脱贫需求,因户施策,为贫困户制定可行性、可操作性的脱贫计划;算好一笔脱贫账,围绕“一达标、两不愁、三保障”,帮助贫困户梳理所获得的各项优惠政策,提高对政府帮扶政策、干部帮扶工作的认可;讲一次扶贫政策,给贫困户留一本扶贫政策汇编材料,扶贫干部每次到贫困户家可以用扶贫政策汇编材料给贫困户解读一段扶贫政策;照一张合影,与贫困户(及其家人),在贫困户房子前拍照合影留念,并洗出照片送到贫困户手中,以此加深贫困户对帮扶干部印象,避免贫困户不认识帮扶干部的情况;种一棵扶贫树,在取得帮扶对象同意的情况下,在帮扶对象家的房前屋后种一棵树(绿化树、果树等);做一次劳动,到帮扶对象家帮忙干一次农活或打扫一次卫生,通过帮忙干活增进感情;过一次生日,去帮扶对象家中帮家庭成员过一次生日,采取送生日蛋糕、送礼物等形式,通过真诚的交流和深入的了解,拉近与帮扶对象之间的距离,增加帮扶对象的幸福感;办一件实事,从贫困户角度出发,解决一个实际困难;送一次温暖,就贫困户所需所缺所急所想,赠送实物;做一本帮扶日志,去一次农户家写一次帮扶日志,记录内容包括帮扶时间、地点、帮扶内容、走访照片等信息。使用建档立卡App进行登录坐标采集、定制帮扶措施等,与帮扶对象亲切攀谈，增进了干部与帮扶对象之间的感情。

调查也发现，对异地扶贫搬迁农户深入调研访谈后发现，移民政策的执行协商能够显著地正向影响农户的政策满意度，且研究结论通过了稳健性检验。研究结果发现，完善贫困地区的基层协商民主制度，扩大移民农户参与易地扶贫搬迁政策的执行协商力度，能够更加有效地实现政策扶贫目标，提升农户的政策满意度。

承载了实现共同富裕、全面建成小康社会的精准扶贫政策自一出台便备受瞩目。中央政府期望透过精准识别、精准管理、精准帮扶、精准考核实现现有标准下全部贫困人口的脱贫。但精准扶贫要取得预期的效应需直面顶层设计和基层落实之间的关系，要防止在基层因简单行政命令而变形。乡镇干部作为基层第一线的政策执行主体，他们的政策执行实效关系重大。十年来我们见证了乡镇干部是如何将精准扶贫付诸实践。在精准扶贫取得巨大成效的同时，我们必须看到也乡镇干部对于贫困成因及精准扶贫功效存在迷思，面对形形色色的贫困户他们办法不多深感困顿。造成这些现状的原因既与乡镇政权及乡镇干部孱弱自身禀赋有关，也与社会急剧转型过程中基层治理和社会建设脱节有关，更与基层治理中各级政府的权变分不开干系。

此外，也发现基层干部的诸多无奈。取消农业税后，国家向农村输入越来越多的资源。为了保证下乡资源的合理有效使用，国家制定了越来越多也越来越具体的资源使用规范，这些资源使用规范在防止基层资源滥用的同时，也极大地限制了基层治理主体的主动性，造成基层治理中的形式主义和内卷化。尤其值得讨论的是，最近数年国家提出建设服务型基层组织，变基层的管理为服务，在基层实践中却出现了服务主体性丧失和积极性丧失的问题。在援藏移民社区的干部杨慰林说："各地地域不同，所做的内容却相差无几。现在的驻村工作队和第一支部书记，几乎取代了村干部，也几乎完全变成了乡镇的派驻机构，整天忙于各种'留痕'，乡镇基本变成了上传下达的工具，与初衷背道而驰，资源浪费严重。"

9.5.5.7　社会治理效果评估

对生活环境等方面的满意度、对社会人文环境的方面的满意度、对治理效果的满意度测试显示，66.35%左右的受访者对目前本地区的社会治理的整体效果感到满意，61.25%左右的受访者认为本地区民族之间关系很融洽，62.35%的受访者对目前生活总体状况感到满意。可见过半数的人对于社会治理的效果感到满意（见图 9－25）。

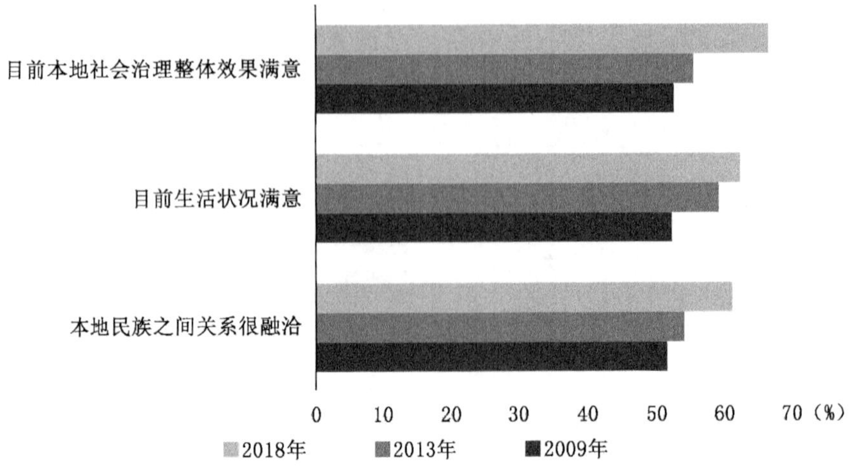

图 9－25　2009 年—2019 年社会治理效果评估

9.6 西南民族地区语言文化适应、国家认同与社会治理的关系

9.6.1 相关性分析

为考察西南少数民族地区的语言文化适应、国家认同与社会治理之间的关系，我们对三者进行了相关性分析，结果如表 9－16 所示，三者之间皆存在正相关关系，且其相关性达到了统计上的显著程度（P＜0.001）。其中，国家认同与社会治理的相关度最高，其次是语言文化适应与国家认同，最后是语言文化适应与社会治理。

表 9－16　相关性分析表

		国家认同	社会治理
语言文化适应	相关系数	0.445**	0.419**
	显著度	0.000	0.000
国家认同	相关系数		0.540**
	显著度	—	0.000

注：显著性基于双尾检测。

9.6.2 语言文化适应对社会治理的影响

通过相关性分析，我们确定了语言文化适应与社会治理之间存在着显著相关关系，但语言文化适应度能在多大程度上解释受访者对于社会治理的评价呢？语言文化适应的不同维度对受访者社会治理评价的影响力又是怎样的？为了回答这些问题，我们需要建立回归模型进行分析。

我们首先将语言文化适应作为自变量，对关于社会治理的评价进行解释，统计结果显示，该回归模型通过了水平为 0.001 的显著性检验（p=0.000），能够解释受访者对社会治理评价 17.6 的变异量（Adj. R2 =0.176）。这个结果说明语言文化适应越高的少数民族对社会治理的评价越高，通过提高语言文化适应可以有效提升社会治理的效果。

为了更进一步明确语言文化适应各维度与社会治理评价之间的关系，我们分别对语言文化适应的各因子（民族文化传统、民族平等观、民族语言、民族习俗、民族身份和民族交往行为）与受访者对社会治理评价进行相关性分析，如表 9－17 所示，语言文化适应各因子与社会治理的相关性从大到小依次为民族文化认同、民族习俗、民族身份认同、民族语言认同和民族平等观。民族交往行为与社会治理呈现正相关关系，说明不同民族之间的交往越多，对社会治理的评价越高。

表 9－17　　社会治理与语言文化适应各因子相关性分析

	民族文化认同	民族平等观	民族语言	民族习俗	民族交往行为	民族身份
社会治理	0.286**	0.127**	0.132**	0.233**	－0.030*	0.223**
	0.000	0.000	0.000	0.000	0.050	0.000

注：显著性基于双尾检验。

9.6.3 国家认同对社会治理的影响

我们首先将国家认同作为自变量，对受访者关于社会治理的评价进行解释，统计结果显示，该回归模型通过了水平为 0.001 的显著性检验（p=0.000），能够解释受访者对社会治理评价 29.1 的变异量（Adj. R2 =0.291）。这个结果说明国家认同越高的少数民族对社会治理的评价越高，通过提高国家认同可以有效提升社会治理的效果。

为了更进一步明确国家认同各维度与社会治理评价之间的关系，我们分别以国家认同的各因子（中国人的自豪感、民族国家认同、公民身份认同、法律认同）为自变量，以受访者对社会治理评价为因变量建立多元回归模型，如表 9－18 所示，4 个自变量能够联合解释因变量 22 的变异量。

表 9—18 国家认同各因子多元回归模型

自变量		中国人的自豪感	民族国家认同	公民身份认同	法律认同	统计检验结果
模型	β	0.351**	0.152**	0.136**	0.168	常数＝0.932，P＝0.000，F＝404.45，df＝3，Adj. R2＝0.22
	t	24.502	9.800	14.701	12.251	

注：显著性基于双尾检测，** 表示 $p<0.000$。

以上的统计结果显示，国家认同对社会治理评价的解释力度比较高，国家认同各因子对因变量的解释力度从大到小依次为中国人的自豪感、民族国家认同、公民身份认同、法律认同。

9.6.4 开发和优化语言文化适应、改善社会治理的路径

可见，语言文化适应是历史形成的，但却是以现实的社会为基础的，因而，也是发展的。基于其历史性，我们可以开发其中的资源为现实所用；基于其现实性，我们可以调节其不合理的部分，使其优化，适应现实的需要。

具体的路径主要有：

1. 价值理念的提炼。使语言文化适应与社会的核心价值之间，不但不会冲突，反而走向协调与和谐。

2. 文化基础的夯实。包括民间组织、民间宗教、民俗习惯以及历史传统资源的夯实，发扬其中的精华服务社会治理。

3. 结构序列的优化。通过合理的语言文化适应的序列结构来调整人们决定其行为和利益的规范体系，使其更加合理，更加与国家、社会协调一致。

9.7 结论和建议

9.7.1 结论

本研究利用自 2009 年至 2018 年 10 年间在云南、贵州、四川、广西和西藏 16 个民族自治地方的 5 次调查，通过系统的问卷分析、结合访谈等相关资料，着重分析了这些地方语言文化适应和社会治理的基本状况，以及影响语言文化适应和社会治理变化的因素，形成了一些初步结论。这些结论，验证了中央决策的战略意义和正确性。

西南五省(区)各族群对本族群的文化传统、风俗习惯有着深刻的了解和认知，表现出了强烈的依恋感和归属感，有着较高的语言文化适应。各族群在族际交往、社会活动等方面日益广泛和密切。

调查地区少数民族的国家认同与汉族的接近，甚至更高，表明国家对这一地区实行的民族政策深得民心，是成功的。

以上数据进一步说明，我国的民族政策在这一区域非常成功，深得民心，各族群对国家的认同度不亚于对本民族的认同度。这种认同不仅体现在各族群对作为“中国人”有很强的自豪感，而且对国家实行的民族区域自治制度、宗教信仰自由、民族团结、平等、互助等基本政策、反对民族分裂主义的方针措施、坚持政教分离的基本原则，都给予了明确的支持。表明国家对这一地区实行的民族政策深得民心，是成功的。

资料显示，西南五省(区)民族暴力事件鲜有发生，各民族之间相互团结、和平发展。语言文化适应，直接关系到大到国家，小到村落的共同体的维系与发展。语言文化适应既是一个社会文化与心理的体现，同时也是决定一个社会行为取向的心理与观念力量。语言文化适应高的地方则直接有利于民族团结繁荣和国家的建设发展。而族群的认同则是建立在国家认同中的，族群必须存在于国家共同体中，国家认同也是一个地区民族对国家的政治认同，关系到国家在不同民族群体中的定位与信念，国家认同越高，越有利于增强整个国家的民族凝聚力和团结力，有利于国家整体的发展。

语言文化适应、国家认同、社会治理在不同的调查地区，呈现出不同的民族特点、地域特点、职业特点。

在各民族语言文化适应方面，汉族的语言文化适应最高。调查发现，民族区域自治政策的制定和实施，在维护区域自治民族利益的同时，往往容易忽视同一区域内其他民族的利益。比如同一个区域内的高考加分等优惠政策，会在一定程度上激发汉族的民族意识和强烈的民族自尊心。

语言文化适应、国家认同与社会治理的程度与区域经济发展水平、发展方式及开放程度是密切相关的，发展好的各种认同相应就会更高。

我们选取了财政自给率、居民收入、城镇化率和少数民族人口所占比重等几个指标来考察这 16 个民族自治地方的经济与发展状况，详见表 9－19。

表 9－19　　2018 年西南民族地区 16 个民族自治地方经济与社会发展简况

地　区		财政自给率(%)	城镇居民人均可支配收入(元)	农村居民人均纯收入(元)	城镇化率	少数民族人口所占比重(%)
云南	个旧市	32.83	34 800	15 390	68.28	26.47
	巍山县	15.91	32 440	10 133	35.74	52.87
	玉龙县	45.6	27 795	11 098	15.26	56.16
	平均值	31.45	31 678.33	12 207	39.76	45.167

续表

地区		财政自给率(%)	城镇居民人均可支配收入(元)	农村居民人均纯收入(元)	城镇化率	少数民族人口所占比重(%)
贵州	凯里市	45.62	29 061	29 061	72.35	75
	长顺县	3.16	28 724	10 172	454	61.34
	三都县	10.76	28 700	9 151	27.76	96.7
	平均值	19.85	28 828.33	16 127.33	49.00	77.68
四川	西昌市	44.22	36 819	17 838	57.57	54.67
	黑水县	66.28	32 620	12 730	—	93.71
	马边县	—	30 960	11 325	32.63	50.31
	平均值	—	33 466.33	13 964.33	—	66.23
广西	柳州	85.33	34 849	13 451	64.74	56.4
	阳朔	33.10	37 791	16 655	34.25*	—
	巴马	—	26 102	8 225	49.2	86.9(2016)
西藏	拉萨	36.69	35 650	14 420	53.1	87
	林芝	11.59	33 797	11 450	31	—
	日喀则	6.54	30 345	9 518	26.5	—

注:1. 数据来源:少数民族人口所占比重来源于2019年各地方政府信息公开网站。2. 加"*"号的为2017年数据,其余为2018年数据。3. 城镇化率、城镇,村居民人均收入来自各地方政府信息公开网站、各地方2019年政府工作报告、国民经济与社会发展报告。斜线部分为缺失。

语言文化适应、国家认同与社会治理调查也呈现出不同的职业特点,工人、农民的各项认同度最低,干部的各项认同度最高(见图9—26)。

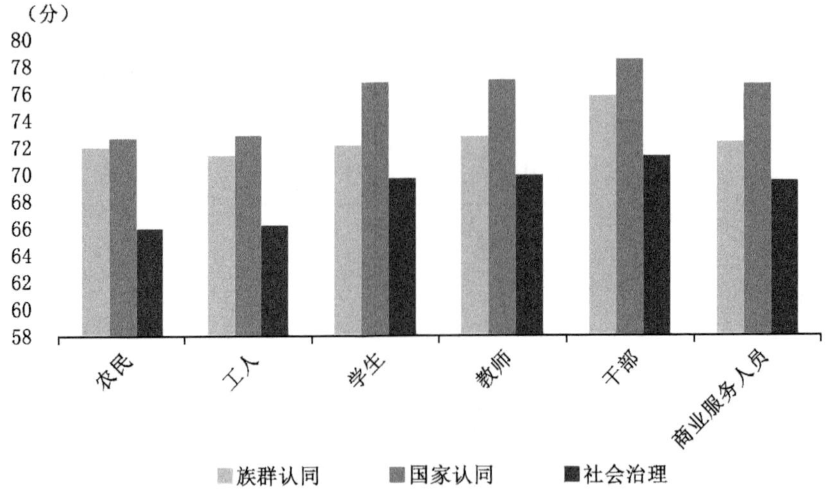

图9—26 2019年各地各职业类别的语言文化适应、国家认同、社会治理的平均得分情况

现代化过程中，一个显著的特征就是族群内部的分化，中国西南民族地区移民社区发展过程中也出现了类似情况。尽管国家试图通过正式的教育体系提升各民族尤其是少数民族成员的竞争力，使其向更高的社会阶层流动，从而避免国家内部分层与族群特征结合一起。但实际情况是，社会转型所造成的社会经济环境决定只有少数的各族成员，通过教育等社会流动的方式成为社会精英，而大部分成员是生活在少数民族区域中的普通大众，所以不同职业的人对于国家、民族等有不同的认同和感知，并呈现出明显的差异。

这样就决定了对民族自治地方农民和工人的公民教育不同于少数的精英阶层。因此，针对少数民族的社区和大众的公民教育，要在总体目标的背景下，必须考虑族群大众社区和社会的实际需求，避免过分强调国家一元化的指向。

对于国家认同层次而言，公民教育应该与民族地区大众的日常生活、人生体验以及具体符号相结合，将“四个认同”[①]价值和意义柔性嵌入到具体的制度设计和时代观念中，实现与大众的对话和沟通。同时，国家以自主性的保障和资源的公平分配为大众尤其是草根阶层提供外在条件，创造参与公共生活的机会，避免相对剥夺感的产生，成为其对美好社会愿景的有力创设者。

同时，对于低于国家认同的其他认同层次，则需要积极赋予各民族成员各项基本权利，让其心灵和心智直接面对族群、地域、宗教等认同的实际状况，通过发挥公民反思作用来寻求民族地区成员的自主性，满足他们作为现代公民尊严和安全感，使他们在积极参与公共事务和公共生活的过程中养成最基本的习惯。

在民族地区治理过程中，政府主导型的作用非常突出。作为政府直接代表的少数民族干部的影响非常重要，甚至是决定性的，民族干部的行动直接关系到少数民族群众对于国家的认知和评价。根据在西南民族地区进行的实证调查表明，少数民族干部的国家认同状况对其社会消极行为的效应(负效应)在所有职业类别组中是最高的。这反映出，对于少数民族干部来说，其国家认同程度越高，越不可能出现社会消极行为；而其国家认同程度越低，则越有可能出现社会消极行为。

因此，就更需要要求少数民族干部尤其是党员干部履行共同的公共价值规范，合理确定其群体权利的边界，履行公平的义务，与普通民众建立政治信任关系，以良好的公民美德和行为获得政治支持，实现族群内部不同阶层和族群之间的公民团结，进而提升他们对国家的政治信任度，夯实“四个认同”建构的民族基础。反之，就可能使得大量的族际政治信任资源流失，使得普通群众对于国家认同水平降低，直接引发了

① 即对伟大祖国的认同、对中华民族的认同、对中华民族文化的认同、对中国特色社会主义道路的认同，它是2009年时任总书记胡锦涛视察新疆时提出的，体现了党和政府对于民族地区国家认同的总体认识。

与认同相关的社会不稳定，民族地区发生很多的群体性事件实际上就与此相关。

当然，调查也反映出一些迫切需要关注的问题：

(1)相对于国家认同与语言文化适应，人们对社会治理的满意度较低

有近半数的受访者对本地政府工作的满意度、本地区民族关系状况和社会治理效果评价不高，超过半数的人对本地区经济发展、政务公开，尤其是对本地区干部的工作作风感到不满。

在经济社会发展取得进步的同时，由于对自然资源不适当的开发利用使得民族地区生态环境恶化、资源遭到破坏，[①]民族的生存和发展空间受限，生态平衡的严峻性加剧。旱涝冰雹等灾害频繁，常引发泥石流甚至地震等灾害，很多地方抵御自然灾害能力十分脆弱。

西南民族地区的环境破坏、资源萎缩的另一个重要原因是地方工业化和产业转移。随着东部地区产业向西部地区转移和地方工业化的步伐加快，转移到西南民族地区的项目多为采矿、食品加工、林业化工、建材等资源开发型项目。一些开发商只注重生产，不注重环境保护，对区域内的生态平衡造成了严重影响。例如，近年来，由于部分地区资源过度开采制造了大面积的采空区，毕节市金沙县茶园乡石板坡煤矿附近地表塌陷，随即引发了采空区水源枯竭、土壤保墒能力受到破坏、村民房屋变成危房等一系列连锁问题。此外，煤矿废水的超标排放又使得大多受污染的农田产量大幅度下降，2018 年 12 月 14 日，云南省临沧市沧源县莲花塘煤矿发生一起火灾事故，造成 1 人死亡，2 人受伤。

调查还发现，一些地方打着“旅游园区”规划的旗号行原来的“工业园区”“房地产开发区”的路子，占地面积及建设投资额大得惊人，土地浪费惊人，其中不乏高尔夫球场项目，而失地农民所获得的补偿远远不足。由于城镇化进程太快，现在执行的还是 20 年前制定的《土地管理法》，这一法规虽然有过修改，但其规定的补偿标准还是太低。

调查发现，尽管民族地区广大干部在条件艰苦、工作辛苦和生活清苦的环境中默默奉献，同时，民族地区恶劣的生活环境也使得部分干部的身体素质消耗很大。不少干部夫妻双方两地分居，夫妻感情受到影响，赡养老人和抚养子女的责任无法承担。一些乡镇干部没有得到足够的职位提升和精神或物质奖励，个人职业前途也受到影响。

但是，十年来仅有一半的受访者对本地区干部工作作风比较满意。

---

① 王玉芳和祁永安(2011)使用 1995—2007 年西部民族 7 省份面板数据，研究我国西部民族地区经济增长与环境污染的关系，发现云南和贵州省区 CO_2 污染物排放与经济增长正相关。民族地区将较长时间处在经济发展造成环境污染的阶段。

进一步研究分析，主要是由于民族地区县、乡级财力较为有限，基础设施的建设必须依靠上级财政的支持才能实施。尽管各地方竭尽所能争取项目、资金，但是“僧多粥少”的局面使得干部们将有限的精力投入到寻求GDP和招商引资等工作中，他们越来越深地陷入地方经济发展的具体活动中，开始偏离其公共职责，加上民族地区地广人稀，点多面广，工作难度与内地相比相对要大，对基层群众的诉求自然关心不够。尤其是在开发自然资源和征地过程中，政府占据了主导地位，往往忽视当地居民、失地农民、移民的利益诉求，从而使得大量的政治信任资源流失。现在的驻村工作队和第一支部书记，几乎取代了村干部，也几乎完全变成了乡镇的派驻机构，整天忙于各种“留痕”，乡镇基本变成了上传下达的工具，与初衷背道而驰，资源浪费严重。

(2)随着各族群在族际交往、社会活动等方面的日益广泛和密切，各族群间的族际差别在不断缩小，语言文化适应呈逐年下降趋势，民族传统文化存在着消失、濒危、消退、变异的现象，少数族群语言文化适应的价值层面产生了变化

调查发现，随着时代与社会的变迁、人口的社会流动和迁移，民族之间的互动与融合、民族产生时所具有的共同的地域及血统关系、文化等都在发生不同程度的变化，这对于语言文化适应意识产生了重大的影响，语言文化适应呈逐年下降趋势。

随着利益分化和现代传播手段的发达，价值选择的多元化，加上以往的国家意识形态内容的逐渐失效，以及民族地区具体治理中出现的政策偏颇，西南民族自治地方各族群的价值观体系也发生了变化，语言文化适应的序列开始重构。

调查发现，身份认知上，出现了亚语言文化适应的重新回归，如云南回族中的“藏回”、贵州苗族中的“青苗、黑苗、红苗、白苗、花苗”、四川彝族中的“黑彝、白彝”等类，意味着国家建构的原有认同解体，对民族地区的治理结构有着重要的影响，直接关系到少数民族成员对于国家的认同。如果处理不好，有可能引发其价值认知在“多元”和“一体”之间发生不平衡，可能会使多民族国家治理出现失衡。

调查发现，西南民族地区虽然在保护民族传统文化方面做了大量的工作，取得了可喜的成绩，但面临的形势仍然十分严峻。引发民族传统文化消失、濒危、消退、变异的原因是多方面的：一是长期以来的忽视。特别是对少数民族文化不够尊重，长期的落后“标签”使得少数民族对自己的文化也不够自信。二是现代技术和传媒的运用。新的建筑材料和建筑技术，代替了传统的民族竹楼、木房，其负载的文化记忆和文化场景也就消失了，传媒的迅雷不及掩耳之势让民族文化长期失语。三是外出打工在为本地发展带来经济效应和全新理念的同时，传统的价值观和生活方式对年轻人逐渐失去了吸引力，致使民族服饰、语言、传统民居、歌舞艺术、礼仪习俗等后继无人，加剧流失，而留守儿童的心理健康和空巢老人的问题也日益突出。四是旅游业带来的效益使得一些民族文化庸俗化。五是民族文化自身不注意保护。

另一方面，少数民族的语言文化适应的价值层面发生了变化。相对汉族，少数民族对自然生态、社会名声、个人发展与内在和谐更为看重。我们知道，很多少数民族对自然怀有敬畏和感恩，如傣、基诺、哈尼、傈僳和壮等民族都有神林和神树崇拜；藏族有神山、神林和神湖崇拜，这些山林湖泊禁忌砍伐和污染，纳西族把自然和人类视为一对兄弟的哲学观念体系，认为人与大自然之间的关系犹如兄弟相依相存，若破坏了这种关系，对大自然强取豪夺，那无异于伤害了兄弟之情，会遭到自然的报复。在这种价值观基础上产生了一系列传统的生态道德伦理观和习惯法，构成本民族社会的自我约束机制。

(3)民族问题的中心从农村开始向城镇转移，城镇日趋成为社会治理的重点和难点

随着信息媒体的增多，使得一些少数民族地方尤其是乡村不再是同质性的社会。很多年轻人到县城、省城、沿海地区打工、经商，少数民族也加入了这一洪流，青壮年大量外出务工。调查还发现，在西南本地人外出务工的同时，西南地区基础设施和许多行业的大量投资也吸引了大量来自东部和邻近地区的流动人员。由于历史原因造成的发展基础薄弱、语言障碍和教育差距，一些少数民族群体在现代化进程的强烈冲击下处于“边缘化”的处境，在激烈的市场竞争中处于劣势。调查发现，各县(市)大多数的旅游经营、从业人员均来自外地，当地居民参与度不高。通过深入访谈得知，无论是外来经营者、从业人员还是当地居民，均认同文化技能水平低、缺少资金、缺乏经济头脑和冒险精神是当地居民很难获得就业机会的主要原因，从而进一步加剧了当地居民获得就业机会和人口城镇化转移的难度。

同时，各民族交往有时也会因语言文化差异而造成误解和冲突，这些矛盾有时会和民族身份挂钩而成为不同民族成员之间的冲突，加上人口流动必然使得安全感、归属感和确定性丧失，为避免不良后果，流动人口多采取共同体的形式外出。因此，这种冲突很容易以民族矛盾的方式呈现出来，把个人之间的冲突变成民族之间的矛盾。

可见，民族问题的中心已经从农村开始向城镇转移，民族工作的重点及其力量配置也应随之而向城镇转移，才能适应形势发展变化对民族工作提出的新要求。但调查发现，各地政府更缺乏管理非本地民族流动人口的相应行政规则和处理文化冲突的经验。

因此，必须探索建立和完善城镇民族工作和民族关系的协调机制，加强城镇民族工作机构和队伍建设，建议各级政府注意招收一些出身西部少数民族的年轻公务员，充实到各级政府的工商管理、民政、司法、文教、就业与劳动保障等部门，并注意在各单位举办介绍少数民族历史、文化、宗教和生活习俗的知识讲座，以提高各级政府工作人员的知识结构、文化素质和政策水平。

在流动人口中民族成分较多、族际交往机会多的地区，相关工作必须更多地考虑

到文化服务和各族文化交流的需要,需要在当地媒体中加强族群文化知识和跨文化社会互动规范的宣传介绍,提倡彼此了解和尊重,增强社会容纳和处理多元文化的能力。我国一些地域之间的文化差异,有时可能比一些民族之间的文化差异还要大。社会的文化心理开放度、文化宽容和文化共处的能力是一个摆在全体人民面前的亟须加强的课题,而不仅仅是在族群关系领域才存在这种需要。

(4)调查表明,目前亟须制定和推行改善西南民族地区包括汉族在内的各民族生存和发展中出现的各种具体问题的可行措施。

西南五省(区)调查都表明,目前我们面临的迫切需要解决的问题有:环境生态保护问题、学校的双语教育问题、高考中的少数民族考生优惠政策问题、民族聚居区的老城区改造问题、少数民族青年就业问题、少数民族传统文化的保护和传承问题、"对口支援"项目的社会效益问题,还有许多与民众基本民生与发展相关的其他问题。只有我们逐一把这些专题的调查研究做好,为政府提供具有充分论证的政策性建议,在工作实践中切实地使广大少数民族精英和民众所关注的具体问题得到妥善、完满的解决,今后我们在讨论我国民族问题的基本理论和制度时,才能得到他们的信任和拥护。这些具体问题的研究与解决,是我们目前面对的当务之急。

9.7.2 建议

调查发现,十年来西南少数民族地区已经形成了普遍偏高的语言文化适应和国家认同,表明西南五省(区)领导提出的打造精神高地、冲出经济洼地,跨越发展具备民族地域的认同基础和内在精神动力,具备建设民族团结进步繁荣稳定示范区的良好基础。

此次调查的很多受扶持村寨,确实实现了飞跃,创造了许多扶持的成功经验。西南的经验,是西南民族工作的缩影,对全国民族工作具有重要启示。西南必须抓住桥头堡建设的机遇,站在战略高度,制定好实施方案,积极探索,推动经济社会发展、民族团结进步迈上新台阶,为建设民族团结进步边疆繁荣稳定示范区做出新的贡献。

9.7.2.1 抓紧编制规划,联合西南五省区加快申报国家示范区,争取相关部门支持

西南五省(区)有全国贫困人口最多、贫困面最大、贫困程度最深的省份,是我国民族类型最多样、民族人口最集中的地区,也是我国跨民族认同和跨地域认同最强、社会治理认同效果最明显的地区,完全有条件率先建立民族和谐发展示范区。为此,建议抓紧编制规划,加快申报国家示范区,争取相关支持。建议与国家民委建立战略合作,推进"民族团结进步繁荣发展示范大区"建设,以期在此项工作上取得实质性的突破与创新。同时,抓紧国家大力开展产业扶贫的机遇,加快申报设立国家产业扶贫

试验区、国家旅游扶贫试验区等建设，在基础设施建设、扶贫开发、生态补偿等方面争取支持。

9.7.2.2　加强研究西南经验，跟踪监测，总结推广

对西南比如贵州的经验做法进行总结归纳，比如“四在农家”“背篼干部”“五瓣章”等在全国影响较大的做法，分析新“贵州现象”[①]、贵州经验、贵州模式。对民族地区发展的标准不应仅仅包括经济和政治两个维度、两种标准，更需要自然、历史和文化的视角，着眼于未来乃至世界。贵州和西南各省的神秘自然风光、各族群独特的风情和生存智慧，阳明心学、佛教的圣地、从古至今的移民文化的和谐相处，在世界文化冲突加剧和现代化弊端凸显的今天，更具典型意义。

9.7.2.3　以西南为典型，推动民族地区民族政策的改革

目前我国的民族政策主要是基于各个民族来制定的，往往是在同一个地区有不同的民族政策，不同的扶持力度，使汉族群族不能与生活在这些区域的其他族群享受同等的优惠，这样的后果易导致族群之间的对比、攀比，伤害民族感情，不利于整个地区民族工作的开展。从民族区域自治地方的长远发展和各族人民的根本利益来考虑，自治地方不仅仅要考虑民族的因素，而且要把民族因素和区域因素、政治因素和经济因素、历史因素和现实因素有机结合起来。

因此，西南地区应在深入贯彻落实少数民族政策的同时，从产业发展、设施建设、财政税收、地区支持等方面加快研究针对少数民族地区的区域性政策体系，创建平等、公正的发展机制与发展平台。使少数民族地区的不同族群、不同阶层、不同区域之间在财政、文化、教育、语言、扶持等方面可以平等地享受优惠政策，并能平等地分享一切经济和社会发展的成果。

9.7.2.4　强化社会化服务体系建设，促进移民的语言文化融入

促进移民的社会化融入是政府加强移民安置效果，降低返迁和返贫率的重要措施，政府层面应给予更大的关注。政府在移民的社会融入方面应该尽可能地创造良好的移民发展氛围。一是在硬件安置上，加强大环境的改善和局部微环境的保留之间的平衡。比如，基础设施建设方面，尽可能地实现基础设施均等化，而住房安置上，尽可能多的保留移民原有居住习惯，增强移民安置后的环境适应性。二是文化融入上，应建立在劳务就业安置稳定，住房安置适应等硬件安置完备的前提下，倡导移民突破地缘改变造成的文化冲突。三是针对差异化安置方式，采取差异化的社会融入

---

① 胡鞍钢曾在《“贵州现象”启示录》（《民族团结》1995年第1期第21—24页）中撰文指出“贵州现象是一种特殊的自然地理环境、发展环境和体制背景下产生的中国最突出的欠发达现象”。但今天已经出现了前所未有的新“贵州现象”：随着国务院2号文件的出台，贵州在经济、文化、生态等方面均有突出表现和优势：经济上的“速度贵州”，文化上的“多彩贵州”，生态上的“绿色贵州”。

促进机制。由于不同安置方式中，房屋居住条件、移民搬迁时间、政府对移民的关注度、安置地区居民对移民的态度均存在差异，所以，再研究移民社会融入政策改善，应针对不同安置方式进行区别化研究。四是完善各种社会化服务体系，保证新移民的离开原地后，基本生活仍有一定的保障，能够在相对陌生的生活环境中迅速地适应，能安稳地生活下来。五是实施管理创新工程，扩大新移民的交往范围。结合搬迁村庄的实际情况，兼顾已有管理体制，创新农村牧区村民自治组织设置模式。进一步落实村务公开情况，健全本村监督委员会并充分发挥好监督职能，保障农牧民在改善本地区居住环境的同时，积极推进"高原美丽乡村"建设中农牧民的知情权、参与权、管理权和监督权，可以尝试开展一些类似文明村镇、文明家庭等评选活动，引导农牧民逐渐改变陈规陋习，逐渐培养并形成科学、健康、文明的生活方式，有利于进一步扩大农牧民的交往范围。

同时还可以通过逐步完善农牧民生活圈建设，来扩大农牧民的交往范围。例如增加银行网点、餐饮住宿、综合超市、文化娱乐等服务设施建设，来提升医疗、养老等公共服务质量，满足农牧民购物、休闲、娱乐、教育等日常需求。创造更加便利的条件，方便农牧民生活。让他们在购物、休闲、娱乐、教育等日常需求中拓宽自身的交往范围。

9.7.2.5 加强西南各民族文化的保护与传承，加快发展民族地区文化教育

保护和传承文化，努力提高民族的教育水平，是提高民族认同、地方认同、国家认同、社会制度认同的重要基础。民族教育是推进贵州少数民族地区经济发展、社会进步的重要基石。广泛开展民族团结教育，在加强民族学生的科学文化知识教育的同时，还应加强民族历史、民族团结、爱国主义等教育。加强教育对口支援，加大对民族教育的财政、人才等支持力度。大力推广双语教育，在掌握普通话的同时，保障民族语言的不断传承。

西南五省(区)是我国少数民族和少数民族文化最多样化的省地区，比如贵州省的古镇、古村寨数量是全国最多的，全年民族节日有 1 000 多个，较大的民族节日就有 100 多个。亟待加大力度，开展少数民族文化的保护与传承工作。要逐步增加政府对民族文化的投入，建立西南少数民族文化保护与传承基金，为文化的整理、修复、开发等提供资金支持，引入现代化、数字化科技恢复古文化、文物遗址，促进民族传统艺术的保存。加强教育培训，培育一批少数民族歌舞技师，传承民族艺术。

草原上的牧民对草原的挚爱与珍惜已经形成一种文化习惯，这种文化习惯是独立的、动态的体系。这种文化惯性，对于我们所描述过的"行为规范"而言更明显，更自觉，并且更有效。这种文化形成的原始规范，被所有区域的人所尊重和善意的理解，在他们的心灵和行为中占据显著的位置，这也是保证制度得以顺利运行所必不可

少的部分。这种文化是约定俗成的,人们会毫无疑问的“自发自愿”的去服从和恪守。玛曲牧民的这种生态文化是藏传文化的一个重要组成部分,非一般意义上的自然中心论。它的尊重自然、关怀自然,把伦理道德的范围扩展到自然界一切生物的思想。藏族传统生态文化对自然客体赋予了新的内容,它在理解和阐述自然的价值和权利的理由方面,比自然中心主义提供了更为人性化的根据。我们看到,藏族的原始宗教生态观里没有人、物二元平等的思想,藏民认为,作为客体的自然高于人类,它决定着人类的命运。在自然面前,人是被动、无能的。当然,这是“万物有灵”观念和人类与自然交往中多次失败的经验相互交织为背景而产生的一种观念,几乎是人类先民的普遍意识。不同的是,藏族在历史发展的长河中比其他民族更多地保留了这种观念。所以,草原在牧民眼中已经不是单纯的草原,而是如父、如兄、如子的感情和融入血脉的亲情。

9.7.2.6 实现经济可持续发展

移民安居首要的问题就是要解决收入问题,没有持续稳定的收入来源,即便有了移民新村、移民新房,也无法让移民安心的生活下去。因此,政府部门和社会各界都应积极参与到生态移民工程中来,共同努力寻找适合生态移民的可持续发展路径,从政策上帮助移民就业,让移民参加有利于就业的技术技能培训,可能是实现移民可持续发展的重要途径。具体从以下三方面着手。

(1)应促进移民就业。一是引导生态移民积极到企业就业,企业也应明确自己的社会责任,利用生态移民的相关政策优势和廉价劳动力,促进企业发展壮大,主动开拓适合生态移民尤其是少数民族生态移民群体的岗位,政府对于吸纳一定比例或规模生态移民就业的企业,在权限范围内给予税收等方面的政策优惠,动员和促进城镇园区、企业等在用工方面重点向生态移民群体倾斜;二是大力扶持移民自主创业,通过开展创业培训、信息咨询、方案设计、风险评估等创业服务以及提供政策优惠、贷款支持等措施,积极引导和扶持生态移民开展农产品加工、民族工艺品加工、商品经营、餐饮服务、运输服务等创业活动,以创业促进就业;三是积极开展区域劳务合作,搞好移民转移 就业服务;四是努力增加城镇(社区)公益性就业岗位,为部分生态移民提供稳定的就业途径。

(2)应提高转型能力。要实现移民的身份转型,生产方式和生活方式的转变:一是必须获得稳定的就业途径;二是必须在移民安置点获得认同;三是必须与原住居民在社会保障方面享受同等的待遇。在此基础上,生态移民才有可能真正提高自身的转型能力。

(3)应加强生态移民的技能培训。按照因人施策、分类指导的原则,向移民开展不同类型的培训:一是对于农业能手应与农业院校和科研院所联合加强现代农业实用技术培训，帮助生态移民尽快适应生产方式的转变；二是根据各地区产业化发展的需求，联合职业中学、职业技术学院等培训资源，对生态移民进行就业技能培训和岗位技能提升培训；三是加强如美容美发、汽车修理服务、建筑施工等第三产业方面的技术培训，帮助移民依靠自身技术水平的提升实现劳动力转移；四是由于移民受教育水平普遍较低、技能缺乏、汉语水平差等情况的普遍存在，有必要组织开展有关文化知识、语言、法律法规等方面的培训，逐步接受市场观念、法制观念、现代生育观念和自我实现等价值观念，帮助生态移民尽快适应。

9.7.2.7 必须进一步加大少数民族干部选拔和培养力度，提供人才保障

要把着力培养选拔一大批少数民族人才作为建设民族团结进步繁荣发展示范区的一条根本保障和重要举措来谋划、来推进、来落实，进一步增加各类少数民族人才的总量；认真解决少数民族人才队伍在年龄层次、专业构成、地区及行业分布等方面存在的结构不合理问题；不断提高少数民族干部的政策水平、整体素质和工作能力；关心民族地区干部尤其是乡镇干部的身心健康，要注重职位、物质和精神三方面都能够适当给予补偿，在相应政策中规定各级政府安排相应资金做好此项工作。

总之，我们在发展和治理中要以人为本，发展经济的同时处理好民族文化的调适与发展问题。各级政府要始终把承认和尊重当地人的生态家园、文化权利、社会价值纳入规划并在措施、资源和制度上给予保障，真正让当地各个民族得到综合发展的实惠。对农民和少数民族的前途命运做出长远的制度安排，让他们在发展中获得表达意愿、参与决策、享受公共服务资源的权利，尊重地方和民族的文化主体性和保障文化公平传承，培育和扶持民间组织，充分发挥各类民间组织在提供服务、协调利益、化解矛盾、反映诉求、规范行为方面的积极作用。

建设民族团结进步繁荣发展示范区是一项涉及面十分复杂的系统工程，尽管已经取得了长足的发展与进步，但仍有许多问题需要进一步改进甚至是创新。本研究重点对其中的语言文化适应、国家认同与社会治理等方面进行了分析和探讨，通过对政策效果和对各族群众的调查，展示了民族政策取得的丰硕成果，揭示出新时期民族工作面临的挑战，并就具体工作机制的改进提出建议。

70年来，世界上不少国家为民族问题所困，而中国却维持了民族团结和国家统一，这不能不说是我们中国共产党创设了中国特色的民族区域自治制度的贡献。十九届四中全会的公报为这个“有效”总结了13个“显著优势”，而认识到这些“显著优势”，则是我们坚定“四个自信”的基本依据。

展望未来，公报提出了“固根基、扬优势、补短板、强弱项”。我们希望通过上述努力，使西南民族地区综合经济实力、人民生活水平和质量、社会事业发展、生态文明建设、民族工作上一个大台阶，并在民族经济发展、民族团结教育、民族文化繁荣、民族

教育振兴、生态文明建设、干部人才培养、民族法制建设、民族工作创新、民族关系和谐等方面取得明显成效，进一步铸牢中华民族共同体意识，加强各民族交往交流交融，促进各民族像石榴籽一样紧紧抱在一起，共同团结奋斗、共同繁荣发展！

10. 长三角科创企业调研报告(一)

10.1 调研背景

自2008年《国务院关于进一步推进长江三角洲地区改革开放和经济社会发展的指导意见》发布以来，"长三角一体化"已从学术概念正式上升为国家层面的战略决策。自此，长三角各省市间发展更为紧密，合作愈加升级。2019年《长三角一体化发展规划纲要》的印发更是其上升为国家战略后的首个公开规划，是致力于推动长三角地区三省一市间产业融合和创新发展所出台的一份发展纲要。与之相关的三省一市也相继制定落实了进一步的行动方案。其中，G60科创走廊更将在长三角一体化过程中扮演"引擎"的角色。本次调研的目的城市是G60科创走廊的六个城市：杭州市、合肥市、芜湖市、金华市、湖州市和宣城市，调研涉及相关城市概况，支持科创企业的主要政策，典型园区、企业介绍以及科创企业发展中面临的问题。

10.2 杭州调研

10.2.1 杭州基本情况

杭州，浙江省省会，位于中国东南沿海，浙江省北部、钱塘江下游、京杭大运河南端，副省级市，是浙江省的政治、经济、文化、教育、交通和金融中心，长江三角洲城市群中心城市之一，环杭州湾大湾区城市、杭州都市圈城市，中国重要的电子商务中心之一。

截至2017年，杭州下辖10个区、2个县，代管1个县级市，总面积16 853.57平方千米，常住人口946.8万人。2017年，杭州实现地区生产总值12 556亿元，比上年增长8.0%，居民人均可支配收入49 832元，社会消费品零售总额5 717亿元，高新技术企业达2 844家。

"十三五"期间，按照党中央推进战略性新兴产业集群建设的战略部署要求，杭州市全力推进实施产业体系构建和集群集聚发展，正式确定加快布局“1＋6”产业集群建设，重点打造1个万亿级信息经济集群，大力发展信息产业，以及6个千亿级产业集群，包括文化创意、金融服务、旅游休闲、健康、时尚、高端装备等6大主导产业。

“1”所代表的万亿级信息产业集群，以信息经济为核心产业，建设电子商务、云计算和大数据、物联网、互联网金融、智慧物流和数字内容中心，聚焦信息与软件服务、电子信息产品制造、移动互联网、集成电路、机器人、信息安全等特色领域。研究制定信息经济领域核心技术发展路线图，大力建设核心芯片以及高端传感器、服务器、存储设备等关键设备。深化国家高端软件及应用系统集聚试点建设，推动云操作系统、工业控制实时操作系统、智能终端操作系统、人机交互系统等领域的研发和应用。

“6”所代表的六大千亿级产业集群，其中，高端装备制造产业是杭州未来重点发展的高端装备制造产业集群。其中，涉及重点领域包括节能环保装备、机器人及智能制造装备、通用航空装备等。同时，未来杭州将充分发挥信息经济的优势，聚焦信息与软件服务、移动互联网、集成电路、信息安全等特色领域，不断拓展信息经济新兴领域。在G60科创走廊中，重点发展“互联网＋”、汽车、高端装备、智能制造、生物医药等产业领域。

10.2.2 相关政策

财政局对于杭州市内的科创企业发展给予资金和政策方面的大力支持，其中财政预算支出记录如下：全市科技支出2019年达122亿元，市本级2019年27.5亿元。市本级27.5亿元科技投入主要有产业政策（约20亿元）和事业运营（其余部分）的投入。财政涉及15个政策，主要如下：科技金融方向（天使引导、创业引导、担保和周转，承诺2020年创业引导基金达到30亿元、天使引导基金达到10亿元）、平台建设类（孵化器和众创资金支持、科技创新券）；市场主体培育（提供企业从雏鹰到上市的过程培训，提供研发后补助政策）；项目支持（重大科技创新补贴、农业和社发补助）；科技成果转化类（对科技成果项目和中介机构都有补助）；领军型创新团队补助。

在税务局方面，首先税收政策全国是统一的，税收管理上可能有联动，落地上没有区域性的政策。企业所得税范畴中，几个有利政策分别为：(1)按照税法规定，对研发费加计75％扣除；(2)对高新技术企业按15％税率征税，高新技术认定助力企业未来发展；(3)创投主体采用股权投资方式投资种子期、初创型科技型企业满2年按投资额70％抵扣应纳税所得额(附：财税〔2017〕38号文)，且适用范围扩大。

10.2.3 调研的典型企业——浙江邦盛科技有限公司

(1)公司简介

浙江邦盛科技有限公司(简称邦盛科技),成立于 2010 年,注册资本 5 000 万元,总部位于中国杭州,是国内最早专注金融领域实时风控的国家高新技术企业、浙江省软件企业、杭州市高新技术研发中心、浙江省高新技术研发中心、ISO9001、ISO20000、ISO27001 与 CMMI4 认证企业。

邦盛科技致力于为国内金融机构提供高性能的事中风险监控解决方案,拥有世界一流金融交易及授信风险监控等系统技术研发团队,掌握相关核心技术。公司是内资企业,核心技术完全自主可控,且有自主知识产权,并与多家银行在内的 200 余家金融机构达成合作。

邦盛科技自主研发了一整套金融领域实时反欺诈与授信产品,服务领域囊括银行、三方支付、互联网金融,证券保险、电商航旅、政务票务等。针对 100 多个金融风险场景,建立了 2 400 多个规则与模型,形成了国内金融实时风控领域丰富的规则模型库。拥有全行业全面的欺诈信息数据库。

公司核心团队来自美国道富、阿里巴巴、IBM、华为、浙江大学等知名企业和高校,管理团队长期服务于美国道富(全球最大的托管银行),并与美国多家著名金融机构深度合作 10 余年,具备丰富的金融行业信息系统建设经验和全球化视野。与浙江大学建立了战略合作关系,确保公司人才与技术始终保持创新。

公司具备独立自主的大数据技术研发能力,在流式计算、实时计算、复杂事件处理、机器学习、数据挖掘等技术领域拥有国内尖端的科研团队。独立研发的流式大数据实时处理平台“流立方”,数据集群吞吐能力少量节点即可高达百万笔每秒,平均延时 1 毫秒,数据处理性能国际领先。

公司拥有员工近 400 人,核心团队拥有 15 年以上的金融风险监控领域相关经验,形成了覆盖产品设计、业务分析、技术研发、方案咨询、售后服务等在内的完整团队。

邦盛科技专注于中央风控与实时风控市场,并逐步向泛金融领域扩展。旗下子公司邦睿科技以流立方产品为支点,将技术应用于政务、港务、票务、轨道交通、电信、公共安全等领域。

邦盛科技在发展中一直秉承“引领科技、追求卓越、昌盛国邦”的价值观,通过引领新一代金融风控技术,构建金融风险实时监控生态圈,为我国的金融安全保驾护航。

(2)核心技术

公司具备独立自主的大数据技术研发能力,在流式计算、实时计算、复杂事件处理、机器学习、数据挖掘等技术领域拥有国内尖端的科研团队。独立研发的流式大数据实时处理平台“流立方”,数据集群吞吐能力少量节点即可高达百万笔每秒,平均延时 1 毫秒,数据处理性能国际领先。

(3)研发能力

邦盛科技专注于中央风控与实时风控市场,并逐步向泛金融领域扩展。邦盛科技自主研发了一整套金融领域实时反欺诈与授信产品,服务领域囊括银行、三方支付、互联网金融,证券保险、电商航旅、政务票务等。针对100多个金融风险场景,建立了2 400多个规则与模型,形成了国内金融实时风控领域丰富的规则模型库。拥有全行业全面的欺诈信息数据库。

(4)公司团队

公司拥有员工近400人,80%以上为研发人员,其中80%为浙大学生,50%以上具有研究生学历。研发团队分为三部分:第一部分是底层架构的核心研发人员,第二部分是项目研发的共同研发人员,第三部分是对外交付人员。管理团队长期服务于美国道富(全球最大的托管银行),并与美国多家著名金融机构深度合作10余年,具备丰富的金融行业信息系统建设经验和全球化视野。公司核心团队来自美国道富、阿里巴巴、IBM、华为、浙江大学等知名企业和高校,拥有15年以上的金融风险监控领域相关经验,形成了覆盖产品设计、业务分析、技术研发、方案咨询、售后服务等在内的完整团队。

(5)团队建设

技术公司氛围,扁平化结构,节假日双休,在不可抗拒因素情况下,技术部门也会有一些加班情况。员工有股权激励,没有期权激励。

(6)资金支持

2018年公司营收1.3亿元,亏损200万元,预计2019年收入将近2亿元。

(7)职工流动率

人员架构稳定,外层研发人员流动性相对较高。近两年采取淘汰尾部措施,但是没有强制的指标。各个部门根据自己内部情况,自行决定淘汰指标。

(8)政府政策支持

与浙江大学建立了战略合作关系,确保公司人才与技术始终保持创新;2017年至2018年,科技部战略投资国家重大科技资源转化投资到公司。

10.2.4 当前问题

(1)科技创新的边界不明确。科技创新的关键在于设定边界,在明确的界限内允许企业进行自由探索创新,在政策不确定的情况下,对科技创新是很大的忌讳,会导致企业不敢去做创新,不敢有长期的投资。所以当前的首要问题是需要党委政府明确负面清单,清楚什么该做、什么不该做,及时调整政策,明确政策的态度。

(2)金融仍可以加大支持。资本市场目前已经通过科创板对科创企业进行支持,政府将科创板作为金融基础设施，体现了政府对于科创的重视，希望以科创板的增量推动资本市场的创新改革。但是当前私募基金等还有待整顿和改正，还有很大的完善空间。同时，市场准入也是科创板发展的隐形障碍，需要源源活水来支撑科创板长久发展，所以在金融方面，政府还应该给予科创企业更大的支持。

10.2.5　政策建议

(1)市场准入问题的明确。政府部门要尽快完成股权投资在市场的经营，明确畅通市场准入问题，使政府和市场真正能够帮助到优秀的科创企业，让它们能够取得足够的支持和长足的发展。

(2)给予科创企业真正优惠的税收政策。当前政府在税收方面仍然没有明晰准确的政策，虽然目前国家在税收方面已经有所调整，但是结合实际情况仍然有所出入。个税和企业税收负担在形式上虽然减少了，但是实际上还是增加了。征税的范围和征税的方式还应该加以考量，合理明确按照项目征收还是按照基金征收，若按照项目征收允许提取风险准备金，若允许按照基金征税，则不能分，分了就要交税。政府的产业部门可以有所推动，在G60走廊范围内建立科技创投试验区，以此来提供相应的优惠措施。在制度设计上，可以给企业更多选择的权力，如此更加符合企业发展的需求。

(3)建立G60科创母基金。虽然目前市场上已经有创投引导基金，但是出于更好的政策设计考量，G60能否成立一个科创母基金，运用政府的威信建立三个层次的基金设计，从母基金到以各个地方为主的创投引导基金，再由创投引导基金与市场化、专业化的私募股权合作，按照绩效选择合作对象，而不是采取平均化的方式。这样真正构造多层次、立体化的体系，吸引资金流向优秀的科创企业。

(4)信用体系建设。政府部门和投资机构对被投资对象的团队和企业的信用情况应该要有充分的了解，而当前的信用体系还不够完善。因此，在数据整合方面可以采取双轨推进:第一，可以在人民银行已有的征信系统的基础上继续完善，建立以银行信贷为主的金融信息系统;第二，建立以地方为主的信用信息平台、金融政务服务平台，以此将地方政府掌握的企业和个人的行为数据整合。当前很多机构和部门不愿意交出数据的原因所在一是法律上没有依据，没有共享数据的强制规定;同时审批权的丧失导致很多部门职能依靠数据刷存在感;部分数据涉及隐私和滥用问题，但是可以利用区块链技术对数据进行有效的整合。

(5)摆正对“软硬科技”的认识。在当前科创发展的形势来看，深圳更重视硬科技，而杭州更重视软科技。对于软硬科技的认识方面，“0—1”的科技创新就是硬科技，无法模仿，“1—2”“2—3”的科技则为软科技。依照当前的发展趋势，软科技其实比硬科技更重要，设备可以外购，但是源代码和数据必须要掌握在我们国家自己手上，可以说“软件定义世界，数据驱动未来”。但是，软科技不等于软科学，目前很多企业对此还缺乏准确的认识，软科学属于管理范畴，而软科技不是，政府部门应该要避免误导，承担起为市场和企业引导的责任。

10.3　合肥调研

10.3.1　合肥基本情况

合肥，古称庐州、庐阳，是安徽省省会，长三角城市群副中心，综合性国家科学中心，“一带一路”倡议和长江经济带战略双节点城市，具有国际影响力的创新之都，国家重要的科研教育基地，现代制造业基地和综合交通枢纽，合肥都市圈中心城市，皖江城市带核心城市，G60科创走廊中心城市。

合肥市地处中国华东地区、江淮之间，环抱巢湖，总面积11 445.1平方公里(含巢湖水面770平方公里)，截至2016年末，下辖4个市县区、4个县，代管一个县级市，设有4个开发区，城市建成区面积428平方公里。2017年实现地区生产总值7 213亿元。合肥是世界科技城市联盟会员城市、中国最爱阅读城市、中国集成电路产业中心城市、国家科技创新型试点城市。有“江淮首郡、吴楚要冲”，“江南之首”“中原之喉”的美誉。截至2016年末，全市有各类高等院校60所，在校学生62.86万人，其中普通高校50所，在校学生54.55万人；有省部级以上重点实验室和工程实验室151个，其中国家重点(工程)实验室13个。2017年中国百强城市排行榜排29位。

合肥市依托“中国制造2025”试点示范城市、合肥综合性国家科学中心，打造一批世界级产业集群、国家级产业集群和未来先导产业集群。在G60科创走廊上，重点发展新一代信息技术、高端装备制造、新能源等产业领域，加快形成“4＋5＋N”高质量现代产业体系。

(1)打造4个世界级产业集群新型显示

扎实推进新型显示国家集聚试点建设，完善京东方“6代＋8.5代”面板生产线布局，加强新一代显示技术研发，着力突破OLED、3D显示、激光显示、VR/AR显示等量产技术瓶颈。智能语音及人工智能。依托“中国声谷”，在语音智能、类脑智能、量子智能、大数据智能四大技术领域形成优势。光伏新能源。合力形成光伏应用与产业升级相互促进的协调发展态势。家用电器。以新型显示、集成电路发展带动家电产业链向前端延伸，加快发展智能家电产品。

(2)建设5个国家级产业集群

①集成电路。重点布局存储50芯片、显示驱动芯片、家电芯片、汽车电子芯片等产业发展方向。

②新能源汽车及智能汽车。注重发挥江淮汽车等龙头企业作用,拓展上下游产业链,打造具有国际竞争力的智能网联新能源汽车产业体系。

③机器人。构建集机器人研发设计、生产制造、系统集成、检验检测、技术服务于一体的完整产业链。

④生物医药。提升发展生物医药、医疗器械两大特色型产业,培育壮大生物农业、生物制造两大成长型产业,超前布局生物及健康服务潜力型产业。

⑤装备制造。重点突破电液伺服、节能环保、智能控制等关键共性技术,积极发展轨道交通、节能环保、船舶及海洋工程、燃气轮机等高端装备,向前端装备领域发展半导体产业高端制造装备。

(3)培育N个未来先导产业集群

主要依托合肥综合性国家科学中心,聚焦信息、能源、健康、环境四大领域,注重原始创新和前沿突破,培育形成量子信息、类脑智能、超导技术、超高场磁共振成像、大基因等一批未来先导产业集群。

10.3.2 相关政策

首先,国家科技部司长提出,G60科创走廊已明确成为长三角一体化先行先试的抬头兵,这意味着G60已经上升到国家战略层面。规划纲要里提到的先行先试的试验区是利用行政和物理上的结合点画出的一个区域,G60实际上是利用了交通工具将9个城市串在一起。其次,科技部领导提到最多的就是“政策”,政策应该接地气,并且自下而上,长三角各政府是按照文件办事的,这与深圳不同。另外,G60最早只包含两省一市,合肥之后才融入,因此,G60对合肥来说既是挑战也是机遇,合肥希望借此机会,引进人才,引进更好的第三方服务平台。合肥也认识到尽管其实力和上海、浙江相比差很多,但发展潜力相对较大。G60是一个产业联盟,能够让9个城市发挥各自的优势,9个城市是一个国家队,是一个整体,要用一个声音回应。

在间接融资方面,政府财政资金池和银行合作,通过“增信+共担风险”引导银行对科创企业放贷。同时,财政资金池针对企业有一定筛选标准,对于不同企业的需求设计的产品类型多达十多种。合肥市政策性融资担保体系比较完善,担保费率很低,普遍在0.5%以下,要求做到1.2%。如果是1%,还有一定补贴。安徽省再担保公司、合肥市政策性担保公司、银行、政府共同组成“4321风险分担机制”,改变由融资担保公司承担全额代偿风险、政府补贴融资担保公司的传统模式,对单户2 000万元以下的贷款担保业务,由融资担保公司、安徽省信用担保集团、银行、当地政府,按

4∶3∶2∶1的比例同担风险责任。实施后，担保公司的“后顾之忧”大为减轻，小微企业有望获得更多贷款。

在企业上市的引导方面，政府采取一定的奖补措施，只要企业能够通过上市的申请就可以优先获得一部分的政府补贴。不论在省级还是市级层面都设有奖补资金，总计达到上千万元。同时，在上市过程中企业能进一步获得部分奖补，这样子的机制有助于企业的资金周转和流通。

对于租用G60科创走廊城市纳入开放共享的仪器设备，合肥市政府按照租用仪器设备年度支出的20%给予租用企业不住，最高可达200万元。

10.3.3 调研的典型企业——安徽节源环保科技有限公司

(1)公司简介

安徽节源环保科技有限公司系中国建材集团有限公司旗下上市公司中国中材国际工程股份有限公司全资子公司。公司为国家高新技术企业、双软认定企业，具备电力需求侧服务一级资质，是安徽省首批经国家发改委、财政部认定的节能服务企业之一。

公司专业从事节能环保综合服务，服务领域主要包括：环保、节能设备、技术研发与推广；节能改造、机电、市政、环保、水利水电、园林绿化工程的技术咨询、工程设计、工程总包、建设、运营；垃圾焚烧发电设备技术研发设计、工程总包；地质灾害治理工程勘察、设计、施工；能源管理及信息化技术研究、设计、建设、运营；固定资产投资项目节能评估。

建筑垃圾处理是当下垃圾处理的一大难题。公司现有技术可以将建筑垃圾转换成陶粒，可用做建筑材料。但是因为设备的原因，目前该技术还没有得到广泛的应用。此技术的可复制性很强。

(2)发展历程

公司成立于2006年5月12日，是安徽省内最早从事能源管理节能服务的企业之一，注册资金101万元。2010年国家出台相关政策支持节能环保服务，公司于2011年开始大力发展。

2013—1014年，公司整体搬迁至瑶海区都市科技园区办公楼，面积达6.5万平方米，形成公司产业化基地，被定为“国家高新技术企业”、“双软认定企业”、省认定企业技术中心、合肥市工程技术研究中心，承担国家物联网重大应用示范工程项目，与多家大型高耗能企业签订战略合作协议，注册资金增加到6 000万元。2015年，公司完成并购重组工作，成为中材国际全资子公司，实现从民营企业向央企上市公司的华丽转变，同年被工信部认定为“互联网与工业融合创新试点企业”，注册资金增加到

6 315 万元。公司借助央企上市公司的人才、技术、资本、品牌等综合优势，以做优、做强节能产业为基础，加快推广节能环保信息化业务，逐步向环保生态产业延伸，努力成为在节能环保领域具有重要影响力的综合服务商和投资运营商。

(3)经营业绩

2015 年加入中材国际以来，安徽节源经营规模、经营业绩、员工队伍不断发展壮大，进入规范、快速发展轨道，平均年复合增长率达 190%。2018 年公司营业收入 10 亿元，利润 1 亿元。公司未来在大数据方面将有很大突破，做大环保产业。

(4)主要业务模式

合同能源管理，为客户提供从项目设计、融资、施工到设备采购、安装、调试等一整套节能改造服务，并从客户节能改造后获得的节能效益中收回投资和取得利润的商业运作模式。“十三五”期间，安徽节源将根据市场需求，立足合同能源管理模式，注重商业模式的设计，在余热利用、电机节能改造和高效汽轮机节能改造等节能领域，根据具体项目选择 EMC、BT、BOT、EPC 等不同的服务模式，为客户提供更好更全面的节能服务。

(5)项目分布

安徽节源致力于开拓具有良好发展潜力的节能服务和生态环保市场，不断提升资源整合能力，建立了覆盖全国范围的市场营销网络体系，客户遍布安徽、江苏、河南、河北、湖南、山东等多个省份，已为逾百家企业实施节能改造项目，赢得了社会各界和广大客户的高度称赞，取得了显著的经济和社会效益。

(6)人员状况

截至目前，安徽节源共有员工 187 人，其中硕士以上学历人员 54 人，占比 29%；本科及以上学历人员 150 人，占比 80%；工程技术人员 99 人，占比 53%。

(7)行业发展现状及前景

政府重点扶持环保产业的发展，大力发展绿色金融，实现国民经济绿色发展和高质量发展对环保产业提出了新任务和更高要求，市场需求将保持强劲增长。到“十三五”末期，生态环保产业有望发展成为国民经济支柱产业。2018 年我国环保行业总产值达 13 万亿元，预计未来五年(2019—2023 年)年均复合增长率约为 11.07%，2023 年中国环保行业总产值将接近 14 万亿元。各级政府的能源政策已有传统的能源强度控制转向能源总量和强度的“双控”，对能源信息化、智能化的高度重视越来越显现。

(8)研发情况

技术实力方面：公司重点打造“一所两院”(利用研究所、数字节能研究院、生态环境研究院)。环境生态研究院现有工程技术人员 30 人，其中高级职称 11 人，国家注册工程师3人，博士13人，硕士及以上学历人员比例80%，涵盖了环境、生态、化工、给排水热动、水文地质等专业。

专利方面：公司目前拥有国家专利技术20余项，软件著作权16项；主持、参编1项国际、2项行标、1项地标；参与国家重点研发课题，已承担多项省市级科研项目。

研发投入方面：2016—2018年，公司研发投入分别为766万元、2 125.71万元、2 392.35万元。

研发人员方面：截至2018年底，公司研发人员共46人，占员工总数的31.08%；其中高级职称17人，中级职称25人，初级职称17人，高级技工2人。

（9）融资情况

公司作为民营企业的时候资产负债率只有5%，因为负债率越高风险越大，资产负债率控制得很严。加入中材国际后，公司充分利用中材国际上市公司融资优势，探索资本市场融资。拓宽融资渠道，在考虑融资成本、担保增信等条件下，引入节能贷、融资租赁、供应链融资，产业基金等融资品种。在满足业务发展资金需求的前提下，通过产业基金、供应链融资等融资品种的引入，有效降低资产负债率和有息负债金融。公司通过质押、保证等方式，从银行取得短期或长期借款。

（10）纳税情况

2016—2018年公司税费缴纳分别为340万元、1 274万元、3 288万元。

（11）市场情况

主要竞争对手包括大型央企或上市公司所属节能环保板块（中节能、中材节能、华润集团），带有专项节能技术的公司（国祯环保），传统企业新成立的节能服务公司（京东方、河南能源）。

（12）公司面临的问题

①人才紧缺：投融资类、工程类、技术类人才紧缺，人才关是企业面临最大的难题。公司利润最高的时候人均可达114万元，但这是不可持续的，公司还是缺乏人才，特别是加入央企之后，人才引进的速度高于企业发展的速度。

②商业模式分析不透彻：公司有项目案例，但是中小企业对商业模式的分析不够透彻和全面。地方政府招商引资的负责人对商业模式了解并不全面，引进企业方面考虑并不充分。科技企业拥有技术，但是缺乏管理经验，所以需要优秀的投融资管理人才。

③投资权受限：公司的经营权可以无限大，但是加入央企后，投资权非常受限。

④行业分析不透彻：中小企业对行业的现状分析并不透彻，支持中小企业发展应当加大中小企业对行业发展的分析和理解。

10.3.4 当前问题

(1)科研成果丰富,但科研成果的转移转化仍有待增强提高。所以,合肥当前正在强化科创服务合作,积极构建长三角科创成果交易中心,希望以安徽省科技创新馆位载体,利用好该平台做好科研成果的转移转化,这是合肥市当前面临的挑战。

(2)缺乏优质的第三方互信平台。合肥当地缺乏一个企业、高校、基金、投资类机构互信的平台,省委、市委正在贯彻落实此平台的搭建,该平台应当是一颇具有公信力的平台,政府层面希望能够通过互信平台的搭建,来推动当地科创产业的进一步发展。

(3)金融科技的升级问题。合肥市科技创新馆吸引了很多就业人口,未来金融科技升级和就业紧密相关。产业园估计支持 10 万人的就业人口,未来如果产业升级跟不上,这意味着 10 万人的就业面临困难。金融服务如果不升级,产业如果不升级,很多企业就不会留在合肥,引进的人才也会流失。

(4)产业资金仍旧不足。合肥有科大讯飞、安科生物等成功的公司,他们在长三角设立了研发中心或者生产基地,吸引了很多资金,获得了许多经验。政府希望相关层面能够继续深化产业合作,吸引更多优秀的资金。

(5)科创主体较弱,科创板上市情况并不乐观。安徽省全省目前只有两家企业科创板待审,合肥市希望通过强化科创主体,推动银行等对科创企业对服务来推动科创企业上市,积极追赶先进城市。

(6)战略制定落后。合肥市关于科创方面的战略制定相对于其他省市有所落后,例如松江作为 G60 科创走廊的领头羊,各省市都想把其作为一个对外展示的窗口,浙江的 11 个市早前便在松江买了 11 栋楼,是非常具有前瞻性的,而合肥当前想要在松江拿地建设基地,实施起来困难重重。

10.3.5 政策建议

(1)加大对市内重点科创项目的支持。尽管当前来看,合肥相关产业资金仍有缺口,市科技资源和资金都有限,但是依托 G60 科技走廊的发展和合肥当地科技创新力量,合肥当地仍有不少充分发挥地区禀赋的优秀科创项目,合肥应当积极发挥后发优势,加快对市内优秀科创项目的发现工作,大力支持市内重点科创项目的发展,通过项目的组织实施带动主导产业的发展。

(2)加快引进科创产业急需的高端技术人才。科创产业的发展对于高端技术人才有强烈的需求,合肥市应该借助 G60 科创走廊的契机,大力引进高端技术人才,通过人才的引进进一步推动高新技术产业的发展,把握科技命脉。

(3)搭建“政产学研投”充分交流的互信平台。合肥市当前缺乏一个“政产学研投”五方互信的平台来进一步推进科技创新成果转化、科创企业高速发展以及科创产业布局,政府应该加快牵头搭建一个五方互信平台,使得地区科创事业取得更高层次的发展。

(4)为科技创新提供进一步制度保障。合肥作为G60科创走廊的后发地区,不仅需要国家政策自上而下的推进,也需要从自身出发自下而上的制度改进,地方政府率先主动作为,破除制约科技发展的制度层次障碍,全面激发创新活力。

10.4 芜湖调研

10.4.1 芜湖基本情况

芜湖,简称“芜”,别称江城,安徽省地级市、安徽省双核城市、国家区域中心城市、长三角大城市、华东地区重要的科研教育基地、安徽创客之城,南京都市圈成员城市,合肥都市圈城市,G60科创走廊中心城市。芜湖地处长三角西南部,南倚皖南山系,北望江淮平原,是华东重要的工业基地、科教基地和全国综合交通枢纽。芜湖下辖4个市辖区、4个县,总面积6 026平方公里,截至2017年底,全市常住人口369.6万人。2017年,芜湖在中国地级市全面小康指数排名第46。

2018年4月2日,芜湖入选科技部、国家发展改革委发布支持新一批城市开展创新型城市建设名单。2017年,芜湖市实现地区生产总值3 065.52亿元。

芜湖市重点聚焦机器人及智能装备、新能源汽车、现代农业机械、通用航空、微电子及汽车电子、新型显示、轨道交通装备、新材料、节能环保装备、互联网及分享经济等10个战略性新兴产业,完善上下游产业链,做强核心创新链。

(1)机器人及智能装备打造工业机器人、关键零部件、服务及特种行业机器人、系统集成等四大企业集群,构建机器人及智能装备全产业链。同时,支持发展3D打印智能装备,智能物流装备及数字信号电缆等。

(2)新能源汽车打造以奇瑞新能源完代表的整车企业,以天弋、天鑫、天量、舟之航为代表的电池企业,以奇瑞安川、大洋、杰诺瑞为代表的电机和电控企业,以忠旺、明基、云一等为代表的新材料企业,以易开、金玺为代表的运营推广企业等全产业链企业集群,全面推进新能源汽车产业发展。

(3)现代农业机械以中联重机公司为龙头,依托玉柴联合动力有限公司、格丰纳米环保材料有限公司、芜湖永达科技有限公司等骨干企业,打造安徽省现代农业装备产业技术研究院、安徽特种农业装备产业技术研究院、中机精密成形产业技术研究院、安徽中科智能感知大数据产业技术研究院等4个公共研发平台，加快细分领域企业培育及招引，进一步完善产业生态。

(4)航空产业以建设国家级通用航空综合示范区为载体，以提升通航制造水平为主线，以完善通航基础设施为支撑，以优化通航发展环境为保障，全力打造中高端通用飞机研制基地、国家中小型航空动力研制基地、自主品牌航空部件研制基地、通航运营综合服务基地，拓展通航市场，为全国通航做试点示范。

10.4.2 相关政策

2017年，芜湖市研究设立扶持产业发展"1+5+6"政策体系，1个总体框架规定，即市财政扶持产业发展政策若干规定；5项公共扶持政策，即市政府股权投资基金管理、人才优先发展及人才公寓、国家自主创新示范区建设、高层次科技人才团队创新创业、重大招商项目"一事一议"等政策；6大产业发展政策，即促进新型工业化、工业企业技术改造投资综合奖补、促进现代服务业发展、省级战略性新兴产业集聚发展基地、加快发展现代农业、促进商贸粮食业发展等政策。

2017年12月29日芜湖市出台财政支持办法来支持搭建产业发展平台，规定了市级、县级平台的财政资金支持，其中在财政资金的分配方面，市里面占80%，区里面占20%。同时，发改委出台37个认定资格，首推8个资格，每年拿出总共10亿资金，推动创新创业产业发展。

经信办自2017年开始，通过相关政策的实施，在工业技改和工业信息化方面支持科创企业发展，规定企业设备投资额达到300万元就给予相应补助，推动技术改造，当前投入资金已达4.22亿元。同时，经信办也提供相关政策支持，帮助和支持企业申报省级和国家级的项目，推动市内科创企业和长三角自动化的发展。

财政局设立了10亿元的产业创新专项，支持重大研发平台建设，包括对研发设备和研发投入的补贴。同时，财政局为了支持企业创新能力的提升，2018年在全市投入34亿元，其中针对狭义科创企业有8.9亿元，包括发展战略性新兴产业等，在产业深度融合方面投入有5亿元。

10.4.3 调研的典型企业——芜湖悠派护理用品科技股份有限公司

(1)公司简介

芜湖悠派护理用品科技股份有限公司，注册成立于2006年7月14日。公司自创立至今已经逐渐发展为集生产宠物清洁用品、成人护理用品两大系列卫生用品的专业公司。公司原名为"芜湖悠派卫生用品有限公司"初创时期的注册资本为500万元人民币，2015年7月10日经安徽省工商行政管理局批准更名为"芜湖悠派护理用品科技股份有限公司”，注册资本4 580.005 2万人民币，并于2015年8月6日正式向全国中小企业股份转让系统有限责任公司提交上市材料，2015年10月9日拿到正式挂牌通知函，并于2015年10月26日正式在新三板挂牌交易。

(2)发展历程

公司成立以来，一直秉持“客户成功，我们才成功”的经营理念，以成为具有全球影响力的中国日用消费品企业前三强为愿景，以帮助员工快速成长而实现其人生价值与梦想，持续不断地为社会提供出环保、舒适、便捷的优质日用消费产品为使命，以“利他心”为核心驱动力，以“客户至上、责任、拼搏、感恩、共赢”为企业核心价值观，不断开拓国内外市场，公司于2013年与业内顶尖企业日本尤妮佳取得战略合作，合作伙伴遍及各国同行业内市场领先企业。

(3)建设规模

公司生产基地选址水陆交通均非常便利的中部明星城市——安徽芜湖。第一工厂位于芜湖县殷港工业园，占地面积21亩，厂房建筑面积达12 000平方米。第二工厂位于芜湖市鸠江经济开发区，占地33亩地，计划建设40 000平方米厂房及办公楼，目前已经建成并投产的有20 000平方米厂房。公司在日本福冈、美国设有海外子公司，2016年在美国弗吉尼亚州建立第三工厂，于2017年顺利投产并盈利。2017年在鸠江区征地165亩，建筑面积超100 000平方米，建立成人及医用护理用品智能制造基地(第四工厂)，公司在稳步发展中。

(4)经营范围

公司分别引进二十余条电脑控制的业内一流自动化生产线，每条日产量可达100万片。截至目前，针对不同的市场特性，公司已成功推出了近二十余种适销全球市场的针对性产品，品种规格多达30几个，目前已经获得宠物垫、护理垫、纸猫砂产品等100多项新型技术及发明专利。在此基础上，公司尚不断在研发工作上进行投入，公司为安徽省级企业技术中心、安徽省工程技术研究中心；公司筹备成立国家级的研发基地，针对目标市场不断开发出差异化新产品，持续推出顺应市场的各类新品。而公司的“悠派”品牌的成人系列护理垫获省著名商标产品。

(5)公司成绩

2017年度，悠派进出口额突破3 500万美元，保持9年连续增长，为安徽民营进出口50强企业，其中自主品牌的出口量占65%以上。取得成绩的同时，公司也多次获得国家、省、市、区各主管部门及工业园区管委会领导的高度评价，并获得安徽省“守合同重信用单位”称号。“悠派”品牌获得安徽省著名商标、芜湖市知名商标称号；悠派科技为安徽省高新技术企业、安徽省专精特新中小企业、安徽省工业三品示范企业、安徽省外商投资双优企业。

(6)员工构成

公司工厂以本科生为主,占比80%以上;管理层以硕士学历为主,平均年龄30多岁,平均年龄每年还以0.5岁的速度年轻化,公司鼓励年轻人走上管理岗位,为公司奋斗。

(7)行业发展现状及前景

公司的主营业务在中国都属于朝阳行业,在未来拥有较大的增长空间,尤其是成人护理市场,还属于蓝海。在成人护理市场方面,公司在海外市场占总销量的80%,目前公司已经开始布局国内市场。公司最为核心的优势是品质和多年在海外销售积累的口碑和经验。将来公司将通过天猫京东的大数据平台,直接面对消费者群体,精准瞄准公司业务所面向的客户。

(8)公司面临的问题

①海外市场劳动力风险。公司在海外设有工厂,在面对海外劳动力和不同国家的劳工法,公司需要承担一定风险,要切实了解当地社会文化政治所造成的风险因素,同时控制海外高额的用人成本所导致的公司生产成本的增加。

②主板上市。公司当前已经在新三板上市,出于流动性等方面的考虑,公司目前有从新三板转到主板上市的考虑,公司目前还处在上市的咨询筹备阶段,还有一些合规方面的问题需要解决。

③大数据的探索。大数据的最终源头是终端,公司正在筹建一些终端店,根据消费者在店里的消费行为、购买频率等做出趋势预判。目前公司已经组建了大数据团队,投入了很多资金,对于未来实体店的建设还在尝试和规划中。

10.4.4　当前问题

(1)融资困难。这是当前科创企业发展的重点难题,也是一个通病,目前芜湖市各类政策已经在形成一套组合拳,其中信用贷等帮助很大。芜湖市政府正在呼吁打破各区域限制,通过大数据科技把区域化金融信用体系建立起来,开放管理领域等数据库。同时,政府呼吁在长三角地区的税务和社保等行业应出现类似企查查等软件,如此对于有关方面的投资和银行信用贷款能够有更加充分合理的依据。

(2)科创企业设备运转成本高。科创企业在试验检测时所使用的设备运转成本普遍较高,芜湖市政府呼吁科创企业在试验检测时能够共享设备以降低初期的运转成本,可是当前条件下实行共享的现实条件还不具备,缺乏相关交流平台和切实可行的共享资源。

(3)资本市场专业人才缺失。根据芜湖市政府的工作情况调研,深圳的私募市场占全国私募市场的40%,上海也是私募机构活跃的地区,其次是北京广州。但中部省区的市场非常不活跃，安徽专业基金投资人才总共也就200多人，缺少专业人才导致芜湖或者安徽的资本市场难以开展，科创企业相应的融资投资也难以进行。在此方面，芜湖市政府希望上海财经大学能够发挥在财经领域的优势，与地方合作建立专业化培养体系，让芜湖的一些企业能够在金融市场占有一席之地，帮助芜湖市的科创企业在资本市场更好地运作发展。

10.4.5 政策建议

(1)加快相关专业人才的引进。科创产业的发展与高端人才的支持密不可分，芜湖市在引进相关科技创新人才的同时也要同步引进资本市场专业人才，在产业端和资本端两头依靠人才政策带动科创产业的整体发展，借助G60科创走廊的契机，推出相关人才引进政策，为芜湖市产业和城市发展提供强有力的人才保障和智力支持。

(2)突破区划，持续拓展产业创新空间。芜湖市在科创产业发展的过程中存在自身的优势，也存在一定的局限性，借G60科创走廊发展的契机，芜湖市应该积极突破区划，打破市、省，乃至长三角地区的区划限制，拓展区域科创经济发展新空间，快速弥补自身在人才、资金、科技等方面的限制和缺陷，同时输出自己的优势技术和资源，与长三角地区其他创新城市联合发展，共建G60科创走廊，推动长三角高质量一体化发展。

(3)搭建“产学研”交流平台。芜湖市政府面对当地科创企业初期研究成本较高、科研实力较弱的问题，应当主动出击，积极搭建“产学研”交流平台，帮助当地企业引入技术类高校等学界资源，通过“产学研”之间紧密的合作来实现科创企业设备运转成本的有效降低，解决当前政府对企业如何在试验检测时共享设备的问题，切实可行地帮助科创企业节约成本。

10.5 金华调研

10.5.1 金华概况及发展优势

(1)国家级交通枢纽，信息迅捷

人称“浙江之心”的金华，土地面积1.1万平方千米，下辖兰溪、东阳、义乌、永康四市，浦江、武义、磐安三县，婺城、金东两区。该市交通便利，是国家级陆路交通主枢纽，境内规划建设有8条铁路、2个机场。从金华市区出发，40分钟内可达主要市县，与周边地市基本形成了2小时交通圈。同时金华还是浙江第二大信息港，拥有2条国家一级和10条国家二级光缆干线。

(2)所辖县级经济错位发展，极具活力。近年来，金华从传统的农业大市转型成为工业强市和市场大市，成为浙江最具发展活力和潜力的地区之一。金华市区是中国汽车摩托车产业基地、中国电子商务创业示范城市。义乌中国小商品城是全球最大的日用小商品流通中心，永康中国科技五金城是世界第三大五金产品集散中心。东阳中国木雕城年销售额也已突破百亿元大关。

(3)加快推进产业转型提升，细分制造业八大行业

自2019年4月，金华政府围绕首批8个制造业重点细分行业，培育智能门(锁)、光电、新能源汽车及配件、电动(园林)工具行业4个产值超千亿元产业集群，培育磁性及石墨烯材料、生物医药、智能家居、保温杯(壶)行业4个产值超五百亿元产业集群，着力提升创新能力和综合竞争力，使之成为推动金华市高质量发展的新动能、新引擎。

(4)建立产业联盟，携手共迎未来

为集聚各方力量，选拔出全省各优质企业，为未来社区提供优质的产品和服务，金华市已经在推进分行业成立产业联盟。截至2019年7月底已经成立了4个产业联盟，余下4个8—9月陆续成立。产业联盟的规模从三四十家至一百多家不等，主要作用是体现互补互助的优势，进行产业链合作，实现信息共享。

同时金华也不断推进融入长三角地区产业园区联盟的工作，截至7月底已有15个产业园区加入长三角G60产业园区联盟。其中金华经济技术开发区是园区联盟的副理事长单位，义乌信息光电高新产业园区列入城市首批合作示范园区。

(5)打造特色小镇——以金华市新能源汽车特色小镇为例

特色小镇是相对独立于城市和乡镇建成区中心，具有鲜明产业定位、文化内涵、旅游和社区功能的发展空间平台。截至2019年7月底，金华市共有22个省、市级特色小镇，固定资产投资近180亿元。金华在传统汽摩配产业蓬勃发展的基础上，积极培育发展新能源汽车整车及零部件产业，形成了较为完备的产业体系。在产业和市场的双重助推下，金华创建了浙江省唯一一个新能源汽车特色小镇。金华新能源汽车小镇现已发展成为全省集聚新能源汽车企业最多，产业配套最强，发展环境最优的产业平台之一。

10.5.2 主要政策支持

(1)支持工业企业的相关政策在市经信局对工业企业制订扶持政策基础上，金华市对创新型的高新技术企业有相应的政策倾斜，如通过鉴定的省级工业性产品和浙江制造精品给予10万元奖励；对于高端装备制造业的牌号国家级奖励100万元，省级奖励50万元(详情参见2018年印发的《金华市人民政府关于加快民营经济高质量发

展的若干政策意见》)。

(2)企业上市扶持政策

目前金华市在科技企业发展方面十分重视科创板上市工作,金证发2017年60号政策即是专门针对企业上市的扶持政策。科创板面世后,金华市政府增补科创板上市政策,对上市企业分阶段给予总额最高500万元的奖励,引导辖区企业备战科创板。

(3)专项资金和调整"创新券"政策近年来,金华市财政局针对科创企业发展给予了资金方面的协调和支持,对科创领域的资金保障力度较大,2018年开始科技创新专项资金突破1亿元。自2018年初,金华市对科技创新券政策做了相应调整,奖励额度上从10万元升至20万元,同时将此政策适用范围由本市拓展到整个G60科创走廊的城市。创新券是由政府部门发行的、带有普惠性特征的一种优惠券,从2019年开始G60沿线城市所有研发平台只要愿意为企业提供相应服务都纳入享受创新券的政策范围中,且每年最高享受20万元。

10.5.3 参访企业介绍

(1)科惠医疗

浙江科惠医疗器械股份有限公司是国家高新技术公司,国家医用植入物产业技术创新联盟依托单位,国家知识产权优势公司,浙江省医疗器械行业协会副会长单位,浙江省"隐形"冠军公司。最早成立于1994年,在二十余年的发展历程中,科惠医疗凭借自身扎实的科研基础和改革开放的大好机遇,在国家和省、市各级政府的大力支持下,积极进取,精益求精,不仅成功进入世界顶尖骨科器械优秀供应商行列,成为美国多家著名骨科器械公司的国际供应商与合作伙伴;更以优异的产品质量跻身于中国骨科生产公司前茅,成为行业的标兵。

科惠医疗是浙江省专利示范公司,浙江省创新型示范试点公司,荣获浙江省著名商标。科惠医疗作为国家医用植入物产业技术创新联盟依托单位,拥有浙江省公司技术中心,"博士后科研工作站",与浙江大学等多所院校建立了长期稳定的合作,相继承担了国家火炬计划项目、国家创新基金项目、中央投资计划和省重大科技专项,获多项省、市科学技术奖。科惠医疗拥有138项发明专利和实用新型专利。产品分获国家重点新产品、省高新技术产品和省优秀工业产品、浙江制造精品等荣誉。2014年获浙江省人民政府批准建立科惠植入医械省级重点公司研究院。科惠医疗在未来的发展蓝图中,期待与更多的国内外同行合作,互相学习,共同努力,造福人类。

(2)光通天下

光通天下是一家以云安全技术为核心的互联网安全服务提供商,致力于为客户提供更安全、更稳定,更高效的网络服务。云安全服务主要包括 DDoS 高防、智能 CC 防护、智能 WAF 渗透测试、态势感知等;云计算基础服务包括 IDC 服务、行业云计算及其他运维服务。经过近几年的快速发展,公司已成为国内云安全领域具有较强竞争力的服务提供商。

公司自成立起就专注于网络安全行业,是国内较早进入专业抗 DDoS 攻击服务领域的企业之一,现已具备丰富的网络攻防经验。公司研发搭建了单点 T 级防御能力的超高安全防护架构及系统,并通过近源智能调度技术实现全国 7T 级的联防能力。

10.5.4　典型企业面临的问题

(1)科惠医疗

①部分技术尚未掌握,过度依靠进口。科惠医疗以优异的产品质量跻身于中国骨科产品生产公司前茅,成为行业的标兵。但由于起步较晚、发展时间不足,在人造关节等产品的生产技术上存在一定的缺口,现阶段主要依靠进口。公司已启动相关项目进行研发,但短时期内很难与国外顶尖水平同步。

②产品注册周期长。由于医疗器械行业的特殊情况,产品往往存在注册周期长、步骤复杂、成本高等问题。这些问题会影响公司的盈利能力和资金周转。针对注册周期较长的情况,公司正在申请免临床评估,争取尽可能缩短注册周期。

③客户集中,市场扩展不足。由于公司临床主要合作单位主要集中在浙江省,供应商、销售链也集中在浙江省,公司产品销售主要集中在浙江,产品尚未在全国范围内获得普遍认可。且由于同类型同规模的企业较多,产品在浙江省之外竞争力不强。

④医疗器械大量依靠国外进口。前五年国内外医疗器械比例为 2:8,近年国产比例有所提高,但还有超过半数医疗器械依靠国际进口。进口器械价格是国产的数倍,且现阶段进口医疗器械不计入医保,进口器械大大提高了公司成本。

⑤融资渠道不明。根据公司相关负责人介绍,公司现阶段基本有没负债,没有明确的融资渠道,在公司未来的发展过程中可能会遇到融资难、资金短缺的情况。

(2)光通天下

①市场占有率不高。光通天下客户主要以大型客户为主,客户数量不多,单个客户对公司的发展情况影响较大,市场占有率不高。

②供应商集中。公司每年超过六成的采购均集中于几个特定的供应商,供应商情况对公司产生了较大影响。

③能耗指标紧张。公司产品需要消耗大量能源。现阶段由于政府对大项目的能耗支持和优惠,分配给公司的能耗指标相对宽松。但在未来的发展过程中将会产生能耗紧张的情况,需要公司取消低端高耗能的项目控制能耗。

④毛利率走低。光通天下科创板招股说明书显示，2016 年到 2018 年，光通天下的毛利率分别为 69.02%、66.85%、46.63%，其中光通天下 2018 年的毛利率较 2017 年下跌了近 20 个百分点。其中，2018 年光通天下毛利率低于同行业可比公司毛利率平均值。

⑤变现能力差。随着公司收入的增加，光通天下应收账款及应收票据的余额也大幅增加。招股说明书显示，2016 年到 2018 年，光通天下的应收账款及应收票据的合计余额分别为 2 045.25 万元、9 170.92 万元、16 451.71 万元。同时，应收账款周转率逐年递减，分别为 3.94、2.35、1.59，远低于同行业可比公司平均值。

10.5.5 政府部门和企业的期望

①帮助宣传金华市，加大人才引进。

②推荐项目。

③丰富融资手段。

10.6 湖州调研

基于调研包括湖州市区和湖州市辖德清县，这里分开介绍。

10.6.1 当地概况

(1)湖州市

湖州市是浙江省下辖地级市，是“长三角城市群”成员城市、环杭州湾大湾区核心城市、G60 科创走廊中心城市，地处浙江省北部，东邻嘉兴，南接杭州，西依天目山，北濒太湖，与无锡、苏州隔湖相望，是环太湖地区因湖而得名的城市。处在太湖南岸，东苕溪与西苕溪汇合处。湖州市在吴兴区设立了高新技术产业园区，2015 年以来，区委区政府打破条线、区域界限，以吴兴科创园、总部自由港、高新区科技加速器、省级工业设计基地等 4 家政府直接投资运营平台为核心组建区科技创新中心，整合中节能环保产业园、多媒体产业园、联创谷等企业级平台，总规划面积 187.9 万平方米，物理形态涵盖商务办公楼宇、独栋产业楼、标准厂房、中试微型工场等。其中吴兴科创园是国家级 A 级孵化器及省级海创园，多媒体产业园是省级现代服务业园区和国家级广告产业园。截止到 2019 年 6 月 30 日为止入驻项目 356 家，宜可欧、迅蚁、管工智能、美晶科技等一批科技、人才项目效益逐步呈现，累计引进和培育国千、省千人才 7 人，南太湖精英计划人才项目 54 个。

湖州南太湖高新技术产业园区是湖州市的一个科创园区，2012 年 9 月由湖州市人民政府批准建立，区域西起申苏浙皖高速环渚连接线(含延伸)，东至申苏浙皖高速织里连接线，南起湖城纬五路(含东部光电产业园)，北至滨湖大道，总面积约75平方公里。根据规划，高新区将以申苏浙皖高速为界分为南北两片，南片重点发展以现代物流装备为主导的产业体系，包括物流装备终端产品、物流机械配套零部件和现代物流装备信息技术。2013年3月，湖州现代物流装备高新技术园区获得授牌，实行省级高新技术产业园区政策，以"绿色、智能、超常、融合、服务"的发展趋势，根据高端发展、创新发展、生态发展、集群发展、安全发展的要求，打造现代物流装备产业技术创新基地、现代物流装备电子与软件的智能产业基地、现代物流装备高端制造产业基地。北片重点打造集休闲旅游观光为一体的都市型现代农业园，突出生态化；建设服务中心、金融中心、科技中心，突出智慧化；建设低密度、高产出的总部基地、研发基地、创意基地，突出高端化。高新区是区域经济发展的大平台，是吴兴区未来十年发展蓝图的展示区，将按照高起点规划、高标准定位、高水平建设、高效能管理，全力打造成长三角有地位、有实力、有竞争力、有可持续发展力的产业园区，真正成为现代化的"智"造区、创新人才的集聚区、高新技术的示范区、产城融合的新城区，最终创建成为国家级高新技术产业区，成为太湖南岸最璀璨的一颗明珠。

(2)德清县

德清县是湖州市市辖县，虽然只是一个的县城，但是在资本市场方面是起步较早。当地在1999年就有一家企业——升华拜克在上海证券交易所上市了，这也是湖州市第一家上市企业。得益于较早的起步，德清县的优势在于机制较为完善。截止到2019年6月30日，德清总共有11家企业上市。

2018年，虽然资金市场的变动加大了上市难度，但由于习近平总书记提出"科创板"推动了"科创板热"，德清县对科技创新方面也给予了高度重视。从2018年下半年开始，德清县展开了培训，在高新区进行企业排模、上报以考察企业的科技含量。2019年2月底政策出台后，德清县积极邀请券商进行培训。

德清县目前侧重的并且科技含量较高的主要在于生物医药、先进装备制造、家装家居三个行业，除此之外新兴的行业还有地理信息技术(地理信息小镇)，包括航空等。近期，经过前期调研发现，已经有比较多的成熟的企业上市。到2019年6月30日为止，医药企业上市两家，分别位于深圳、上海两地。除此之外，还有一家进行先进装备制造的企业也已经在上海上市。同时，德清县也一直在排模"科创板后备企业"。

10.6.2　主要政策支持

(1)湖州市

湖州市对于科技企业的政策支持主要包括一定期限内免征所得税、房产税和城镇土地使用税;提供优惠贷款等。现在湖州有一些像是绿贷通平台这样的新开通的平台,为小微企业提供低利率贷款。如果小微企业有资金需求,可以在平台上发布,银行看到后会根据企业的需求为企业提供贷款,企业通过网上操作就可以发布需求。

另外对于人才引进方面,湖州市也出台了一些政策来引进优秀人才,包括"留学回国人员科研启动基金""高等学校学科创新引智计划"等,以此来鼓励优秀人才进入湖州。

(2)德清县

德清县在建设园区的方面投入了很多,比如园区的宽带,都是直接和联通公司合作,提供了千兆的网络。园区现入驻了 283 个企业,办公楼宇全部由政府提供,去年园区税收达 8 亿元。

德清县科技创新工作情况:拿到了国家科技成果转移转化示范县等荣誉,2017 年经费占全县生产总值比例达到 2.76%,高新技术产业增加值增幅是 11.8%,万人发明专利拥有量达到 37.7%。此外,德清也着力于打造自己的品牌——德清模式,这一模式起源于 30 年前,在国有企业经营困难的时候,德清县科技局主动与一些高校,包括中科院、上海硅酸盐研究所合作,成立了一些"产学研合作"联合体,打造了一个"产学研合作"的德清模式。同时,为了更好地促进企业和高校的合作,德清科技局在全省率先建立了一个技术交易市场,并聘请了第三方中介机构来运营这个市场,包括引入专利代理等的中介机构 20 多家,配有一个省级的技术经纪人团队。这一团队是浙江省每年组织培训的,德清县也承办了一些培训班,还成立了技术经纪人的协会。目前这个创新技术交易市场已经累计发布成果信息 3 万多条,并且还促成了很多合作项目。另外,德清县还与高校保持着良好的合作,包括浙江大学、浙江理工大学,省外的大连化物所等。2019 年德清启动了一个"高校万里行"活动,与清华大学、复旦大学对接、合作,并和清华达成了一个合作,成为全国第一个清华大学和县区合作的试点。同时,德清县还尽量引进一些研究院所,比如和浙江大学合作成立的涡轮研究院,中科院的卫星研究院等,大概有 15 个研究院。此外,德清还有湖州市唯一的一个国家级高新区,2018 年在全国排名 83 名,是省内第一个落户在县域的高新区。

德清县对创新创业十分重视,截止到 2019 年 6 月 30 日,县内已有 3 家国家级、6 家省级、23 家市级"众创空间",此外还有一个国家级"科创企业孵化器"。在金融方面,除了金融办,科技局也有金融科,在全省成立了第一家县域的科技支行,和农商银行合作,专门借贷给科技企业。德清县还设立了一个 3 000 万元的科技金融风险补偿基金,给"科创企业"补偿、支持。同时建立了 5 000 万元的科技成果转化引导基金,这一基金目前已经投资了 5 家科技型企业,其中 3 家成为国家级高新技术企业,并且在新三板挂牌。此外,县科技局和高新区还联合设立了每年 2 000 万元的一个种子基金,分三种:免费、低利率、高利率。2017 年还出台了一个补短板的政策。[①]

10.6.3　参访的园区和企业

(1)湖州市

①园区“佳业天成”众创空间

位于湖州市吴兴区高新技术产业园区,教育、金融、医疗等配套资源齐全,交通便利,区位优势明显。该众创空间拥有标准多层厂房 30 000 多平方米,研发办公楼 7 000 平方米,可根据创业者需求提供 40 平方米—300 平方米面积不等灵活分隔的独立研发办公区域。“我们除了为入驻企业提供研发办公场地硬件等设施之外,还为创业者提供政策扶持、科学申报、技术咨询、投融资帮扶、行政管理服务等专业化、精细化的创业帮扶,让企业无后顾之忧,可以在这里安心创业。目前已入驻的企业有 30 多家,涵盖了智能装备、机械制造、电子科技、信息咨询、职业培训等行业。”“佳业天成”众创空间相关负责人表示,“同时我们还与上海交通大学、湖州师范学院、湖州职业技术学院等院校达成战略合作,为提高大学生创新创业能力和就业提供良好的环境”。

②园区企业

a. 正远智能装备科技有限公司

浙江正远智能装备科技有限公司成立于 2018 年 11 月,是为了促进企业进一步的发展,更好地满足客户需求,致力创建世界一流输送装备的配套品牌制造商。公司成立以来,我们秉承“为顾客创造价值,为员工创造前途,为社会创造贡献”的企业使命,聚集了一大批业内精英和专业人才,专注于从事物流设备零部件和自动化物流输送设备模块的研发、销售、制造生产和安装调试的综合性优质企业,在吸收国内外物流先进技术的基础上自主研究开发了一系列专用物流设备。

公司产品包括各种输送机配件,如辊筒(滚筒)、流利条、万向球、福来轮等,还包括辊筒输送机、皮带机、网带机、链式输送机、辊筒输送机、链板输送机、辊筒伸缩机以及各式专用提升设备、自动装卸设备、仓储出入库设备模块等。

正远尊崇以“细节决定品质,管理创造效益,团结创造未来,诚信共赢发展”的企业价值观和经营理念,不断追求产品精益求精,服务至真至诚,向广大客户提供高品质、高性能的产品、赢得了众多客户的青睐和支持;以优质的产品及专业的合作态度赢得了众多生产商的信任,努力打造成为世界一流输送部件供应商,“正远”品牌正成为同类行业中的知名品牌。

---

① 以上德清县数据均来自座谈会调研记录。

b. 恒织源科技有限公司

湖州恒织源科技有限公司于 2018 年 9 月 6 日成立。公司经营范围包括:及软件开发,电子设备的研发和销售,纺织品、针织品及工艺品印花图案的电脑设计与制作,纺织品、针织品的销售,货物及技术的进出口(依法须经批准的项目,经相关部门批准后方可开展经营活动)等。

(2)德清县

德清县目前有一些较为优质的企业,但大多都处在前期,还需要时间成长。一些企业如慧琴医疗、数问生物和华仪电子等已经有一定基础。慧琴医疗主要制造体外血液循环机器,同时研发人工肝、人工肾等,是较为高端的企业。国家医药管理局来德清考察时,也提及这些是国内目前尚未有的。这一企业在 2020 年 8 月份产品有望通过报批正式上市销售,如果注册成功,预计一年可以卖 1 000 台机器,一台机器价格大约在 20 万元。而这样的机器,目前在国外售价基本都在 60 万元~80 万元。

数问生物主要从事癌细胞筛选相关工作,销售设备、试剂,同时提供筛选服务。该企业已经在国外展开了产品销售,预计 2020 年国内也将开始进行销售。虽然目前企业规模还比较小,2018 年累计销售 700 多万元,但 2019 年预计可达到 2 000 万元。该企业已经进行了三轮融资,目前获得融资额 8 000 万元,也正在准备“科创板”上市。华仪电子是一家由电子科技集团控股的比较成熟的企业,较为符合“科创板”上市要求,该企业目前有两三千万元左右的净利润。①

①园区德清地理信息小镇。位于湖州莫干山国家高新区地理信息产业园区块,核心区规划面积 1.31 平方公里。小镇以地理信息产业为核心,坚持“产、城、人、文”交融的理念,建设基础设施完善、商务配套一流、高端人才集聚、生态环境优越、绿色休闲宜居,是具有鲜明的科技特征的新区域。

②园区企业。

a. 朴器(德清人工智能国际创新中心)

业务主要包括产业孵化、技术转移、投资、知识产权,并结合当地产业技术结成当地人工智能产业联盟,从而促进同行业企业交流。公司项目有智能洗车、智能窗帘、AI 辅助睡眠、AI 自动喷涂。

b. 梦工场众创空间

自 2015 年 10 启动运营以来,通过一年时间的不懈努力,地信梦工场在作为国内首家地理信息专业的众创空间,在德清县地理信息小镇内构造了通过市场化机制、专业化服务、资本化途径运作的模式,构筑了一个低成本、便利化、全要素、开放式的创

---

① 以上德清县数据均来自座谈会调研记录。

业创新平台。为创客个人、高校毕业生、小微企业100余人等提供了自主创业的工作空间、网络空间、社交空间和资源共享空间。目前已建成众创办公场地2 000平方米,已入驻创业团队(企业)16家,正在孵化项目10个。

地信梦工场始终立足地信小镇优势产业基础,在德清县委县府、浙江省地理信息与测绘局的指导下,充分利用国家省市大力发展众创空间的政策,激发全社会创新创业活力,打造地信经济发展新引擎——国内首家地理信息众创空间。2016年,国家科技部火炬中心公布了第三批国家级"众创空间"公示名单,"地信梦工场"成功入选,被纳入国家级科技企业孵化器的管理服务体系。

2017年2月,地信梦工场北京分空间在紫荆花孵化器正式成立,杭州分空间在杭州梦想小镇正式成立,地信梦工场将搭建从中央到地方,创业腹地到创业新地标的战略合作平台,并吸引更多创业项目能够入驻德清。2017年9月,地信梦工场建成了10 000平方米的综合型孵化空间,其中包括:2 000平方米众创空间,4 000平方米孵化器,4 000平方米加速器。

10.6.4　政府部门和企业的期望

①加大人才引进,增加留住人才的措施。②县级政府部门希望推进科创企业发展的诉求能够及时上达。③加大科创特色小镇的支持力度。

10.7　宣城市调研

10.7.1　当地概况

宣城市为安徽省地级市,地处安徽省东南部,东临浙江省,东北与江苏省接壤。自然生态环境优越,历史文化底蕴深厚。近年来,宣城市经济发展增速较快,具有后发优势。从科创企业的发展角度来看,宣城市具有以下两项优势:一是区位优势显著。宣城市人口较少,可用土地多,地大物博,资源丰富,利于为科创企业提供坚实的物质基础。

宣城市交通畅达。作为安徽唯一一个位于两省接壤位置的地级市,是连接内陆与沿海的重要通道,逐渐获得交通枢纽的地位,且即将进入高铁圈。这种重要的位置,有助于区域、产业协调发展,利于东部省市向安徽进行辐射。

二是具有厚积薄发的潜力。宣城市具有很多国家战略平台,如长三角区域一体化、长江经济带、皖江城市带、中部崛起战略等;拥有国家政策支持,体量小发展速度快。2018年综合指标全省排名仅居合肥后位列第二。在融入长三角一体化的发展过程中，能够收获很多机遇。提出了“眼光向东看，争当长三角一体化安徽省排头兵”的战略目标。

10.7.2 主要政策支持

宣城市对于科技企业的政策支持主要体现在以下三方面：一是培育已有科创企业。宣城市会对已有科创企业进行政策扶持，具体包括现金补贴、设立投资资金创新财政支持方式，通过企业培训挖掘企业自身潜力，通过政策宣讲为企业答疑解惑，及时兑现企业扶持政策，优化创新创业环境。二是吸引高层次人才团队。宣城市一直致力于吸引高层次人才团队来宣创新创业，对高新技术团队进行资金扶持，特别鼓励人才带来科技进行成果转换，努力打造成果转换基地。三是产业联盟与园区合作。在加入 G60 科创走廊后，宣城市有了更多的融合发展，为长三角一体化建立了一系列高端装备制造产业基地、创新成果转移转化示范地：如宣城市主要牵头建立的新能源材料产业联盟，主营新能源汽车及配套产业；而规划中的松宣产业园区也是异地园区合作的示范，将研发中心、人才等留在上海，提供更完善社保服务，宣城作为基地，进行成果转化。

10.7.3 参访的企业

(1)博瑞特热能

博瑞特热能是以合肥为营销中心、以安徽宣城为产业化制造基地的国家高新技术企业，主要产销燃气锅炉，是全国同行业中建立“院士工作站”的特种设备企业。多年来，与上海工业锅炉研究所有密切合作。调研过程中，博瑞特表示近年来企业发展迅速，2018 年企业总产值约为 3 亿，高新技术产品的销售收入占总销售收入的 82.9%；研发投入也逐年增长，2018 年研发投入占销售收入 5.01%。

从科创角度来看，博瑞特在“智能制造＋互联网”领域不断创新，是锅炉行业产业升级的典范。例如，为响应广大用户快速服务需求，2012 年博瑞特与中国科技大学合作研发了远程运行维护平台，分别在合肥、宣城设立了互联网运营服务中心。两个平台互通互联，为有需求的用户提供在线安全监测、故障诊断等服务。近年来，博瑞特由制造业逐渐向服务行业转型，通过手机远程运营的技术支持，客户可以看到锅炉运行数据、安全预警信息。

同时，企业也表达了发展中的困难和诉求，包括人才招聘难，希望有针对民营企业的人才交流互通专项政策；燃气锅炉行业竞争较大，希望有相关政策能够优先推荐或招投标加分；产业园区合作方面，希望降低费用，对技术服务咨询给予补贴；处于向智能制造转型的过程，希望政府对民营企业加强智能制造方面的专项补助；民营企业用电的基础电价(即使不用电也要交的基本费用)设置不合理,希望政府进一步优化。

(2)福元药业

福元药业有限公司是新和成控股集团有限公司控股的现代制药企业,为国家级高新技术企业,主要从事外用半固体、液体以及口服固体、液体制剂的十多个剂型三十余个常用品种的生产和销售,是“外用药和抗疟药的重要生产基地”。在调研中,公司表示2018年产值约4亿元,销售达3亿元,研投比为6%～8%,且近期增长较快,融资状况良好,国内竞争压力较小。但也提到一些问题,包括申报新药周期过长,获批需五年半到六年,导致投入人力成本、耗材、基础设施成本高;人才吸引困难,缺少人才补贴、人才公寓、交通配套等相关方面的支持。

(3)保隆(安徽)汽车配件公司

保隆(安徽)汽车配件公司是上海保隆汽车有限公司在宁国市投资的全资子公司,为国家重点高新技术企业、全国工业企业标杆,主要产品为排气系统相关的配件,专利颇丰。在研发方面,建立了省级院士工作站,2018年以来研投比达7%以上。该公司采取全球性经营,产品远销78个国家和地区,且融资情况良好。但在人才方面,仍存在人才吸引困难的问题。德清县目前有一些较为优质的企业,但大多都处在前期,还需要时间成长。

10.7.4　当前面临问题

(1)科创企业融资难

银行作为一个重要的融资渠道,因为趋利性机构,嫌贫爱富,不愿意贷给科创企业。且中小企业贷款利率高,手续复杂费用高,同时知识产权作为质押难以获审。初创型企业抵押物不足,在还款期尤为困难。

(2)能源和劳动力成本高基础电费高

对于一些用电量大的企业来说,每月电费高达300多万元,对于企业来说是不小的负担。人力成本方面,工人工资每年在以20%的速度上涨。

(3)人才稀缺,吸引困难

由于地理位置、经济发展状况等区位因素不如东部沿海城市的客观限制,宣城市本身吸引人才的优势不足。此外,即将开通的高铁会增强虹吸效应,从而使人才更为缺乏,难以吸引。目前,企业主要采取在当地招聘应届毕业生、内部培训的方法吸收人才,但这种方式由于成长缓慢效果不佳。

(4)产业基础薄弱

宣城市发展起步晚,产业基础薄弱,高新技术企业和知识密集型企业都较少,不利于科创企业的发展壮大。

(5)缺乏国家科技政策支持,财政资金缺乏

宣城市虽有较好的区位优势,但缺乏国家级科技政策支持,缺乏资金流入。而仅靠宣城市财政力量支撑无法满足科创产业发展需求,甚至于G60科创走廊九城中实行的创新券,因宣城财力不足,而无法施行。

(6)多数企业质量不高,挂牌上市意愿不强,漠视资本市场

大多数企业距离申报科创板仍有较大差距,且对科创概念不清,挂牌上市意愿不高,这种对资本市场的漠视不利于其长期发展。

10.7.5 政府部门和企业的期望

①发挥好上海市在宣城的飞地作用,实现高质量一体化发展。②建立完善的财政分成机制,缓解当地的财政压力。③采取更为合理的能源收费制度,为科创企业降低成本。

10.8 本次调研形成的政策建议

10.8.1 在一体化的背景下,做好产业集聚

加强顶层设计,注重系统性与一体化,利用产业集聚以点带面,营造良好氛围以促群体发展。同时也应该注意各地产业趋同问题,做好长三角G60城市的协同发展以及各城市所辖县市的协同发展。

10.8.2 推动人才一体化发展,各地在吸引人才时要有各自特色

出台与企业科创相关的人才引进政策,加强人才吸引力度,支持创新券的使用范围,发挥长三角领先城市的人才优势。

10.8.3 完善的财政分成机制和经济考核指标

在一体化合作发展的过程中,发挥好飞地作用,建立完善的财政分成机制,缓解当地的财政压力,同时在经济考核上得以体现。

10.8.4 加强金融机构对科创企业的支持,发挥好校友在金融业从业的优势

要鼓励金融机构多渠道、多工具支持科创企业融资,扩大商业银行投贷联动业务的开展,探索和扩大知识产权质押融资业务。同时发挥好校友在金融业从业的优势,组织相关校友或者校友单位向科创企业传播投融资知识。

10.8.5　持续优化企业营商环境,降低科创企业运行成本

简化行政审批流程,优化企业营商环境,采取更为合理的能源等收费制度,降低科创企业运行成本。

10.8.6　重视所辖县市在支持科创企业发展中的诉求

调动 G60 科创走廊城市所辖县市的积极性,G60 科创走廊城市需要及时听取所辖县市支持科创企业发展的诉求,对于涉及一体化发展的事项,及时在一体化城市联席会议机制下寻求解决之策。

10.8.7　扩大科创板上市公司类型,支持更多科创性企业上市

深化资本市场改革、扩大科创板上市公司类型,培育更多优质科创企业,支持更多科创性企业上市,实践创新驱动战略。

11. 长三角科创企业调研报告(二)

11.1 调研背景

自 2008 年《国务院关于进一步推进长江三角洲地区改革开放和经济社会发展的指导意见》这一文件发布以来,“长三角一体化”已从学术概念正式上升为国家层面的战略决策。自此,长三角各省市间发展更为紧密,合作愈加升级。2019 年《长三角一体化发展规划纲要》的印发更是其上升为国家战略后的首个公开规划,是致力于推动长三角地区三省一市间产业融合和创新发展所出台的一份发展纲要。与之相关的三省一市也相继制定落实了进一步的行动方案。其中,G60 科创走廊更将在长三角一体化过程中扮演“引擎”的角色。本次调研的目的城市是 G60 科创走廊的三个城市:金华市、湖州市和宣城市,调研涉及相关城市概况,支持科创企业的主要政策,典型园区、企业介绍以及科创企业发展中面临的问题。

11.2 调研情况

11.2.1 金华调研

11.2.1.1 金华概况及发展优势

(1)国家级交通枢纽,信息迅捷

人称“浙江之心”的金华,土地面积 1.1 万平方千米,下辖兰溪、东阳、义乌、永康四市,浦江、武义、磐安三县,婺城、金东两区。该市交通便利,是国家级陆路交通主枢纽,境内规划建设有 8 条铁路、2 个机场。从金华市区出发,40 分钟内可达主要市县,与周边地市基本形成了 2 小时交通圈。同时金华还是浙江第二大信息港,拥有 2 条国家一级和 10 条国家二级光缆干线。

(2)所辖县级经济错位发展,极具活力

近年来,金华从传统的农业大市转型成为工业强市和市场大市,成为浙江最具发展活力和潜力的地区之一。金华市区是中国汽车摩托车产业基地、中国电子商务创业示范城市;义乌中国小商品城是全球最大的日用小商品流通中心,永康中国科技五金城是世界第三大五金产品集散中心。东阳中国木雕城年销售额也已突破百亿元大关。

(3)加快推进产业转型提升,细分制造业八大行业

自 2019 年 4 月,金华政府围绕首批 8 个制造业重点细分行业,培育智能门(锁)、光电、新能源汽车及配件、电动(园林)工具行业等 4 个产值超千亿元产业集群,培育磁性及石墨烯材料、生物医药、智能家居、保温杯(壶)行业等 4 个产值超 500 亿元产业集群,着力提升创新能力和综合竞争力,使之成为推动金华市高质量发展的新动能、新引擎。

(4)建立产业联盟,携手共迎未来

为集聚各方力量,选拔出全省各优质企业,为未来社区提供优质的产品和服务,金华市已经在推进分行业成立产业联盟。截至 2019 年 7 月底已经成立了 4 个产业联盟,余下 4 个 8—9 月陆续成立。产业联盟的规模从三四十家至一百多家不等,主要作用是体现互补互助的优势,进行产业链合作,实现信息共享。

同时金华也不断推进融入长三角地区产业园区联盟的工作,截至 7 月底已有 15 个产业园区加入长三角 G60 产业园区联盟。其中金华经济技术开发区是园区联盟的副理事长单位,义乌信息光电高新产业园区列入城市首批合作示范园区。

(5)打造特色小镇——以金华市新能源汽车特色小镇为例

特色小镇是相对独立于城市和乡镇建成区中心,具有鲜明产业定位、文化内涵、旅游和社区功能的发展空间平台。截至 2019 年 7 月底,金华市共有 22 个省、市级特色小镇,固定资产投资近 180 亿元。金华在传统汽摩配产业蓬勃发展的基础上,积极培育发展新能源汽车整车及零部件产业,形成了较为完备的产业体系。在产业和市场的双重助推下,金华创建了浙江省唯一一个新能源汽车特色小镇。金华新能源汽车小镇现已发展成为全省集聚新能源汽车企业最多,产业配套最强,发展环境最优的产业平台之一。

11.2.1.2 主要政策支持

(1)支持工业企业的相关政策

在市经信局对工业企业制订扶持政策基础上,金华市对创新型的高新技术企业有相应的政策倾斜,如:通过鉴定的省级工业性产品和浙江制造精品给予 10 万元奖励。对于高端装备制造业的牌号国家级奖励 100 万元,省级奖励 50 万元(详情参见 2018 年印发的《金华市人民政府关于加快民营经济高质量发展的若干政策意见》)。

(2)企业上市扶持政策

目前金华市在科技企业发展方面十分重视科创板上市工作，金证发2017年60号政策即是专门针对企业上市的扶持政策。科创板面世后，金华市政府增补科创板上市政策，对上市企业分阶段给予总额最高500万元的奖励，引导辖区企业备战科创板。

(3)专项资金和调整“创新券”政策

近年来，金华市财政局针对科创企业发展给予了资金方面的协调和支持，对科创领域的资金保障力度较大，2018年开始科技创新专项资金突破1亿元。自2018年初，金华市对科技创新券政策做了相应调整，奖励额度上从10万元升至20万元，同时将此政策适用范围由本市拓展到整个G60科创走廊的城市。创新券是由政府部门发行的、带有普惠性特征的一种优惠券，从2019年开始G60沿线城市所有研发平台只要愿意为企业提供相应服务都纳入享受创新券的政策范围中，且每年最高享受20万元。

11.2.1.3 参访企业介绍

(1)科惠医疗

浙江科惠医疗器械股份有限公司是国家高新技术公司，国家医用植入物产业技术创新联盟依托单位，国家知识产权优势公司，浙江省医疗器械行业协会副会长单位，浙江省“隐形”冠军公司。最早成立于1994年，在二十余年的发展历程中，科惠医疗凭借自身扎实的科研基础和改革开放的大好机遇，在国家和省、市各级政府的大力支持下，积极进取，精益求精，不仅成功进入世界顶尖骨科器械优秀供应商行列，成为美国多家著名骨科器械公司的国际供应商与合作伙伴；更以优异的产品质量跻身于中国骨科生产公司前茅，成为行业的标兵。

科惠医疗是浙江省专利示范公司，浙江省创新型示范试点公司，荣获浙江省著名商标。科惠医疗作为国家医用植入物产业技术创新联盟依托单位，拥有浙江省公司技术中心，“博士后科研工作站”，与浙江大学等多所院校建立了长期稳定的合作，相继承担了国家火炬计划项目、国家创新基金项目、中央投资计划和省重大科技专项，获多项省、市科学技术奖。科惠医疗拥有138项发明专利和实用新型专利。产品分获国家重点新产品、省高新技术产品和省优秀工业产品、浙江制造精品等荣誉。2014年获浙江省人民政府批准建立科惠植入医械省级重点公司研究院。

科惠医疗在未来的发展蓝图中，期待与更多的国内外同行合作，互相学习，共同努力，造福人类。

(2)光通天下

光通天下是一家以云安全技术为核心的互联网安全服务提供商，致力于为客户提供更安全、更稳定，更高效的网络服务。云安全服务主要包括DDoS高防、智能CC

防护、智能 WAF 渗透测试、态势感知等;云计算基础服务包括 IDC 服务、行业云计算及其他运维服务。经过近几年的快速发展,公司已成为国内云安全领域具有较强竞争力的服务提供商。

公司自成立起就专注于网络安全行业,是国内较早进入专业抗 DDoS 攻击服务领域的企业之一,现已具备丰富的网络攻防经验。公司研发搭建了单点 T 级防御能力的超高安全防护架构及系统,并通过近源智能调度技术实现全国 7T 级的联防能力。

11.2.1.4　典型企业面临的问题

(1)科惠医疗

①部分技术尚未掌握,过度依靠进口。科惠医疗以优异的产品质量跻身于中国骨科产品生产公司前茅,成为行业的标兵。但由于起步较晚、发展时间不足,在人造关节等产品的生产技术上存在一定的缺口,现阶段主要依靠进口。公司已启动相关项目进行研发,但短时期内很难与国外顶尖水平同步。

②产品注册周期长。由于医疗器械行业的特殊情况,产品往往存在注册周期长、步骤复杂、成本高等问题。这些问题会影响公司的盈利能力和资金周转。针对注册周期较长的情况,公司正在申请免临床评估,争取尽可能缩短注册周期。

③客户集中,市场扩展不足。由于公司临床主要合作单位主要集中在浙江省,供应商、销售链也集中在浙江省,公司产品销售主要集中在浙江,产品尚未在全国范围内获得普遍认可。且由于同类型同规模的企业较多,产品在浙江省之外竞争力不强。

④医疗器械大量依靠国外进口。前五年国内外医疗器械比例为 2:8,近年国产比例有所提高,但还有超过半数医疗器械依靠国际进口。进口器械价格是国产的数倍,且现阶段进口医疗器械不计入医保,进口器械大大提高了公司成本。

⑤融资渠道不明。根据公司相关负责人介绍,公司现阶段基本有没负债,没有明确的融资渠道,在公司未来的发展过程中可能会遇到融资难、资金短缺的情况。

(2)光通天下

①市场占有率不高

光通天下客户主要以大型客户为主,客户数量不多,单个客户对公司的发展情况影响较大,市场占有率不高。

②供应商集中

公司每年超过六成的采购均集中于几个特定的供应商,供应商情况对公司产生了较大影响。

③能耗指标紧张

公司产品需要消耗大量能源。现阶段由于政府对大项目的能耗支持和优惠,分配给公司的能耗指标相对宽松。但在未来的发展过程中将会产生能耗紧张的情况,需要公司取消低端高耗能的项目控制能耗。

④毛利率走低

光通天下科创板招股说明书显示，2016年到2018年，光通天下的毛利率分别为69.02%、66.85%、46.63%，其中光通天下2018年的毛利率较2017年下跌了近20个百分点。2018年光通天下毛利率低于同行业可比公司毛利率平均值。

⑤变现能力差

随着公司收入的增加，光通天下应收账款及应收票据的余额也大幅增加。招股说明书显示，2016年到2018年，光通天下的应收账款及应收票据的合计余额分别为2 045.25万元、9 170.92万元、16 451.71万元。同时，应收账款周转率逐年递减，分别为3.94、2.35、1.59，远低于同行业可比公司平均值。

11.2.1.5 政府部门和企业的期望

①帮助宣传金华市，加大人才引进。②推荐项目。③丰富融资手段。

11.2.2 湖州调研

基于调研包括湖州市区和湖州市辖德清县，这里分开介绍。

11.2.2.1 当地概况

(1)湖州市

湖州市是浙江省下辖地级市，是“长三角城市群”成员城市、环杭州湾大湾区核心城市、G60科创走廊中心城市，地处浙江省北部，东邻嘉兴，南接杭州，西依天目山，北濒太湖，与无锡、苏州隔湖相望，是环太湖地区因湖而得名的城市。处在太湖南岸，东苕溪与西苕溪汇合处。湖州市在吴兴区设立了高新技术产业园区，2015年以来，区委区政府打破条线、区域界限，以吴兴科创园、总部自由港、高新区科技加速器、省级工业设计基地等4家政府直接投资运营平台为核心组建区科技创新中心，整合中节能环保产业园、多媒体产业园、联创谷等企业级平台，总规划面积187.9万平方米，物理形态涵盖商务办公楼宇、独栋产业楼、标准厂房、中试微型工场等。其中，吴兴科创园是国家级A级孵化器及省级海创园，多媒体产业园是省级现代服务业园区和国家级广告产业园。截止到2019年6月30日为止入驻项目356家，宜可欧、迅蚁、管工智能、美晶科技等一批科技、人才项目效益逐步呈现，累计引进和培育国千、省千人才7人，南太湖精英计划人才项目54个。

湖州南太湖高新技术产业园区是湖州市的一个科创园区，2012年9月由湖州市人民政府批准建立，区域西起申苏浙皖高速环渚连接线(含延伸)，东至申苏浙皖高速织里连接线，南起湖城纬五路(含东部光电产业园)，北至滨湖大道，总面积约75平方千米。根据规划，高新区将以申苏浙皖高速为界分为南北两片，南片重点发展以现代物流装备为主导的产业体系,包括物流装备终端产品、物流机械配套零部件和现代物流装备信息技术。2013 年 3 月,湖州现代物流装备高新技术园区获得授牌,实行省级高新技术产业园区政策,以"绿色、智能、超常、融合、服务"的发展趋势,根据高端发展、创新发展、生态发展、集群发展、安全发展的要求,打造现代物流装备产业技术创新基地、现代物流装备电子与软件的智能产业基地、现代物流装备高端制造产业基地。北片重点打造集休闲旅游观光为一体的都市型现代农业园,突出生态化。建设服务中心、金融中心、科技中心,突出智慧化。建设低密度、高产出的总部基地、研发基地、创意基地,突出高端化。高新区是区域经济发展的大平台,是吴兴区未来十年发展蓝图的展示区,将按照高起点规划、高标准定位、高水平建设、高效能管理,全力打造成长三角有地位、有实力、有竞争力、有可持续发展力的产业园区,真正成为现代化的"智"造区、创新人才的集聚区、高新技术的示范区、产城融合的新城区,最终创建成为国家级高新技术产业区,成为太湖南岸最璀璨的一颗明珠。

(2)德清县

德清县是湖州市市辖县,虽然只是一个的县城,但是在资本市场方面是起步较早。当地在 1999 年就有一家企业——升华拜克在上海证券交易所上市了,这也是湖州市第一家上市企业。得益于较早的起步,德清县的优势在于机制较为完善。截止到 2019 年 6 月 30 日,德清总共有 11 家企业上市。

2018 年,虽然资金市场的变动加大了上市难度,但由于习近平总书记提出"科创板"推动了"科创板热",德清县对科技创新方面也给予了高度重视。从 2018 年下半年开始,德清县展开了培训,在高新区进行企业排模、上报以考察企业的科技含量。2019 年 2 月底政策出台后,德清县积极邀请券商进行培训。

德清县目前侧重的并且科技含量较高的主要在于生物医药、先进装备制造、家装家居三个行业,除此之外新兴的行业还有地理信息技术(地理信息小镇),包括航空等。近期,经过前期调研发现,已经有比较多的成熟的企业上市。到 2019 年 6 月 30 日为止,医药企业上市两家,分别位于深圳、上海两地。除此之外,还有一家进行先进装备制造的企业也已经在上海上市。同时,德清县也一直在排模"科创板后备企业"。

11.2.2.2　主要政策支持

(1)湖州市

湖州市对于科技企业的政策支持主要包括一定期限内免征所得税、房产税和城镇土地使用税;提供优惠贷款等。现在湖州有一些像是绿贷通平台这样的新开通的平台,为小微企业提供低利率贷款。如果小微企业有资金需求,可以在平台上发布,银行看到后会根据企业的需求为企业提供贷款,企业通过网上操作就可以发布需求。

另外对于人才引进方面,湖州市也出台了一些政策来引进优秀人才,包括"留学回国人员科研启动基金”“高等学校学科创新引智计划”等，以此来鼓励优秀人才进入湖州。

11.2.2.3　参访的园区和企业

(1)湖州市

①园区

“佳业天成”众创空间位于湖州市吴兴区高新技术产业园区，教育、金融、医疗等配套资源齐全，交通便利，区位优势明显。该众创空间拥有标准多层厂房30 000多平方米，研发办公楼7 000平方米，可根据创业者需求提供40－300平方米面积不等灵活分隔的独立研发办公区域。“我们除了为入驻企业提供研发办公场地硬件等设施之外，还为创业者提供政策扶持、科学申报、技术咨询、投融资帮扶、行政管理服务等专业化、精细化的创业帮扶，让企业无后顾之忧，可以在这里安心创业。目前已入驻的企业有30多家，涵盖了智能装备、机械制造、电子科技、信息咨询、职业培训等行业。”“佳业天成”众创空间相关负责人表示，“同时我们还与上海交通大学、湖州师范学院、湖州职业技术学院等院校达成战略合作，为提高大学生创新创业能力和就业提供良好的环境”。

②园区企业

A. 正远智能装备科技有限公司

浙江正远智能装备科技有限公司成立于2018年11月，是为了促进企业进一步的发展，更好地满足客户需求，致力创建世界一流输送装备的配套品牌制造商。

公司成立以来，我们秉承“为顾客创造价值，为员工创造前途，为社会创造贡献”的企业使命，荟萃了一大批业内精英和专业人才，专注于从事物流设备零部件和自动化物流输送设备模块的研发、销售、制造生产和安装调试的综合性优质企业，在吸收国内外物流先进技术的基础上自主研究开发了一系列专用物流设备。

公司产品包括各种输送机配件，如辊筒(滚筒)、流利条、万向球、福来轮等等；还包括辊筒输送机、皮带机、网带机、链式输送机、辊筒输送机、链板输送机、辊筒伸缩机以及各式专用提升设备、自动装卸设备、仓储出入库设备模块等。

正远尊崇以“细节决定品质，管理创造效益，团结创造未来，诚信共赢发展”的企业价值观和经营理念，不断追求产品精益求精，服务至真至诚，向广大客户提供高品质、高性能的产品，赢得了众多客户的青睐和支持；以优质的产品及专业的合作态度赢得了众多生产商的信任，努力打造成为世界一流输送部件供应商，“正远”品牌正成为同类行业中的知名品牌。

B. 恒织源科技有限公司

湖州恒织源科技有限公司于2018年9月6日成立。公司经营范围包括：软件开发,电子设备的研发和销售,纺织品、针织品及工艺品印花图案的电脑设计与制作,纺织品、针织品的销售,货物及技术的进出口(依法须经批准的项目,经相关部门批准后方可开展经营活动)等。

(2)德清县

德清县目前有一些较为优质的企业,但大多都处在前期,还需要时间成长。一些企业如慧琴医疗、数问生物和华仪电子等已经有一定基础。

慧琴医疗主要制造体外血液循环机器,同时研发人工肝、人工肾等,是较为高端的企业。国家医药管理局来德清考察时,也提及这些是国内目前尚未有的。这一企业在2020年8月份产品有望通过报批正式上市销售,如果注册成功,预计一年可以卖1 000台机器,一台机器价格大约在20万元。而这样的机器,目前在国外售价基本都在60万元～80万元。

数问生物主要从事癌细胞筛选相关工作,销售设备、试剂,同时提供筛选服务。该企业已经在国外展开了产品销售,预计2020年国内也将开始进行销售。虽然目前企业规模还比较小,2018年累计销售700多万元,但2019年预计可达到2 000万元。该企业已经进行了三轮融资,目前获得融资额8 000万元,也正在准备“科创板”上市。

华仪电子是一家由电子科技集团控股的比较成熟的企业,较为符合“科创板”上市要求,该企业目前有两三千万元左右的净利润。[①]

①园区

德清地理信息小镇位于湖州莫干山国家高新区地理信息产业园区块,核心区规划面积1.31平方公里。小镇以地理信息产业为核心,坚持“产、城、人、文”交融的理念,建设基础设施完善、商务配套一流、高端人才集聚、生态环境优越、绿色休闲宜居,是具有鲜明的科技特征的新区域。

②园区企业

A. 朴器(德清人工智能国际创新中心)

业务主要包括产业孵化、技术转移、投资、知识产权,并结合当地产业技术结成当地人工智能产业联盟,从而促进同行业企业交流。公司项目有智能洗车、智能窗帘、AI辅助睡眠、AI自动喷涂。

B. 梦工场众创空间

自2015年10启动运营以来,通过一年时间的不懈努力,地信梦工场在作为国内首家地理信息专业的众创空间,在德清县地理信息小镇内构造了通过市场化机制、专业化服务、资本化途径运作的模式,构筑了一个低成本、便利化、全要素、开放式的创

① 以上德清县数据均来自座谈会调研记录。

业创新平台。为创客个人、高校毕业生、小微企业100余人等提供了自主创业的工作空间、网络空间、社交空间和资源共享空间。目前已建成众创办公场地2 000平方米，已入驻创业团队(企业)16家，正在孵化项目10个。

地信梦工场始终立足地信小镇优势产业基础，在德清县委县府、浙江省地理信息与测绘局的指导下，充分利用国家省市大力发展众创空间的政策，激发全社会创新创业活力，打造地信经济发展新引擎，——国内首家地理信息众创空间。2016年，国家科技部火炬中心公布了第三批国家级“众创空间”公示名单，“地信梦工场”成功入选，被纳入国家级科技企业孵化器的管理服务体系。

2017年2月，地信梦工场北京分空间在紫荆花孵化器正式成立，杭州分空间在杭州梦想小镇正式成立，地信梦工场将搭建从中央到地方，创业腹地到创业新地标的战略合作平台，并吸引更多创业项目能够入驻德清。2017年9月，地信梦工场建成了10 000平方米的综合型孵化空间，其中包括：2 000平方米众创空间，4 000平方米孵化器，4 000平方米加速器。

11.2.2.4 政府部门和企业的期望

(1)加大人才引进，增加留住人才的措施；

(2)县级政府部门希望推进科创企业发展的诉求能够及时上达；

(3)加大科创特色小镇的支持力度。

11.2.3 宣城调研

11.2.3.1 当地概况

宣城市为安徽省地级市，地处安徽省东南部，东临浙江省，东北与江苏省接壤。自然生态环境优越，历史文化底蕴深厚。近年来，宣城市经济发展增速较快，具有后发优势。从科创企业的发展角度来看，宣城市具有以下两项优势：

一是区位优势显著。宣城市人口较少，可用土地多，地大物博，资源丰富，利于为科创企业提供坚实的物质基础。

宣城市交通畅达。作为安徽唯一一个位于两省接壤位置的地级市，是连接内陆与沿海的重要通道，逐渐获得交通枢纽的地位，且即将进入高铁圈。这种重要的位置，有助于区域、产业协调发展，利于东部省市向安徽进行辐射。

二是具有厚积薄发的潜力。宣城市具有很多国家战略平台，如长三角区域一体化、长江经济带、皖江城市带、中部崛起战略等；拥有国家政策支持，体量小发展速度快。2018年综合指标全省排名仅居合肥后位列第二。在融入长三角一体化的发展过程中，能够收获很多机遇。提出了“眼光向东看，争当长三角一体化安徽省排头兵”的战略目标。

11.2.3.2　主要政策支持

宣城市对于科技企业的政策支持主要体现在以下三方面：

一是培育已有科创企业。宣城市会对已有科创企业进行政策扶持，具体包括现金补贴、设立投资资金创新财政支持方式，通过企业培训挖掘企业自身潜力，通过政策宣讲为企业答疑解惑，及时兑现企业扶持政策，优化创新创业环境。

二是吸引高层次人才团队。宣城市一直致力于吸引高层次人才团队来宣创新创业，对高新技术团队进行资金扶持，特别鼓励人才带来科技进行成果转换，努力打造成果转换基地。

三是产业联盟与园区合作。在加入G60科创走廊后，宣城市有了更多的融合发展，为长三角一体化建立了一系列高端装备制造产业基地、创新成果转移转化示范地：如宣城市主要牵头建立的新能源材料产业联盟，主营新能源汽车及配套产业；而规划中的松宣产业园区也是异地园区合作的示范，将研发中心、人才等留在上海，提供更完善社保服务，宣城作为基地，进行成果转化。

11.2.3.3　参访的企业

(1)博瑞特热能

博瑞特热能是以合肥为营销中心、以安徽宣城为产业化制造基地的国家高新技术企业，主要产销燃气锅炉，是全国同行业中建立“ 院士工作站”的特种设备企业。多年来，与上海工业锅炉研究所有密切合作。调研过程中，博瑞特表示近年来企业发展迅速，2018年企业总产值约为3亿元，高新技术产品的销售收入占总销售收入的82.9%；研发投入也逐年增长，2018年研发投入占销售收入5.01%。

从科创角度来看，博瑞特在“智能制造＋互联网”领域不断创新，是锅炉行业产业升级的典范。例如，为响应广大用户快速服务需求，2012年博瑞特与中国科技大学合作研发了远程运行维护平台，分别在合肥、宣城设立了互联网运营服务中心。两个平台互通互联，为有需求的用户提供在线安全监测、故障诊断等服务。近年来，博瑞特由制造业逐渐向服务行业转型，通过手机远程运营的技术支持，客户可以看到锅炉运行数据、安全预警信息。

同时，企业也表达了发展中的困难和诉求，包括人才招聘难，希望有针对民营企业的人才交流互通专项政策；燃气锅炉行业竞争较大，希望有相关政策能够优先推荐或招投标加分；产业园区合作方面，希望降低费用，对技术服务咨询给予补贴；处于向智能制造转型的过程，希望政府对民营企业加强智能制造方面的专项补助；民营企业用电的基础电价(即使不用电也要交的基本费用)设置不合理，希望政府进一步优化。

(2)福元药业

福元药业有限公司是新和成控股集团有限公司控股的现代制药企业，为国家级高新技术企业，主要从事外用半固体、液体以及口服固体、液体制剂的十多个剂型三十余个常用品种的生产和销售，是“外用药和抗疟药的重要生产基地”。在调研中，公司表示2018年产值约4亿元，销售达3亿元，研投比为6%～8%，且近期增长较快，融资状况良好，国内竞争压力较小。但也提到一些问题，包括申报新药周期过长，获批需五年半到六年，导致投入人力成本、耗材、基础设施成本高；人才吸引困难，缺少人才补贴、人才公寓、交通配套等相关方面的支持。

(3)保隆(安徽)汽车配件

保隆(安徽)汽车配件是上海保隆汽车有限公司在宁国市投资的全资子公司，为国家重点高新技术企业、全国工业企业标杆，主要产品为排气系统相关的配件，专利颇丰。在研发方面，建立了省级院士工作站，2018年以来研投比达7%以上。该公司采取全球性经营，产品远销78个国家和地区，且融资情况良好。但在人才方面，仍存在人才吸引困难的问题。德清县目前有一些较为优质的企业，但大多都处在前期，还需要时间成长。

11.2.3.4 当前面临问题

(1)科创企业融资难

银行作为一个重要的融资渠道，因为属趋利性机构，贷给科创企业的意愿不高。且中小企业贷款利率高，手续复杂，费用高；同时，知识产权作为质押难以获审；初创型企业抵押物不足，在还款期尤为困难。

(2)能源和劳动力成本高

对于一些用电量大的企业来说，基础电费高，每月电费高达三百多万元，对于企业来说是不小的负担。人力成本方面，工人工资每年在以20%的速度上涨。

(3)人才稀缺，吸引困难

由于地理位置、经济发展状况等区位因素不如东部沿海城市的客观限制，宣城市本身吸引人才的优势不足。此外，即将开通的高铁会增强虹吸效应，从而使人才更为缺乏。目前，企业主要采取在当地招聘应届毕业生、内部培训的方法吸收人才，但这种方式由于成长缓慢，效果不佳。

(4)产业基础薄弱

宣城市发展起步晚，产业基础薄弱，高新技术企业和知识密集型企业都较少，不利于科创企业的发展壮大。

(5)缺乏国家科技政策支持，财政资金缺乏

宣城市虽有较好的区位优势，但缺乏国家级科技政策支持，缺乏资金流入；而仅靠宣城市财政力量支撑无法满足科创产业发展需求，甚至G60科创走廊九城中实行的创新券，因宣城财力不足，而无法施行。

(6)多数企业质量不高,挂牌上市意愿不强,漠视资本市场

大多数企业距离申报科创板仍有较大差距,且对科创概念不清,挂牌上市意愿不高,这种对资本市场的漠视不利于其长期发展。

11.2.3.5　政府部门和企业的期望

(1)发挥好上海市在宣城的飞地作用,实现高质量一体化发展。

(2)建立完善的财政分成机制,缓解当地的财政压力。

(3)采取更为合理的能源收费制度,为科创企业降低成本。

11.3　政策建议

11.3.1　在一体化的背景下,做好产业集聚

加强顶层设计,注重系统性与一体化,利用产业集聚以点带面,营造良好氛围以促群体发展。同时也应该注意各地产业趋同问题,做好长三角 G60 城市的协同发展以及各城市所辖县市的协同发展。

11.3.2　推动人才一体化发展,各地在吸引人才时要有各自特色

出台与企业科创相关的人才引进政策,加强人才吸引力度,支持创新券的使用范围,发挥长三角领先城市的人才优势。

11.3.3　完善的财政分成机制和经济考核指标

在一体化合作发展的过程中,发挥好飞地作用,建立完善的财政分成机制,缓解当地的财政压力,同时在经济考核上得以体现。

11.3.4　加强金融机构对科创企业的支持,发挥好校友在金融业从业的优势

要鼓励金融机构多渠道、多工具支持科创企业融资,扩大商业银行投贷联动业务的开展,探索和扩大知识产权质押融资业务。同时发挥好校友在金融业从业的优势,组织相关校友或者校友单位向科创企业传播投融资知识。

11.3.5　持续优化企业营商环境,降低科创企业运行成本

简化行政审批流程,优化企业营商环境,采取更为合理的能源等收费制度,降低科创企业运行成本。

11.3.6　重视所辖县市在支持科创企业发展中的诉求

调动G60科创走廊城市所辖县市的积极性，G60科创走廊城市需要及时听取所辖县市支持科创企业发展的诉求，对于涉及一体化发展的事项，及时在一体化城市联席会议机制下寻求解决之策。

11.3.7　扩大科创板上市公司类型，支持更多科创性企业上市

深化资本市场改革、扩大科创板上市公司类型，培育更多优质科创企业，支持更多科创性企业上市，实践创新驱动战略。

11.4　成果要报：融入长三角一体化，促进科创企业发展
——《G60科创走廊城市金华、湖州、宣城走访的思考》

主要观点

• 融入长三角一体化，金华、湖州、宣城各城市和科创企业都有期盼和实际行动，但是在发展中还存在着比较优势发挥的不突出，非上市科创企业融资难，多地科创企业存在人才吸引难，留住人才难的情况。

• G60科创走廊联席会议制度反映G60科创走廊城市下属县市的需求上存在欠缺。

• 有的城市科创企业融资渠道比较少，融资工具也不够多样化。

• G60科创走廊已经上升为长三角一体化发展国家战略的重要组成部分，G60科创走廊城市的发展要从整个长三角一体化发展着力。具体建议有：第一，合理规划G60科创走廊城市产业布局，尤其是科创产业布局，减少科创产业布局趋同化，发挥各地的比较优势，形成优势互补的高质量发展态势；第二，发挥上海金融中心的优势，牵头成立长三角一体化投贷联动联盟，发挥好上海证券交易所资本市场服务G60科创走廊基地的作用，对于短期内难以达到科创板上市标准的科创企业，需要发挥长三角股权（产权）交易市场的作用，为科创板增加备选科创企业的培育；第三，制定有利于各地人才吸引的政策；第四，发挥上海财经大学金融、投资等学科的优势以及上海财经大学校友（企业）优势，为G60科创走廊城市提供投融资咨询和投融资（信息）服务。

主要内容

G60科创走廊城市金华、湖州、宣城走访主要包括与当地政府相关部门（主要涉

及发改委、科技局、金融监管局、经信局、财政局等部门)、科创企业代表座谈并且走访部分科创企业、科创园区。走访调研的内容主要包括三方面：一是政府在支持科创企业发展的主要政策以及政策实施情况、体制机制创新的难题；二是一些科创企业发展的现状及面临问题；三是从长三角一体化协同发展角度请科创企业提出期盼与诉求。

11.4.1　政府对科创企业发展给予政策支持

11.4.1.1　金华市的主要做法

金华市对工业企业有扶持政策，对于创新型的高新技术企业政策倾斜相对比较大。针对科创企业制定的相应的鼓励政策。对通过鉴定的省级工业性产品和浙江制造精品给予10万元奖励；对于高端装备制造业的牌号国家级奖励100万元，省级奖励50万元。重点培育八大细分行业(光电、生物医药、新能源汽车及配件、电动工具、智能门锁、智能家居、保温杯、磁性材料石墨烯)，推进分行业成立产业联盟，更好体现互补互助的优势，信息共享、进行产业链合作、解决产业间共性的技术问题。市委组织部参加首届G60科创走廊人才峰会，落实人才政策18条；市发改委积极推动长三角一体化产业园区联盟的各项工作；行政服务中心、市场监管局在各个县域开通"一网通办"窗口，实现九个城市互联互通；市经信委推动九城工业互联网平台的建设；市金融办带领企业赴上海证券交易所培训，助推企业上市科创板；市科协积极协调院士参加G60院士论坛，各部门配合完成G60科创走廊的展示馆，积极提供各种资料。

11.4.1.2　湖州市的主要做法

笔者对湖州市政府部门的调研主要在湖州市所属德清县进行。德清县已经打造了产学研合作的德清模式，在全省率先建立了一个技术交易市场，并聘请了一个第三方中介机构来运营这个市场，引入了像专利代理等的中介机构20多家，推动建立一个省级的技术经纪人团队。在科技创新这方面，在高新区进行了企业排摸、上报，考察了企业的科技含量。积极邀请券商进行培训。县内已建立3家国家级众创空间，6家省级、23家市级众创空间，还有一个国家级科创企业孵化器。在金融方面，除了金融办，科技局也有金融科，还成立了全省第一家县域的科技支行，专门借贷给科技企业。政府发起设立了一个三千万元的科技金融风险补偿基金，还建立了一个科技成果转化引导基金，推出跨区域的创新券，可以在上海使用。

11.4.1.3　宣城市的主要做法

政策扶持高新技术团队来皖创新创业，扶持力度根据不同情况分为一千万元、六百万元、三百万元；牵头的新能源材料产业联盟等的建立，规划松宣产业园，探索异地园区合作的示范模式；对标上海证券交易所科创板，安徽省区域股权市场开展工作，给予挂牌上市企业奖补、帮助企业答疑解惑，挖掘自身潜力，将企业挂牌、股改情况纳入绩效考核；保障重大科技项目顺利实施，特别是宛陵科创城建设，创新财政支持方式，设立天使投资基金。

11.4.2　科创企业发展中面临的情况

11.4.2.1　人才吸引难，留住人才更难

调查中科创企业普遍反映因为企业不在上海，不在省会城市，人才吸引难，留住人才更难。

11.4.2.2　科创企业融资普遍比较困难

除了正在推进上市或者已经获准上市的科创企业外，科创企业普遍存在融资贵、融资难的问题。一些企业对于多渠道融资、融资工具多样化缺乏了解。

11.4.3　对于协同发展的期盼

11.4.3.1　期盼有协同发展的具体政策

在长三角一体化发展纲要指引下，G60科创走廊城市需要有更加具体的协同政策，如在科创飞地设置中没有现成的财政分成体制，希望有具体政策，并且能在财政收入数据、考核指标上体现出来，而不只是得到分成的钱；推进创新券在更大范围使用等。

11.4.3.2　期盼有更多的金融知识宣传和金融政策支持

有的城市政府部门和企业希望获得更多的金融政策宣传，帮助科创企业更好地利用资本市场和货币市场，也希望在解决科创企业融资贵、融资难上有进一步的金融支持政策出台。

12. 数字金融时代的第三方风险管理商：机遇与挑战调研报告

12.1 数字金融时代衍生出第三方风控机构

进入21世纪以来，我们的工作和生活越来越互联网化。物联网、移动互联网、云计算、平板电脑、手机以及遍布世界的各类终端设备，在为我们提供便利的同时，也记录了我们的个人特征和行为痕迹，从而丰富了"数据"的内涵和价值。这些数据一旦产生之后，就可以被汇集并加以分析，然后就可以用来刻画用户的行为偏好和风险特征等，从而产生新的商业价值，进而也可能会促生全新的业态。

第三方风控行业的爆发式发展的另一个大背景是金融业的创新迭代。互联网新时代，风险管理，特别是金融业的风险管理成为重要风口。作为一国经济的中流砥柱，金融行业革新浪潮更是风起云涌。传统金融机构转型谋创新，新兴金融业态也纷纷迭代更新，整个金融市场一派新风貌。与此同时，众所周知，互联网金融尚处于初步发展阶段，既取得了万众瞩目的成绩，也不可避免地暴露了一些比较严峻的问题。随着需求的强烈迸发，一些投机分子打着互联网金融的旗号实施非法集资，一定程度上扰乱了行业秩序。这也迫切需要专业的机构处理类似互联网时代全新的风险模式。随着大数据、云计算发展的深化，大数据信息服务作为未来互联网经济乃至整个社会经济发展的基础设施，焕发出无穷的活力。

为了对第三方大数据风控这一新兴的行业进行深入考察，上海财经大学公共经济与管理学院投资系师生在暑假期间组成调研组，对该行业内的代表性企业进行了深入调研，调研企业主要包含：百融云创（北京）、邦盛科技（杭州）、同盾科技（杭州）、51信用卡（杭州）、光通天下（金华）等。通过对这些代表性企业的深入调研，调研组加深了对该行业发展现状的认识，对行业未来的发展趋势和存在的问题，以及对上海市发展金融科技行业的启示，也有了更深的了解。为使得调研报告更加聚焦，我们以行业代表性企业百融云创和其他同类机构为例，来介绍整个行业发展中面临的机遇和挑战。

12.2 代表性企业的业务模式

12.2.1 代表性调研企业基本介绍

百融云创,原名“百融金服”,成立于2014年3月,是一家利用大数据技术为金融行业提供客户全生命周期管理品和服务的高科技公司。2019年5月16日,百融金服正式更名“百融云创”。百融云创的定位是成为连接普惠金融供给侧和需求侧的桥梁,帮助个人和小微企业获得金融服务,帮助金融机构评估客户的风险。

百融云创最早并不是专门服务金融行业的,而是脱胎于电子商务个性化推荐业务:北京百分点信息科技有限公司(以下简称“百分点”)。百分点是一家创立于2009年的大数据平台公司,通过自身全行业数据的积累和数据处理能力的不断锤炼,从事电子商务个性化推荐业务。随着技术进步和商业模式创新,互联网、大数据等新型技术逐步向传统金融行业渗透,百分点顺应金融市场的趋势和需求,于2014年将其金融事业部分拆独立为百融金服(百融云创前身),以提供基于大数据的第三方风控服务。百融云创以百分点的数据库为基础,成为中国最早将大数据技术应用于金融行业风险管理的企业之一。第三方推荐和风控虽然有着不同的对象和需求,但所应用的大数据技术可以触类旁通。维度丰富的数据库虽然不包含直接的信贷信息,但也为风控模型等业务提供了充足的原始数据。

百融云创作为国内最大的第三方数据平台之一,致力于成为开放的数据平台和开放的技术平台。在百分点的数据库基础上,百融云创通过和金融机构及其他企业的合作不断扩充数据记录,拥有互联网、线下零售、社交、资产、交易、媒体、航空、教育、运营商、品牌商等多维数据源。这种数据的融合产生了1+1>2的效果,利用看起来杂乱无章的数据,创造了非凡的价值。截至目前,在信贷领域,百融云创已经和建设银行、招商银行、光大银行、广发银行、浦发银行、兴业银行、华夏银行、微众银行、北京银行等100余家银行,捷信、中银消费、北银消费、马上消费等20余家大型消费金融公司,以及900余家行业领先的网贷企业(P2P)、小贷公司等非银机构合作。

12.2.2 公司业务布局

目前,百融云创的业务布局清晰地分为三大板块:信贷风控、精准营销和保险大数据。目前这三大板块业务的营收占比依次为50%、30%和20%。

信贷风控是百融的核心业务,也是底层业务,主要用于帮助金融机构分析客户的资质,评估其风险。目前,在核心风控平台的支持下,百融实现了从获客到贷后管理的全周期信贷风控流程设计。在贷前获客阶段,百融云创这样的第三方风控机构就可以利用大数据帮助企业评估货款渠道,分析最佳的获客渠道。通过这样的综合分析,百融云创可以为企业决策提供更加全面的参考信息。在贷前审核阶段,第三方风控机构可以利用自己积累的大数据和技术,帮助企业核实身份,验证信息的真伪,确定填写的各要素之间是一致的。而且,通过全行业积累的黑名单库,还可以帮助企业判断用户是否存在不良的历史行为。最后,利用跨平台积累的数据,百融云创还可以帮助企业判断用户是否存在多头借贷、冒名借贷等行为,以及判断是否有团伙诈骗的嫌疑。这些服务对企业过滤欺诈用户,有非常大的价值。

所谓精准营销,主要是帮助金融机构获取新客户新流量或者进行老客户的二次营销。充分挖掘用户价值,百融云创提供"千人千面"个性化推荐,实现高效引流,精准获客。利用这套技术,精准营销同时还可以大大降低风险。精准营销的业务主要包括用户画像、精准分层和休眠客户二次激活等。

保险大数据服务是百融云创比较有特色的领域。百融主要基于云端大数据和人工智能,为保险行业相关客户提供全面营销和风控识别服务。同时在实践中发现,目前保险的较佳模式为线上线下相结合。具体而言,保险方面的服务主要包括:保险营销、风控识别和线上线下结合推广等。

12.3 行业环境和竞争态势

12.3.1 行业其他代表性企业

当前,在第三方风控行业,与百融云创业务领域相近,经营规模和实力也处于同一个量级的竞争对手,主要有以下几家。

12.3.1.1 同盾科技

同盾科技总部位于浙江杭州,成立于 2012 年,是国内专业的智能风控和分析决策服务提供商,截至目前,已有超过一万家企业客户选择了同盾的产品及服务。发展至今,同盾科技业务从中国辐射至全球,已在杭州、北京、上海、深圳、广州、成都、西安、重庆、新加坡、印尼等多地设立分支机构。同盾科技所倡导的理念是不同行业风险的联防联控,而不是局限于一个行业的风险防控。

12.3.1.2 邦盛科技

成立于 2010 年,总部位于中国杭州,是国内最早专注金融领域实时风控的国家高新技术企业。公司核心技术完全自主可控,且有自主知识产权,并与多家银行在内的 200 余家金融机构达成合作。邦盛科技专注于中央风控与实时风控市场,并逐步向泛金融领域扩展。旗下子公司邦睿科技以流立方产品为支点，将技术应用于政务、港务、票务、轨道交通、电信、公共安全等领域。

12.3.1.3 度小满金融

度小满金融，原为百度金融，始于 2013 年，2015 年 12 月整合组成金融服务事业群组，并上升至百度战略级位置。以百度为依托，在技术方面，继承了百度技术基因、算法模型行业领先；在数据方面，其依托行业领先的大数据，覆盖中国 95％网民；在平台方面，它集成丰富金科能力，提供一站式解决方案。

12.3.2 行业发展机遇和挑战并存

首先，第三方风控市场依然非常广阔，发展空间很大。这首先是因为行业基础需求前景非常广阔。第三方风控行业的业务来源有一大部分增量来自银行及其信用卡业务、非银行为代表的新金融机构（持牌消费金融机构、持牌小贷公司、非持牌 P2P 等网贷机构）的信贷规模快速上升。在这一背景下，他们对于风控的诉求基本上是同步上升的，结合这些金融机构的竞争压力与盈利压力，他们对于风控即是刚需也是会持续加大投入的领域。而且，从参与者的整体发展情况看，由于很多新金融机构并没有完全纳入央行征信中心，央行征信中心与百行征信公司（持有唯一个人征信牌照）无法给机构其他准确的服务，也就给了大数据风控公司极大的发展机遇，目前这些大数据风控公司也正在陆续拓展至银行等持牌金融机构。

当然，第三方风控行业目前面临着激烈的竞争环境，市场存在大量同类机构。第三方风控企业的合作对象主要包括互联网金融公司与传统金融如银行等，因此它与互联网金融的发展可以说是共沉浮的。随着前几年互联网金融的爆发式增长，催生了一大批的第三方风控公司，但随着近两年市场环境的变化，行业出现了过剩的局面。《2018 年中国大数据风控调研报告》显示，2017 年，中国大数据风控市场规模达 140 亿元人民币，比同期美国市场还要高出 20 亿元。目前，大数据风控市场主要有三类玩家：一是传统征信公司，如人行征信、鹏元征信、前海征信；二是同盾、百融等新兴垂直类大数据风控公司；三是蚂蚁金服、腾讯金融科技以及度小满金融这类互联网巨头公司。

在广阔的发展空间是针对整个市场而言，并不代表每个机构都一定能发展壮大。目前整个行业发展的一个大问题就是同质化严重。无论是数据积累，还是技术积累，不同的公司差别并没有太大。按产品形态来看，目前大部分公司围绕着贷前做工作，主要包括欺诈客户识别、用户信用水平检测、授信额度预估等，对于金融机构达到的效果诉求来看，产品形态是大同小异的，同质化竞争严重。某金融公司的商务负责人称，产品同质化会导致腐败滋生，大家不再看谁的产品好，而是看谁的回扣高。

12.4 调研启示与政策建议

通过上述对中国代表性的第三方风险管理企业的详细介绍和案例考察,我们可以更加深切地感受到中国金融行业过去数年在专业化、市场化和链条化上的进展。随着金融科技的进步和专业化分工的深入推进,金融机构将众多及其细分的业务交给专业的第三方公司来负责,金融业正从一个封闭的体系走向一个开放的体系。这其中还有很多问题,值得我们进一步思考。

12.4.1 需要认真思考现代金融市场为什么会出现这样的发展趋势

根据诺贝尔经济学家科斯的理论,市场和企业是两种可以相互替代的配置资源的手段,关键是看那种方式成本更低。具体到本案例报告探讨的问题上,一个金融机构是自己建设、维护一套风控系统,还是向市场上购买、租赁一套风控系统或具体的风控技术,取决于建设、维护这套风控系统和向市场购买、租赁这套风控系统,哪个成本相对更便宜。在传统金融业务模式下时,金融企业的风控系统建设成本低,但维护成本(线下尽调)高,如果从市场上购买,日常维护涉及的交易成本将极其高昂,因此为便于随时监控风控系统和风控团队的有效性,金融企业倾向于自建一个风控系统和团队。但在数字金融时代,金融风险越来越“标准化”,很多互联网带来的风险,例如账号盗用、羊毛党等,都非常相似,金融企业的风控系统建设成本高,但维护成本并不高,因此金融企业就倾向于向市场购买某个环节的风控服务,一劳永逸。

12.4.2 高度重视第三方金融科技企业对“金融”边界的冲击

在不同的国家,金融业务都是一种“特许经营”的业务,即经批准之后,才能开展经营。但如果金融机构将相关业务全都外包出去,金融监管就可能存在漏洞。具体到金融机构与第三方风控机构的合作上,这一问题主要体现在金融机构是否可以将金融风险“转嫁”给第三方风控机构。早期大数据风控服务商与金融机构合作,主要是输出数据,风控模型,可以视作输出一种工具,金融机构依然对相关业务风险负责,并不会要求第三方风控机构进行“兜底”。但随着市场竞争的加剧,一些机构追求商业模式创新,衍生出一种“联合经营”的模式。第三方风控服务商在联合运营合作模式下,会承诺对贷款“兜底”,即发生风险时由第三方风控机构一方全部承担,或者部分承担。这种模式下,第三方风控机构事实上承担了金融机构才能承担的集聚风险的功能,从而将自己从一个第三方机构变成一个信用中介。这种事实上承担了金融机构功能,却又未受到相应监管的模式,从商业逻辑上违背了“第三方风控”的机构定位。上海市作为全国最重要的金融中心，在金融科技发展和金融监管上，负有特殊的责任，对这种第三方科技公司对金融业务和金融监管的冲击，必须保持高度关注。

12.4.3 在促进第三方风控行业发展的同时，也必须高度关注个人隐私数据包含的问题

在现在的互联网时代，网络欺诈确实是一个非常严重的问题，正因为这一问题的严重性，反欺诈服务和第三方风控才成为一个蓬勃发展的独立行业。然而在现在的互联网时代，个人隐私数据的泄露，比欺诈问题更加严重。在网络生活和生产中，哪些个人信息是可以被记录并分析一直都没有明确的法律依据。而且，由于第三方的大数据风控公司一般都不与信息所有者直接打交道，这就涉及什么样的个人信息，在被相关网络服务商记录的同时，还可以“交易”给这些第三方的大数据风控公司。而且，在美国，有明确的法律规定，征信机构在设计征信模型中，不能采集和使用诸如种族、宗教信仰、医疗记录、政治立场等信息数据，但中国由于相关法律规制的空白，行业内很多业务行为都存在法律性质不明的问题。行业内的很多公司也存在一些打擦边球的嫌疑，甚至一些公司直接非法抓取、交易一些非常隐私的个人数据，严重侵犯消费者个人隐私。2019 年 9 月份，公安机关采取统一行动，对该行业内的多家机构进行了立案调查。因此，为了全行业的规范发展、可持续发展，迫切需要法律规制的跟进，明确到底什么数据可以采集、加工、交易，什么数据则不得触及。上海作为全国金融机构的最重要集聚地，可以争取在这方面的先行先试，为全国个人隐私保护树立榜样。

12.4.4 第三方风控机构应该接受适当的监管

正如上文的分析，金融行业作为一个特许行业，一直受到严格的金融监管，例如金融机构必须获得金融牌照才能经营，没有获得监管当局的准入，金融机构无法开展金融业务。根据行政法规《征信业管理条例》的规定：“在中国境内从事征信业务及相关活动，适用本条例。本条例所称征信业务，是指对企业、事业单位等组织（以下统称企业）的信用信息和个人的信用信息进行采集、整理、保存、加工，并向信息使用者提供的活动”。因此很显然，第三方风险管理服务与征信服务既存在明显的不同，又存在大量的交叉重叠领域。我们知道，根据这份《征信业管理条例》，个人征信业务需要牌照式的准入监管，以及严格的日常监管，企业征信业务也要到监管部门进行备案。因此，按照实质重于形式的监管精神，不管是叫征信企业，还是叫第三方风控机构，只要从事了同样的业务，就应该接受同样的监管。因此，有必要将第三方风控机构纳入适当的监管。

13. 推进养老服务高质量发展：基于青海省的调研报告

为了解目前我国养老服务质量发展的具体情况，上海财经大学公共经济与管理学院青海省调研组在西宁市、海东市以及周边县市等地区开展了以“推进养老服务高质量发展”为主题的暑期调研活动。青海省西宁市和海东市是第一批国家级医养结合试点单位，也是居家和社区养老服务改革试点地区。调研组从养老服务发展的供给侧与需求侧等方面出发，对退休老年人、部分民政部门负责人和养老机构的院长进行调研，广泛深入地考察了青海省在养老服务实践方面取得的切实成效与存在的关键问题，获得了丰富的一手调研数据，以客观真实的现实依据来为国家和地方政府如何推进养老服务高质量发展建言献策。

13.1 青海省养老服务发展情况

13.1.1 青海养老服务发展目标

截至2018年底，青海省60岁及以上老人为73万人，占总人口数的12.4%，65周岁及以上人口为48.5万，占全省总人口的8.04%，到2020年，60岁及以上人口将达到81.67万，占全省总人口的13.41%，2025年将突破95.6万人，占总人口的15.31%。[①] 人口老龄化程度总体不高，老年人口主要集中在西宁市和海东市，两市老年人口数量占据全省的70%左右，但老年人数逐年迅速增加。同时，家庭日益小型化，“纯老家庭”、失能半失能、空巢和独居老人家庭大量出现，使得家庭养老难以满足养老需求，社会养老问题日益突出。相对全国而言，青海老年人生活照料、康复护理的压力大，面对的困难会更多。为此，对于全面了解和掌握青海老年人生理、心理、会等方面的特殊需求、养老模式等实际情况，积极应对青海人口老龄化问题是非常必要

① 让“老有所养”有“量”又有“质”——青海省“十三五”规划养老服务中期工作综述. http://m.xinhuanet.com/qh/2018－10/17/c_1123570466.htm.

和紧迫的。[①] 面对日益严峻的人口老龄化趋势，青海省积极探索养老服务体系的建设规划，持续将养老服务工作纳入每年的民生工程，不断推动社会养老服务体系建设，加快养老服务工作改革创新步伐。青海省围绕“简政放权、放管结合、优化服务”的改革方向，以构建适度普惠养老体系为目标，大力建设以居家为基础、社区为依托、机构为补充的功能完善、规模适度、覆盖城乡的养老服务体系。在政策创制、制度保障、资金支持等方面积极推进落实养老服务业快速发展，不断提升养老服务质量。目前全省拥有养老机构 73 个(不含敬老院)，其中民办有 8 个(受制于条件制约，民办机构比例偏低)，社区的日间照料中心总共有 234 个(一般面积不大于 500 平方米)，农村的互助幸福院(老年之家)共有 1 509 个，当前日间照料中心和互助幸福院同样主要集中在西宁和海东两市。

13.1.2 青海养老服务发展成就

根据我国社会养老服务的三主体的建设要求，青海省积极推荐养老服务机构设施体系建设，将推进养老服务体系建设纳入“民生十件实事”这一举措，按照《青海省老龄事业发展“十三五”规划》《青海省“十三五”期间民政领域专项规划》，持续加大养老服务基础设施建设资金投入，积极推进专业化养老机构建设。[②] 2016 年以来，青海省养老服务机构和养老服务设施建设投入资金共计 4.85 亿元，其中安排资金 3.27 亿元，建设 24 个养老服务机构；安排资金 1.4 亿元，建设 50 个日间照料中心；安排资金 1 815 万元，建设了 259 个农村互助幸福院。保“量”更要保“质”。两年来，我省以“五查五改、对标达标”对标整改，对照影响养老院服务质量的运营管理、生活服务、健康服务、社会工作服务、安全管理等五个方面，对全省养老院服务质量进行了深入细致的排查整治，经过半年多的专项整治，全省 120 多个养老机构的软硬件设施和服务水平都有了一定程度的提升。委托第三方社会组织对全省的养老院(含敬老院)的质量提升情况进行了绩效评估，有力推进了养老服务质量的提升。开展居家和社区养老服务试点，逐步扩大覆盖范围，工作得到提高。2016 年以阿里拨付省级财政资金共 2.84 亿元用于全省居家和社区养老服务改革试点项目和省级政府购买养老服务试点项目。其间，政府购买服务 75 万人次，年均 37.5 万人次。承接政府购买居家养老服务社会组织、家政公司 120 家。为开展政府购买居家和社区养老服务试点工作提供了有力保障，同时也进一步激发了养老服务市场活力，培育带动了居家养老服务行业发展。

---

① 荣增举．青海城乡社区老年人需求调查与社会工作介入服务策略[J]．青藏高原论，2018 年 4 月第 2 期．

② 该数据是 2016—2018 年的投入在养老服务建设中的资金及建成成果。

由于青海省地理位置特殊,多民族文化浓厚,人民生活习惯差异巨大,藏区、牧区人群居住分散,空巢老年人增加,社会养老需求旺盛。青海省加大对农牧区的养老服务投入,农牧区养老服务工作得到新拓展。为破解农牧区老年人居家养老服务难题,青海省在充分了解以及分析农牧区困难老人代养服务试点工作的基础上,进一步优化政策措施,调整补贴标准和服务对象。2016 年在黄南、玉树、果洛和海南 4 个州的 8 各县的 52 个乡镇开展农牧区困难老人代养服务试点工作,2017 年在全省六个自治州全面推开农牧区困难老人代养服务工作。

为了扩大养老服务的供给能力,青海省通过向社会力量购买养老服务、委托第三方、以“一助一、一助多”结对帮扶的方式,对农牧区未入住养老机构且享受照料补贴的失能特困老年人和 70 周岁以上、纳入农村低保的失能老年人、经济困难农村重点优抚对象中的失能老年人、计划生育特殊困难家庭中的失能老年人,提供日间照料、助餐、助医、代办服务以及精神慰藉、安全守护等基本居家养老服务,解决了居家养老“最后一公里”的服务问题。两年来共投入资金 3 513.16 万元,惠及 4 232 人次。

有保障才有“安全感”。近两年,在经济保障方面,青海省持续实施居家和养老机构老年人意外伤害保险,2016 年下达 886 万元、2017 年下达 622 万元,给全省农村五保老人、城镇“三无”老人、重点优抚对象老人以及城乡低保户老人每人 30 元的意外伤害保险补贴;其他社会老人每人给予 10 元的意外伤害保险补贴。实施居家老年人意外伤害保险两年来,共结案理赔 1 156 起,赔付金额 856.8 万元,有效化解了养老机构和居家老年人意外风险,助力养老服务体系建设。与此同时,我省连续两年提高高龄补贴标准:2016 年发放资金 3.36 亿元,2017 年发放资金 4.24 亿元,惠及全省 32 万老年人。

医养结合对社会养老服务体系的养老功能完善有十分重要的作用,青海省把医养结合工作作为推进养老服务工作的重点任务,持续加快推进社区日间照料中心、居家养老服务站点等社区养老服务设施与城市社区卫生服务机构的合作,逐步实现了功能和服务的无缝对接。专门制定了《关于推进医疗卫生与养老服务相结合的实施意见》,召开全省医养结合工作会议,申报西宁市、海东市和海南藏族自治州为全省医养结合示范点。两年来,建成 10 所医养结合机构,有 133 所医疗机构与 146 所养老机构签订医养融合工作协议,为养老机构内老年人提供定期巡诊、康复护理指导、突发疾病转送等及时、便利的医疗服务。全省 107 所县级以上医疗机构中,有 83 所开设老年病科、门诊和老年病床,84 所为老年人开通就医绿色通道,为老年人提供便捷、专业的医疗服务。

资讯发达时代,网络平台地位显得尤为重要。我省以建设社区公共服务综合信息平台为契机,构建了以“省养老服务云平台客户服务端为主干、以‘智慧养老社区’为分支”的社区居家养老信息化服务体系,完善“互联网+养老”服务新模式,使互联网、物联网技术深度嵌入社区居家养老服务，实现“社区养老”与“养老社区”的有机融合，为养老服务提质增效夯实基础。2017年，青海省居家养老信息平台正式在西宁和海东投入运营，对两市10多万老年人的能力和需求进行科学评估。

当前，青海省养老服务建设逐渐扩面，功能逐渐完善，青海省将在‘建立完善上下左右协同联动的养老工作机制’继续探索，加快推进养老服务评估、养老服务标准化建设，建立健全政府购买养老服务绩效评价机制，合理设置养老服务设施的建设区域和建设规模，充分发挥其功能。此外，将持续加强对养老机构的监管和养老服务人才队伍建设，推动养老工作发展“量”“质”的提升。

13.1.3 试点地区——西宁养老服务发展情况

13.1.3.1 西宁市养老服务发展概况

2018年，西宁市常住人口为237.11万人，增长0.68%。全市出生人口3.04万人，死亡人口1.42万人，出生率12.81‰，死亡率6.04‰，自然增长率为6.77‰。全市城镇人口为170.98万人，占常住人口的72.1%；乡村人口为66.13万人，占常住人口的27.9%。西宁多民族聚集、多宗教并存，是青藏高原人口唯一超过百万的中心城市，回族人口38.30万人，占16.2%；藏族人口为12.98万人，占5.5%；土族6.07万人，占2.6%(见表13—1)。

表13—1　西宁市人口情况①

2018年年末常住人口数及构成		
指　标	年末数(万人)	比重(%)
常住人口	237.11	100.0
其中:城镇	170.98	72.1
乡村	66.13	27.9
其中:男性	121.96	51.4
女性	115.15	48.6
其中:0—15岁(含不满16周岁)	39.95	16.8
16—59岁(含不满60周岁)	156.18	65.9
60周岁及以上	40.98	17.3
其中:65周岁及以上	29.15	12.3

从表13—1中可以看到，西宁市人口老龄化的情况明显，为了应对人口老龄化带

① 数据来源:西宁市2018年国民经济和社会发展统计公报.西宁市人民政府门户网.2019-03-13.

来的养老压力,西宁市积极探索新的养老服务供给模式。2017年,根据民政部、财政部《关于确定第二批中央财政支持开展居家和社区养老服务改革试点地区的通知》精神,西宁市被确定为全国28个试点城市之一,并下拨试点经费4 145万元用于西宁市养老服务建设。为此,西宁市出台相关工作方案,决定利用3年时间,建成具有西宁市特色的"1+7+N"三级养老服务体系,[①]实现"床位、服务组织、服务人员"三翻番,以更好地满足老年人居家养老服务需求。西宁市逐步对全市60岁以上老年人展开身体及家庭状况实行等级评估,建立老年人动态管理数据库,实现一人一档,精准服务。细化基本养老服务项目,梳理各类服务补贴内容和标准,推进基本养老服务标准化、制度化。鼓励社会力量积极参与,通过建立准入制度、项目管理制度,以购买服务、合同外包、委托等多种形式,鼓励和支持民间组织从事社区和居家养老服务。并通过养老服务评估监管加强对承接方服务行为、服务质量等方面的考核管理,鼓励养老服务主体提升居家社区养老服务质量。建设"12349"西宁市养老服务信息平台,实现市、县(区)、街道(乡镇)和社区的信息互联互通。推进医疗养老融合发展,通过医养一体、医养共建、医养联动等方式,拓展医养结合服务模式,使老年人获得方便、快捷、可及的医疗卫生服务。打造农村互助养老模式,结合脱贫攻坚和乡村振兴战略,加大基础设施建设,提升养老院水平,健全农村老人关爱机制,统筹推进城乡养老服务发展。

13.1.3.2 西宁市主要开展的工作情况

在西宁市委、市政府的指导下,以习近平新时代中国特色社会主义思想为指导,深入贯彻"四个扎扎实实"重大要求,紧紧围绕"一优两高"和"打造绿色发展样板城市,建设幸福西宁"战略部署,扎实推进"两个绝对"具体化,围绕打造"9064"养老服务格局,补短板、攻难点、创亮点,夯实服务设施基础,推行政府购买服务,鼓励社会力量参与,统筹城乡协调发展,创新智慧养老模式,老年人的获得感和幸福感不断提高,西宁市正成为青藏高原上的居家养老"幸福之城"。2017年西宁市被民政部和财政部列为全国居家和社区养老服务改革试点城市,围绕96%的老年人需求,西宁市以居家养老服务为基础,以建设现代民政为导向,以养老社会化为重点,厘清政府、社会、市场关系,呼应养老需求、催生服务供给。2018年,经民政部、财政部组织联合考核,西宁市获评全国优秀试点地区,并获得125万元奖励资金。总体来看,西宁市养老服务工作水平处在青海省第一方阵。西宁市采取"1+7+N"的养老服务模式:以1个市级养老服务质量指导中心的统领,7个区县级养老示范基地和福利中心为支撑,N个日间照料中心和农村老年之家(海东市称为互助幸福院)为基础的三级养老服务网络。养

---

① 该说法于2017年3月30日,西宁市召开居家和社区养老服务改革试点工作启动会上提出。

老服务质量指导中心主要承担对全西宁市养老服务进行业务指导、信息管理、资金整合及技能培训等四大功能，搭建全市养老服务综合信息平台，将老年人、养老设施、服务商家的信息全部收集到平台内，同时利用电商化服务，为老年人提供足不出户的服务，做到居家养老“网络化、零距离、一站式”。区县级养老服务示范基地主要承担为困难老人提供兜底供养服务，积极参与周边地区的社区和居家养老服务，利用人才、技术、资源上的优势，打造成覆盖到全区老人、功能齐全、智能高端、医养结合的区域性服务中心，做到机构养老“保基本、推普惠、引高端”。日间照料中心和老年之家主要是为辖区老人提供日常性照料服务，按照老人需求提供多样性的日渐托管、日间照料、膳食供应、健康讲座、功能训练等服务，做到社区养老“小规模、多功能、专业化”（见表13－2）。

表 13－2　　西宁市养老服务设施分布情况　　单位：家

	养老机构	爱老幸福食堂	社区日间照料服务中心	农村老年之家
城中区	4	27	28	6
城北区	5	21	22	19
城东区	1	26	26	6
城西区	2	23	23	6
湟中县	6	—	3	109
湟源县	5	—	8	44
大通回族土族自治县	8	—	11	110
合计	31	97	121	300

13.1.3.3　西宁市养老服务的工作成就

(1)养老服务体系政策逐步完善

近年来，青海省根据国家相关政策在养老服务体系的规划方面做了大量工作，安排专项资金用于政策体系的完善，逐步出台了《青海省养老服务设施建设总体规划》《青海省养老服务示范基地专项规划》等多个养老服务专项规划。根据2016年国家颁布的《国务院办公厅关于全面放开养老服务市场提升养老服务质量的若干意见》，青海省民政厅等相关部门于2018年颁布了《青海省全面放开养老服务市场提升养老服务质量的实施意见》，制定了养老服务质量实施管理的具体意见，其中，对养老服务设施建设相关补贴做出了具体规定，为加大对民办养老机构的建设补贴标准，青海省将现行的每张运营床位5 000元提高到了每张10 000元。对于养老机构的运营补助，普通社会老人入住为180元/人的标准，困难老人入住则给予500元/人的补贴。

(2)积极探索养老服务新模式

青海省在牧区主要推广“农村牧区代养服务”,对于农村低保户而言,政府给予代养服务人员(主要是邻居、亲戚等)700元/月的补助,给老人提供生活照料、精神慰藉、助餐、助洁等服务。自2016年开始,青海省开始实施“老年人意外伤害险”(30元/人),通过工会组织宣传、老干部局下发文件等方式扩大保险的覆盖面,对于五保老人、城镇三无对象、重点优抚对象、低保老人等提供30元/人的意外伤害保险补贴,普通社会老人则补贴10元/人,该保险由大型商业保险公司承接,在福利机构入住的老人全部购买该保险,社会老人则采取自愿购买的原则,希望将该保险做成商业性“长护险”。

(3)着力开展医养结合工作

为了更好地开展医养结合试点工作,青海省动用所有的养老机构、乡镇卫生所、县级医院以及社区医务室等签订医养结合合作协议。全省107所县级以上医疗机构中有83家开设了老年病科,一般大型的养老机构(500张左右床位)均有卫生室。

(4)在建机制工作上取得新进展

规划引导方面。机构养老规划:至2020年,全市供规划养老机构33所,总床位数7 800张,老年人均机构养老设施用地面积0.41平方米。社区和居家养老规划:至2020年,全市规划布局社区和居家养老服务中心440所,使用面积供10.26万平方米,为全市约17万老人提供就近的社区居家养老服务。财政支持方面。西宁市出台15项财政补贴,其中6项面向老人、5项面向养老组织、4项面向从业人员。其中,高龄补贴主要针对户籍人口且年龄在70周岁以上老年人,共计14万人,每年发放经费超过1.5亿元。而保基本人群也从三类扩大到五类:除做好城乡特困人员、城乡低保对象、重点优抚对象、计划生育特殊困难家庭和高龄老人的养老服务之外,西宁市还将城市精准扶贫对象纳入服务范围,城市精准扶贫对象每月可享受90元标准的服务。具体情况如表13—3所示。

表 13—3　　西宁市补贴标准表

类别	补贴名称	补贴对象	补贴标准
老年人补贴	高龄补贴	70 岁以上老人	70 岁以上:每人每月 110 元
			80 岁以上:每人每月 120 元
			90 岁以上:每人每月 140 元
			100 岁以上:每人每月 180 元
	服务补贴	四类困难老人、高龄老人、城镇低收入老人	城乡特困、城乡低保、重点优抚对象、计划生育困难家庭:每人每月 150 元+免费呼叫系统,交给养老组织提供服务
			80 岁以上所有老人:每人每月 60 元+免费呼叫系统,交给养老组织提供服务
			城镇低收入老人(人均收入不高于低保标准 150%):每人每月 90 元+免费呼叫系统,交给养老组织提供服务
	机构托底补贴	城乡特困老人	全额承担
	助餐补贴	四类困难老人	每餐 3 元/人交给养老组织,就餐时直接减免餐费
		80 岁以上老人	每餐 2 元/人交给养老组织,就餐时直接减免餐费
	意外伤害险补贴	四类困难老人	每人每年补贴 30 元
		60 岁以上所有老人	每人每年补贴 10 元
	医保补贴	城乡特困老人、农村低保老人	医保个人缴费部分
		城市低保老人	医保个人缴费部分的 50%
养老组织补贴	建设补贴	养老机构	每张床位补贴 1 万元
	运营补贴	养老机构	四类特困老人每人每月 500 元,社会老人每人每月 180 元
		养老服务设施	以将代补,根据运行情况和服务规模确定,城市社区日间照料中心每人每年 2—3 万元,农村老年之家每个每年 1—3 万元

(5)在抓监管工作上取得新突破:一卡监督、一网审批,服务和经费透明管理

自 2016 年起,西宁市民政局养老领域经费保障坚持凡补必评,并强化日常监管,建立了评估评价及绩效考核,委托第三方对服务承接主体的合同履行、服务质量、对象体检、资金管理、制度建设等方面绩效评估、工作评价和期中(终)考核等工作。今年,西宁市将建立运营"12349"养老服务综合信息平台,发放爱老卡,利用信息化手段,实现居家和社区养老服务全过程电子化管理,不断提高居家和社区养老服务质量,确保经费的透明管理。

(6)12349 养老信息服务平台的建设

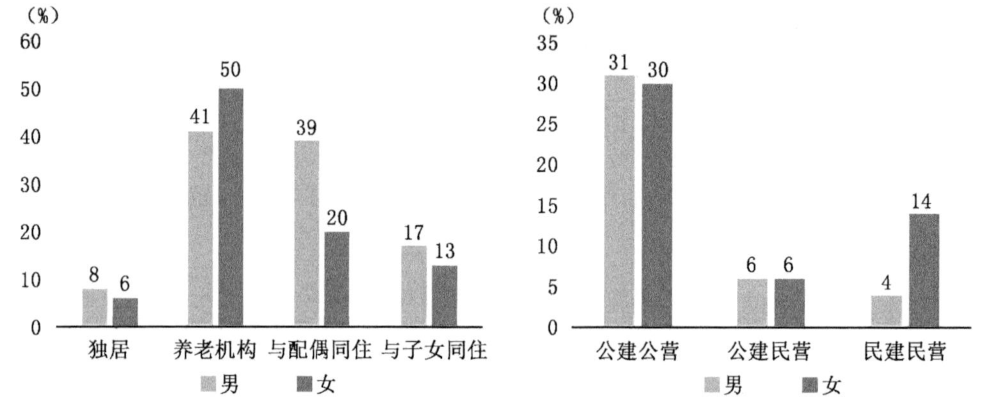

图 13－1　不同养老居住模式的老年人性别差异

建民营和民建民营机构中的高龄老人居多(图 13－2)。在 195 份调查样本中,老人平均年龄为 73.4 岁,年龄最大的为 94 岁,最小的为 51 岁。其中,在养老机构居住的老人平均年龄最高为 80.5 岁,独居、与配偶同住和与子女同住的老人平均年龄相近,分别为 67.6 岁、67.9 岁和 66.4 岁。分养老机构类型来看,公建民营养老机构居住老人平均年龄最高,达到 83.0 岁,而民建民营养老机构的老人平均年龄次之,为 82.9 岁,公建公营平均年龄最低为 79.0 岁。

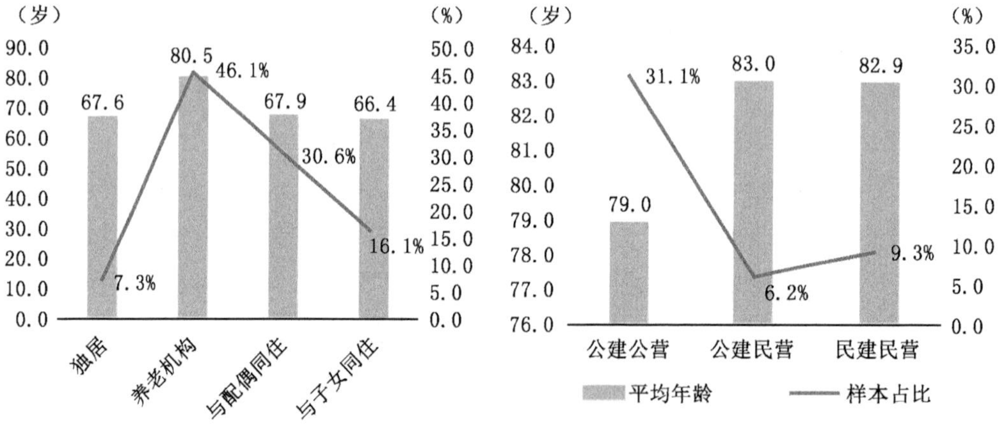

图 13－2　不同养老居住模式的老年人年龄差异

(3)不同养老居住模式的老人身体健康程度差异明显,独居和与配偶同住的老人健康程度较好,养老机构居住老人的健康度较低,与子女同住和养老机构居住老人中身体不健康、不能自理的比重较大(图 13－3)。其中,独居老人的身体健康程度较好,身体基本健康及以上程度的占 93%;而与配偶同住的老人身体健康程度次之,身体基本健康及以上的占比 92%;与子女同住的老年人身体基本健康及以上的占 77%,7%

12349 养老信息平台是指通过信息手段,整合服务资源,为居家老年人提供更便捷的安全服务,配餐服务等生活服务,同时也是养老服务工作的核心,该平台是 2017 年在西宁市委、市政府的指导下开始筹建的,主要针对居家和养老工作存在的信息化建设条块分割、资源整合功能弱化,供需信息不畅等问题。西宁市梳理相关建设经验,出台了《关于进一步加强 12349 养老信息平台建设的意见》明确 12349 养老信息平台的六项职能。这六项职能分为线上服务和线下服务两大类:第一,针对线上服务而言,主要有开展呼叫服务、实施动态监管、进行数据对接;第二,针对线下服务而言,主要有整合服务资源、培育专业力量、组织志愿服务。居家养老老人通过电话下单,服务管理平台可以在系统进行派单,制定专门服务员进行上门服务,最后老人支付服务费用,便携迅速。在养老组织接单时,信息服务平台采用四级服务网络联动的方式,即市级 12349 养老服务信息平台、区级养老服务信息平台、街道养老服务组织、社区日间照料中心和爱老幸福食堂。12349 养老信息平台的优势是:集社区、居家、机构养老各家所长,老人在家可以享受专业的养老服务;降低养老成本,减轻子女负担,提高老年人生活质量、推动养老产业发展。

13.1.4 试点地区——海东养老服务发展情况

13.1.4.1 海东市养老服务发展概况

海东市 2013 年 2 月撤地设市,成为全国最年轻的城市。全市 94 个乡镇、1 587 个行政村,总人口 173 万,国土面积 1.32 万平方公里。海东市多民族多宗教并存,以藏、回、土、撒拉、蒙古族为主的少数民族人口 85.2 万人,占总人口的 50.1%。2018 年地区生产总值同比增长 8%。固定资产投资增长 9.7%。社会消费品零售总额增长 6.5%。地方公共财政预算收入 18.7 亿元,增长 11.3%。2018 年底,全市 60 岁以上老年人 22.43 万人,占总人口的 12.9%,其中:城镇 8.9 万人、农村 13.53 万人;70 岁以上老年人 8.2 万人,占老年人口的 36.6%;空巢老人 11.08 万人,占老年人口的 49.6%。老年人口年均增长 3.3%,预计到 2020 年,60 岁以上老年人将超过 24 万,呈现出农村老年人口多,高龄化、空巢化比例高的特点,家庭负担、社会负担越来越沉重,社会养老服务压力将不断加重(见图 13—4)。近年来,建成养老服务机构 47 家,设置床位 3 631 张。养老设施 789 个,设置床位 2 367 张。集中供养特困对象 613 人。每年有 2.7 万名特殊和困难老年人享受政府购买养老服务。①

① 数据来源:海东市 2017 年国民经济和社会发展统计公报.海东市人民政府。

表 13－4　　2017 年海东市人口分布情况

指　标	年末人数(人)	占总人口比重(%)
全市总人口	1 719 789	100.00
其中:城镇人口	483 736	28.13
乡村人口	1 236 053	71.87
其中:男性	884 026	51.40
女性	835 763	48.60
其中:0—17 岁	441 221	25.66
18—34 岁	463 902	26.97
35—59 岁	604 160	35.13
60 岁及以上	210 506	12.24
出生人口	27 987	1.63
死亡人口	17 236	1.00
迁入人口	16 813	0.98
其中:省内迁入人口	13 970	0.81
省外迁入人口	2 843	0.17
迁出人口	20 106	1.17
其中:迁往省内人口	15 678	0.91
迁往省外人口	4 428	0.26

根据民政部、财政部《关于中央财政支持开展居家和社区养老服务改革试点工作的通知》(民函〔2016〕200 号)和《关于做好第一批中央财政支持开展居家和社区养老服务改革试点工作的通知》,海东市被选为居家和社区养老服务的试点,在探索社会养老服务体系建设上发挥了加大的作用。在工作安排上,2018 年海东市老龄委印发《推动居家和社区养老服务可持续发展意见》,市政府办印发《试点工作实施意见》《养老服务评估工作实施方案》《居家和社区养老服务管理办法》等文件,市民政局印发《互助幸福院评定办法》《日间照料中心评定办法》《居家和社区养老服务标准》等制度办法,促进了居家和社区养老服务工作规范、有序开展。同时,成立了由市政府主要领导任组长,相关部门为成员的工作领导小组,明确职责分工,适时召开专题会和推进会,分析情况,解决问题,确保居家和社区养老服务工作扎实推进。印发了《居家和社区养老服务改革试点实施意见》,并成立居家和社区服务试点工作督促指导小组,形成了政府主导、民政部门主管、相关部门配合、社会力量参与的工作格局。投入 150 万元,拍摄电视专题片,在海东时报编印专版,制作民间曲艺唱片和展板,印发宣传手

册和彩页,在交通要道和醒目处悬挂横幅、张贴标语,营造了浓厚的舆论氛围。充分利用各类媒体,广泛深入宣传居家和社区养老服务工作的重要意义及相关政策措施,积极引导广大群众参与,吸引企业和社会组织投身养老服务领域。印发《海东市养老服务评估工作实施方案》,投入 349 万元,以乡(镇)、社区为单位,对 28 692 名政府购买居家养老服务对象开展老年人生活能力评估工作,准确掌握老年人的构成和分布。根据评估结果对评估对象进行科学分类,并将评估数据全部录入养老服务信息平台,施行信息化动态管理,提供有针对性的养老服务。投入 187 万元,资助 12.73 万名老年人购买老年人意外伤害保险。筹集整合资金 9 657 万元,用于政府购买居家养老服务工作。为规范管理,提升服务,出台《海东市居家和社区养老服务承接机构服务质量评估方案》,采取政府购买服务方式,委托 3 家第三方评估机构,对全市居家和社区养老服务工作开展评估。市财政局、民政局出台《居家和社区养老服务补助资金管理办法》,定期监督检查,确保了资金安全和效益发挥。编制《海东市养老服务"十三五"发展规划》,年内投入 4 000 万元,按社区老年人日间照料中心服务和设备配置相关要求,通过项目实施、资产划拨和闲置资源整合改造,建设 140 个互助幸福院,重点打造了 18 个示范性互助幸福院、8 个示范性日间照料中心,并建立了居家和社区养老服务设施运营补贴制度。出台居家和社区养老服务标准,完善服务项目清单,制定绩效考核办法。投资 900 万元,建成市、县(区)、乡(镇)三级养老服务信息平台;投资 344 万元,开设一键通、健康手环等服务,提高了养老服务覆盖率。开展平安区"四个结合",即高原美丽乡村、精准扶贫、民族团结、农户评星结合和化隆县"十户联帮""亲情视频""志愿服务"等活动,拓展了服务领域,提升了服务质量。以政府购买养老服务为契机,撬动居家和社区养老服务市场,带动孵化 80 家养老服务组织,培育服务人员 2 100 名。乐都区积极培育社会组织,以"公建民营"方式承接营运养老服务设施,并延伸居家和社区养老服务。平安区以村级老年协会为依托,承接营运农村互助幸福院,为周边居家老年人提供了就近、就地的个性化服务。促进医养融合,提升服务水平。为有效整合医疗卫生和养老服务资源,建立了覆盖城乡的医养融合服务机制。为 65 岁以上老年人建立健康档案,11.7 万老年人得到定期体检、上门巡诊和家庭病床等签约服务;建成 6 个医养融合服务机构;养老机构与医疗机构签约率达到 90%。筹集资金 80 万元,培训 1 300 名养老服务人员;各县(区)举办 16 期养老服务业务工作培训班,共培训 4 440 人次。市民政部门与青海高等职业技术学院签订合作协议,开办养老服务护理专业,建立了长期合作机制。民和县政府出台《居家和社区养老服务人才管理办法》,为养老服务提供人才支撑。

13.1.4.2 海东市乐都区养老服务发展概况

乐都区目前辖 7 镇 12 乡 354 个行政村 18 个社区居委会,总人口 28.87 万人,其中60岁以上老年人口4.5万人，占总人口的15.6%。全区养老服务对象构成情况为，居家养老5 280人(70%)，社区养老2 000人(27%)，机构养老220人(3%)。目前，在机构养老方面，全区运营特困供养服务机构4个，其中，2014年开始有3个养老机构通过公建民营、政府采购的方式由私人企业运营，床位数50～60个左右，入住率为90%左右，另外还有村级敬老院1个。

在居家养老方面，目前已建成社区日间照料中心8个、农村互助幸福院141个(正在运营90多个)，总床位1 125张，每千名老人拥有床位25张，委托信息平台进行养老服务质量的管理和监管。区级成立了居家养老服务中心，19个乡镇分别设立了居家养老服务工作站，服务和管理人员达400余人。做到组织健全、制度健全、记录记载翔实、管理到位、服务队伍强大、基本建立了区、乡、村(社区)三级居家养老服务体系，2019年，开办老年幸福食堂16所，全区共有7 500名老人享受政府购买服务。在政府购买养老服务的资金配置方面，机构养老配置100多万、居家养老配置100多万、社区养老配置900多万，总共1 000多万的资金，由青海省统一拨款进行补贴。乡镇政府主要任务是提供社区和居家养老对象的确认、摸底抽查和后期回访。一个季度考核一次，乡镇入住调查，住户回访进行打分评价。居家养老的信息平台监督由乡镇参与，工作和区政府协调，没有资金支持。

13.1.4.3 海东市主要开展的工作情况

在2016年民政部和财政部确定的第一批中央财政支持开展居家和社区养老服务改革试点地区中，平安区是海东市是最早的试点地区，先行于青海省的其他地区开展相关试点工作。平安区辖3镇5乡，总人口12.88万，常住人口15万人，60岁及以上老年人为13 370人(城镇老年人4 433人，农村老年人8 937人)，占全区总人口的10.4%，其中60—69岁老年人5 666人，占老年人总数的42.4%；70—79岁老年人5 764人，占老年人总数的43%；80岁及以上老年人1 940人，占老年人总数的14.6%；空巢老人450人，占3.4%。现有公办养老机构1家(平安区福利中心)，农村互助幸福院23个，日间照料中心2家。2019年，平安区民政局全面贯彻落实习近平总书记对民政工作的重要指示和第十四次全国民政工作会议精神，坚持以人民为中心的发展思想，扎实开展居家和社区养老服务，逐步建立了居家为基础、社区为依托、机构为补充的多层次养老服务体系。海东市平安区居家和社区养老服务主要开展的工作如下。

(1)完善社会保障制度，改善老人生活质量

经核查确定平安区2019年居家养老服务对象为2 037人，其中农村服务对象1 835人，城市202人。区民政局将居家养老服务工作作为重点，认真研究部署，严格履行规划指导、政策扶持、项目争取、监督管理等职责，鼓励和支持社会力量参与居家

和社区养老服务。根据上级有关部门的要求制定了《2019 年平安区居家和社区养老服务实施方案》,按照实施方案的要求和服务项目公开招标的相关规定,通过公开招标的方式确定海东市乐都区隆兴智慧养老服务中心为全区居家和社区养老服务承接主体,中标资金为 582 万元,签订了《平安区居家养老服务采购合同》。公开招标主要是通过政府采购中心进行。通常民政局向政府采购中心申报招标项目,然后政府采购中心则会将相关信息在网上进行公示(7 天),符合相关资质的公司在这一过程中报名参与招标(目前海东市一般有三四家公司参与招标,以家政公司居多),并制作投标标书,随后民政局随机抽取评审专家,由专家对投标标书进行评审,最终确定中标公司。

在做好居家养老服务工作中,选准服务对象是基础,加强服务培训是关键,抓好服务监督是保证。2019 年 1 月依靠乡镇和村(社区)对平安区的居家养老服务进行精准核查,2019 年 4 月根据《海东市民政局海东市财政局关于规范政府购买居家和社区养老服务工作的同志》东民〔2019〕43 号文件,再次开展精准核查("四级联审"),通常儿女在职、退休、自主创业当老板的老人不享受居家养老服务补贴,重点考虑低收入、低保家庭老人和孤寡老人。2019 年 6 月 6 日,隆兴智慧养老服务中心在三合镇开展了"粽香端午节,情暖老人心"端午节敬老慰问活动,参加人数 200 多人,弘扬传统文化,丰富了老年人的精神文明生活。

为加强对居家和社区养老服务机构服务质量的监管,今年继续实行"四级联审"制度,由村(社区)初审、乡镇复审、民政部门核查、第三方评估机构评估的方式加强监管。进一步,每个村子都成立了由老年人自己组织的老年协会,作为核查人员进行走访检查,实地考察服务质量,通过需求方监督服务质量,同时民政局每年也会按照 30%的比例进行抽查,确保服务质量。4 月底平安区民政局要求各乡镇民政干事和民政助理员对 4 月份的服务情况进行核查,核查率达 30%。目前,90%的乡镇已全部开展服务,洪水泉乡由于人员分散服务困难,进展滞后,已要求服务公司积极沟通,克服困难于 5 月份确保开展服务。对于在核查中发现的服务态度差、服务次数少、老人不满意的站点工作人员和服务人员及时给予提醒教育,以致清辞。5 月 22 日,民政局副局长王兴、社会救助办蔡主任前往服务中心各站点视察指导,对各站点制度上墙、服务员形象、服务对象资料等资料进行了督察并指明了服务中心下一步工作方向。6 月份区民政局组成了三个督查组进行为期 10 天的居家养老服务专项督察,查找不足,总结经验,务求居家和社区养老工作取得实效。

(2)着力养老技能培训,提高人员服务水平

针对居家养老服务员中大部分未参加过专业技能培训,服务水平不够高等问题。区民政局认真调研、多方协调,2018 年 9 月份举办了首期平安区养老服务从业人员技

能提升办，由西宁市昆仑职业培训学校、青海省海都社区仰赖服务中心采取“理论＋实操”的培训模式，培训101人，安排了200个课时、时间25天，培训内容新颖、实用性强，涉及老年人护理与保健、家庭心理学知识、家具保洁、沟通礼仪等内容。2018年12月带领30名服务员参加了海东市民政局统一举办的全市服务员技能培训班，通过不断地培训，将有效提升平安区养老服务从业人员专业化水平，加速推行全区养老服务工作，促进养老事业健康快速发展。

(3)积极争取项目资金，不断完善养老服务设施

广泛争取社会支持，积极向上争取项目资金，不断加大投入力度，努力改善社区养老服务设施。第一，化隆路社区服务中心项目，总投资410万，目前已竣工交付使用，化隆路社区将青海省海都社区养老服务中心信息平台、社区医务室、日间照料中心等集中整合到一起，为老年人提供医疗、养老、日间照料、社区服务、餐饮等全方位的服务；投资210万元的平安区乐都路社区日间照料中心项目，建筑面积15 000平方米，目前已交付使用。这两个日间照料中心的建成运行，可容纳两个社区的200位老年人的日托管护，提供餐饮服务，开展老年文体活动，也可上门服务，从事家庭保洁、送餐、购物、看护等日常服务。提高了养老基础设施的使用率，方便了高龄老人的生活，解决了他们的实际困难。第二，平安区健康养老基地建设项目，总投资1.8亿元，总占地面积70亩，总建筑面积40 000平方米，目前已完成了13栋自理性公寓主体部门。该项目分8个功能区，建成后是平安区集养老、医疗、休闲、娱乐、培训为一体的特色生态养老示范区。第三，总投资100万元的巴藏沟乡索家村互助幸福院项目2017年底开工，目前项目已竣工验收。第四，总投资421万元的古城老年人养护院项目，建筑面积1 055平方米，2018年3月底开工，目前正在建设中。

(4)开展医养结合工作，提高老年人健康水平

平安区的医养结合工作是2017年2月份开始执行，按照国家医养结合的服务机构指南，平安区开展医养结合主要是平安区中医院、平安镇卫生院和村级卫生室等三个渠道。开展医养结合的主要方式有下列几点：为老年人的就医开设绿色通道。老人生病以后可以第一时间拨打120急救电话，由医院负责优先接送，优先接受治疗。福利院开通了绿色通道以后还可以优先为需要住院的老人提供床位。另外，开通绿色通道的机构还可以为患病老年人优先安排医生，确保老人可以得到及时的治疗。定期为老年人安排体检。医养结合以前，有一些社会上的志愿者、慈善协会和红十字会等通过县区中医院等为老人组织安排定期或不定期的体检，在医养结合工作开展以后，这些社会组织和机构等力量可以确保为老年人安排每年1—2次的规范性体检，关注老年人健康保健、疾病防疫问题。开展医养结合工作以后，社会上的义务医疗专家、志愿者和红十字会专家等会定期对老年人进行一些预约检查、医疗巡诊、健

康管理和保健咨询等方面的工作,对老年人的健康、长寿、疾病防疫等方面带来了很大的益处。养老机构内设卫生室方面,在 2012 年福利中心开始运营时,卫生局设立的医疗点专门服务该中心入住的老年人(在试点工作开展之前便开始思考医养结合问题),卫生室内配备医疗人员,但是由于卫生局人员紧张,医疗点仅维持 2—3 年便全部撤走,并且民政部门与卫生系统之间也存在工作不协调问题,导致最初的医养结合模式无法正常运行。为了开展医养结合工作,福利中心与附近的村级卫生室签约合作,福利院一个月为老年人补贴 30 元/人门诊费(每年 360 元/人门诊费),超出部分则需要自己缴费。目前也正在与卫生局等部门协调解决更好地开展医养结合工作。

13.1.4.4 *海东市养老服务的工作成就*

在养老服务建设的过程中,海东市也取得较大的成就。

第一,养老服务设施建设加快。开展养老服务设施星级评定工作,确定获星设施 42 个,下达 2018 年奖补资金 103 万元。鼓励 10 个公建民营养老机构拓展服务功能,为 1.2 万名居家和社区老年人按需求提供个性化服务。提高养老服务设施运营率,2018 年各类养老机构(设施)运营率达到 60%。抓好日间照料中心运营,根据老人需求设置了餐厅、多功能厅、健康休息、文化娱乐、心理安慰等功能室,全市建成的 33 个日间照料中心已启动运营 20 个。加快农村养老服务设施建设,按养老设施建设规划,结合区位、文化等特色,优先在老年人特别是留守老人较多、照料需求大、居住相对集中的 6 个村依托闲置村委会、学校等设施,按“一场五室”进行改造,满足老年人就近就地养老服务需求。

第二,社会力量参与程度加深。一是支持社会力量建设或运营社区养老设施。鼓励社会力量参与养老事业,吸引民间投资 5.02 亿元,新建平安赟腾、小依休智慧养老信息产业孵化基地,为养老服务业发展增添了动力。二是发挥政府购买服务的撬动作用。结合海东实际,将政府购买养老服务向农村和失能老人转移,建立贫困居家失能老人护理服务制度,培育 2 家养老服务龙头企业,孵化了 68 家本土化养老服务组织,培养养老服务人员 1078 名。累计投入资金 4 810 万元,为 2.9 万名困难老年人提供以医疗康复护理为重点的个性化居家社区养老服务。三是支持社会力量运用互联网等技术手段开展养老服务。民和、乐都、化隆和互助等区县养老组织建设居家服务网络平台,实现老年人需求与服务供给的有效对接。

第三,养老服务更加丰富。坚持以满足社区老年人多样化养老服务需求为出发点,积极拓展服务领域,丰富服务项目,在重大节日,结合主题内容开展各类活动。尊重少数民族养老需求,打造“一区县一模式”的特色养老。平安区将居家和社区养老与美丽乡村、精准扶贫、民族团结、农户评星结合;化隆县开展“十户联帮”“亲情视频”“志愿服务”等活动,养老组织整合资源,引进外地专业社工,开展需求调查、社工宣传、个案工作、小组活动等服务，推动养老工作向专业化；民和县建立了空巢和独居老人巡访制度，对空巢和独居老人每月进行 4 次巡访。鼓励养老服务社会组织创新开展多种形式的服务。例如，孝康养老服务中心链接资源，与老年社会工作、留守女童安全保护、留守儿童健康等结合，争取陪您一起晒太阳—民和偏远山区困境老人援助示范项目和留守人口参与拯救青海东方蜜蜂推广养殖等项目，315 名失能失智等困境老人受益。

第四，医养结合工作进一步深化。鼓励养老服务机构与医疗卫生机构签订合作协议，提供绿色通道，优先保障养老机构老人医治，解决了养老机构医疗资源缺乏的问题。全面推行家庭医生签约服务，为 65 岁以上老年人建立健康档案，与 11 万老年人签约服务，每年为建档老年人提供定期体检、上门巡诊、家庭病床、健康管理等基本服务。民和福利中心设置床位 112 张，由县中医院承接，收治护理 91 名老年人。民和、乐都、化隆和循化 4 个县区综合医院设置 85 张老年病床，抽调 54 名医护人员。化隆县养老服务组织针对老年人常见、多发病，与西宁超微骨科医院签约，定期为老年人提供针灸、拔罐等服务。另外，内设医疗室的养老机构与医保打通，可以直接报销。医养结合的主要方式是，老人生病就近就医，采取分级诊疗式的模式，可在医院直接报销（乡镇医院报销 90%，县区级医院报销 80%，省级医院报销 70%）；对于社区养老而言，一般是与卫生服务站进行签约，每个月上门服务一次，最终纳入年终考核；村卫生室则参与居家养老。同时，乡镇、县中医院等均设有面向老年人的绿色通道、老年病科等。其中，乐都区还构建了以应急救援、居家养老、医疗保健和文化教育为核心要素的医养结合养老服务体系，居家和社区养老服务为有需要的独居、有突发疾病的老年人安装“一键通”电话，利用社区服务中心平台，及时发现并紧急处理老人遭遇的各种疾病和意外生活事件；为老人提供托老、购物、送餐、代购物品、家政服务和陪护等特殊照顾的服务；建立健康档案，为老年人提供陪护、陪伴看病、疾病防治、康复护理、心理卫生、健康教育等服务；为老年人提供老年学校、知识讲座、学习培训、书法绘画、图书阅览等服务。

第五，服务队伍基础更加夯实。把加大养老服务队伍建设和人才培养作为突破养老服务瓶颈的有力举措。一是整合青海高等职业技术学院资源，加快老年服务管理、医疗保健、康复护理、营养调配、心理咨询等养老专业人才培养。2018 年录用社工和养老护理专业学员 120 人。二是开展养老护理人员集中培训。对 386 名养老护理人员进行短期集中培训，并举办重阳节养老大型宣传活动。三是协调大中专院校、慈善企业等单位，建立志愿者服务队伍，开展养老志愿服务，并初步形成志愿服务常态化机制。四是在社区依托党员“微心愿”平台，通过“微心愿”认领，帮助老年人实现“微幸福”。

13.2 青海养老服务质量的现状调研与分析

青海省西宁市和海东市是第一批国家级医养结合试点单位,也是居家和社区养老服务改革试点地区。青海省调研组在西宁市、海东市以及周边县市地区开展了以"推进养老服务高质量发展"为主题的问卷调查与访谈,以退休老年人、部分养老机构和民政部门负责人为调研对象,从养老服务接受者和供给者的视角深入考察青海省在养老服务实践方面取得的切实成效与存在的关键问题。

13.2.1 调研基本情况介绍

围绕如何才能切实有效地促进我国养老服务高质量发展这个主题,青海省调研组 2018 年 7 月 21 日至 26 日在西宁市、海东市平安区、乐都区、互助县、海晏县、湟源县、共和县、湟中县等县市区的老年人活动集中地点进行了问卷调查,同时联系协商与当地的部分民政部门负责人、代表性养老机构负责人举办了座谈会。本次青海组调研,共发放问卷 200 份,收回有效问卷 195 份,有效回收率 97.5%。调研的对象涵盖了养老服务需求主体的点和面,具有较高的典型性和代表性。在设计调查问卷时,调研组综合考虑了以下几个方面:①老年人对养老服务相关政策是否了解。②医养结合、居家和社区养老、长期护理体系发展如何,老年人是否享受了相关养老服务。③一系列的养老服务政策取得的落实效果,老年人对养老服务政策的满意度。④青海省的养老服务发展中还存在什么关键问题,应该如何解决。调查问卷共包括调研对象的基本信息、医养结合服务、居家养老和社区养老服务、长期护理服务这四部分。受访者基本信息涵盖民族、家庭情况、收入来源、医疗支出、居住情况、入住养老机构的现状与意愿,生活满意度等。养老服务部分则包括老年人对政策的了解情况,所接受的养老服务内容,服务费用支付者,对政策落实的满意度和意见建议等。

13.2.2 青海养老服务现状的调查问卷分析

本次青海组回收的调查问卷具有一定代表性,在 195 份有效问卷中,男性和女性人数占比分别为 54.4%和 45.6%;非农业和农业户籍人数占比分别为 68.2%和 31.8%;60 岁以下、60～80 岁和 80 岁以上的老年人数占比则分别为 13.0%,50.7%和 36.3%;同时,90.3%的受访者为汉族,9.7%的受访者为藏族或回族等。在婚姻状况方面,54.4%的老年人处于已婚且伴侣健在的状态,36.9%的老年人为丧偶状态。在子女数量方面,16.9%的老年人仅有一个子女,25.6%的老年人有两个子女,40%的老年人有 3—4 个子女。在受教育程度方面,未上过学、小学、初中、高中(中专)、大学(大专)及以上的人数所占比重分别为27.7%、17.4%、27.7%、15.4%和10.8%。

调查问卷分析。调研组充分运用频数、频率分析方法对养老金收入、养老居住模式、养老服务政策的宣传和实践方面进行了详细的描述性统计分析,并对养老服务发展中存在的问题进行了整理汇总。为充分厘清变量间关系,更加全面透彻地说明问题,我们还采用了列联表分析方法,将调研对象的基本信息如性别、年龄、身体状况、受教育程度等与养老居住模式选择、养老服务政策的知晓度等问题进行了结合分析。

13.2.2.1　老年人的收入来源和医疗支出情况

(1)不同户籍和职业的老年人养老金收入存在较大差距

第一,非农业户籍老年人的养老金收入远高于农业户籍(表13—5)。对于农业户籍的老年人而言,高达80%的老年人养老金月收入在2 000元以下;非农业户籍老年人的养老金收入集中在2 000—4 000元/月,所占比重为55.1%,而且4 000—6 000元和6 000元以上养老金收入的老年人占比分别为12.7%和13.6%。第二,机关、事业单位的养老金收入明显高于其他职工(表6)。农民的养老金收入为3 988元/年,国有企业和私营企业职工的养老金收入平均为40 213元/年和29 920元/年,机关、事业单位的年养老金收入高达73 109元。第三,基本养老金是老年人目前的主要收入来源。在调查样本中,只有极少数老年人购买了商业保险,而且仅11.3%的老年人获得了子女或亲友资助。

表13—5　　不同户籍老年人的基本养老金收入

户籍	月养老金	样本数(个)	样本占比
农业	—	50	100%
	2 000元以下	40	80.0%
	2 000—4 000元	6	12.0%
	4 000—6 000元	2	4.0%
	6 000元以上	2	4.0%
非农业	—	118	100%
	2 000元以下	22	18.6%
	2 000—4 000元	65	55.1%
	4 000—6 000元	15	12.7%
	6 000元以上	16	13.6%
缺失	—	27	—
总计	—	195	—

(2)不同职业老年人的医疗支出负担存在差异,农民看病“入不敷出”(表13—6)

第一,老年人每年的医疗支出费用较高。总体来看,老年人每年花费在门诊和住院上的费用平均为 3 391 元和 17 960 元,养老金收入平均为 37 650 元,医疗支出负担率①高达 57%。第二,农民的医疗支出负担最高。分退休前职业来看,由于机关、事业单位职工的养老金收入相对较高,老人的看病支出负担较轻,而农民和其他职业的老人看病负担重,特别是农民看病"入不敷出",看病负担高达 250%,显著高于其他老年群体(见表 13—6)。

表 13—6　　不同群体养老金收入和看病支出情况

	养老金收入(元/年)	门诊支出(元/年)	住院支出(元/年)	医疗支出负担率(%)
国有企业职工	40 213	3 911	22 323	65%
机关、事业单位职工	73 109	5 367	22 917	39%
农民	3 988	1 462	8 509	250%
其他	17 568	2 750	20 000	129%
私营企业职工	29 920	3 043	13 167	54%
合计	37 650	3 391	17 960	57%

13.2.2.2　老年人的养老居住模式选择情况

在所调查的 195 个样本中,45.7%的老年人选择和配偶或子女同住,46.7%的老年人居住在养老机构。居住在养老机构的老年人中,67.0%居住在公建公营机构,13.2%居住在公建民营机构,19.8%居住在民建民营机构,而且老年人入住的养老机构类型与期望类型大体一致。

(1)不同居住模式中的老人性别存在明显差异,养老机构女性老人占比高,男性老人偏爱居家养老(图 13—1)。在所调查的 195 位老人中,男性和女性老人数量大体相当,在养老机构居住的女性老人要多于男性老人,男性老人更多地与配偶和子女同住。具体来看,在调查样本内,在养老机构的女性老人有 50 人,占女性老人总数的 56.2%,而在养老机构居住的男性老人仅占男性老人总数的 38.6%。相反,与配偶同住和与子女同住的男性老人数量均高于女性老人数量,其中与配偶同住的男性老人比女性老人更多。而在不同类型的养老机构中,公建民营与公建民营的养老机构中的女性与男性老人数量相当,在民建民营养老机构居住的女性老人数量要远高于男性老人。

(2)不同年龄的老年人对养老居住模式的选择存在明显差异,养老机构尤其是公

① 由于养老金收入是老年人的主要收入来源,囿于调查数据有限,将医疗支出负担率定义为医疗支出和养老金收入的比值,医疗支出负担率=(门诊支出+住院支出)/养老金收入。

的老人身体不能自理;养老机构居住的老人身体健康程度最差,67%的老人身体基本健康或健康,有3%的老人不能自理。分不同类型养老机构来看,公建公营养老机构老人身体健康程度最差,其次是公建民营,而民建民营机构老人身体健康程度相对较好。其中,公建公营养老机构老人身体不健康比重最高,达到38%,不能自理的老人占5%;公建民营机构老人身体不健康比重为25%;民建民营机构老人身体不健康占比为17%。

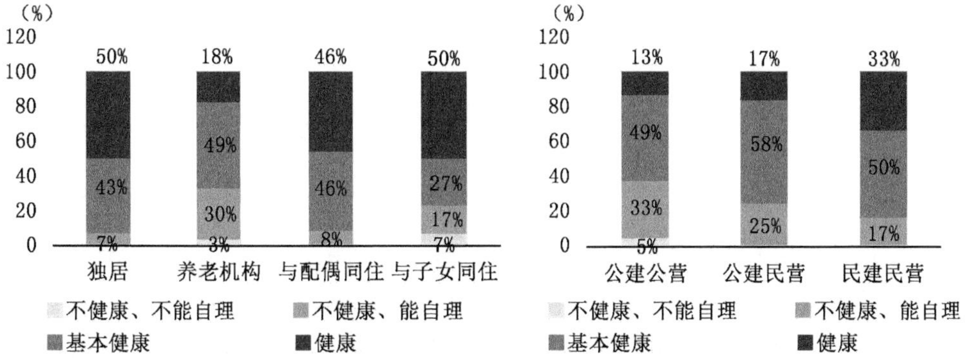

图13—3　不同养老居住模式的老年人身体健康差异

13.2.2.3　养老服务政策宣传和实践情况

(1)养老服务相关政策的整体知晓度较低,而且受教育程度越低,知晓度也相对越低(表13—7)。就调查样本整体而言,受访者关于居家和社区养老服务政策的知晓度相对最高,占总体样本的比重为39.0%;关于医养结合服务政策的知晓度次之,占总体的33.3%;而对长期护理服务相关政策的知晓度最低,仅占总体样本的3.6%。分教育程度来看,随着教育程度上升,对养老服务相关政策的知晓度越高。其中,受教育程度较低(未上过学和小学)的老人对医养结合养老服务和社区和居家养老服务政策的了解程度分别仅为29.5%和27.2%;而受教育程度较高(初中及以上)的老人对社区和居家养老服务的了解程度高达50.5%。无论是何种教育程度的老人,对于长期护理服务的政策知晓度均处于较低水平。

表13—7　　不同受教育程度老人的养老服务政策知晓度

样本数	未上过学	小学	初中	高中(中专)	大学(大专)及以上	
医养结合服务						
不知道	39	23	37	16	15	130
知道	15	11	17	15	7	65
总计	54	34	54	31	22	195

续表

样本数	未上过学	小学	初中	高中(中专)	大学(大专)及以上	
长期护理服务						
不知道	54	31	52	30	21	188
知道	0	3	2	1	1	7
总计	54	34	54	31	22	195
社区和居家养老服务						
不知道	46	18	30	15	10	119
知道	8	16	24	16	12	76
总计	54	34	54	31	22	195

(2)接受过相关养老服务的老年人占比低,而且老年人所享受的养老服务内容相对单一,养老服务费用的自负比例较高。就总体样本而言,接受过医养结合相关服务的老年人占比仅有16.9%,接受过社区和居家养老服务的占比也只有23.6%,由此可见养老服务的覆盖面整体较低,养老服务政策的落实效果仍有待提高。

第一,从医养结合的角度来看,老人接受过养老机构内设医疗服务中的医疗巡诊和健康管理项目的比例较高,分别为24.1%和20.0%,接受保健咨询、预约就诊、养生保健等其他项目比例较低。在医疗机构为居家老人提供的上门服务中,老年人大多只接受过定期体检和上门巡诊项目,分别占到27.4%和15.2%,而其他如家庭病床、社区护理、健康指导等项目的比例较低。

第二,从社区和居家养老服务的角度看,生活照料等物质服务水平较高,精神服务和精神慰藉服务不足,而且分级诊疗和签约医生的发展存在一定不足。享受过生活照料和医疗护理服务所占比例较高,分别为30.5%和26.7%,享受过紧急救援服务的比重达到24.8%,而享受过精神慰藉的比重仅占10.9%。签约医生的发展有待提高,仅有3.6%的老人有签约医生,而且集中在家庭收入较高的老人中。老年人在社区卫生服务中心看病的次数平均为一年5次左右,而且大部分老年人在社区看病的次数集中在2—3次/年。

第三,从长期护理角度来看,大部分老人享有的是社区居家护理和养老机构护理,而医院护理的比例较低(图13—4)。在接受过长期护理老人中,有41.5%的老人接受的是社区居家养老,39.6%的老人接受的是养老机构护理,仅有18.9%是医院护理。

有关养老服务负担方面,政府部门在居家服务支付上承担比重较高,长期护理服务的费用承担比重仍然较低。一方面,在居家服务支付上,自己支付所占比重最高为

57.5%,其次是政府,承担比例相对较高为31.1%。另一方面,在长期护理服务支付上,多数人是自己支付,政府承担的比例仍然较低。有48.8%的老人由自己支付护理费用,27.4%是由子女支付,而政府支付比重最低仅为14.3%。

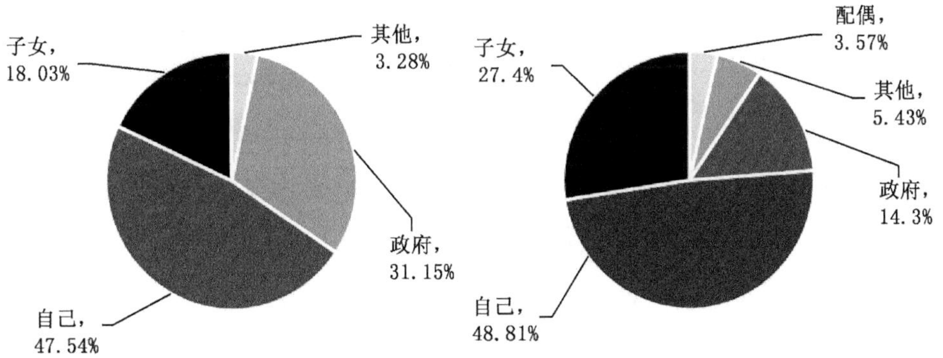

图13—4 居家服务和护理服务费用支付者

(3)不同类型养老机构的养老服务发展程度有显著差异。民建民营类养老服务发展程度相对较高,体现为服务覆盖面相对较广、服务项目较为全面(图13—5)。以医养结合服务为例,从医养结合服务的普及程度来说,民建民营养老机构医养结合服务覆盖面较广,机构内接受医养结合服务的老人比重较高,高达38.9%;公建民营接受比重次之,为26.8%,而公建公营医养结合服务发展程度相对较低,接受过医养结合服务的老人比重仅为10.0%。

从医养结合服务的项目来说,民建民营养老机构的服务项目较为全面,发展程度相对公建民营和公建公营养老机构较为完善。公建公营类养老机构老人接受的项目大多是医疗巡诊(31.3%)、健康管理(22.9%)和保健咨询(20.5%)等常规简单项目,而预约就诊、急诊急救和中医养生保健等项目的比重仍然比较低;公建民营类养老机构老人接受的医养结合服务项目也与公建公营相近,多数接受的项目为医疗巡诊(35.7%)和健康管理(28.6%),而接受保健咨询的比重比较低,仅有7.1%,比公建公营机构低13.4个百分点。民建民营医养结合服务项目发展相对比较全面:老年人在机构内接受医疗项目的比重分别为医疗巡诊(24.5%)、健康管理(18.4%)和保健咨询(20.4%)、预约就诊(12.2%)、急诊急救(16.3%)和中医养生保健(8.2%)(见图13—5)。

(4)调研老人对生活总体满意度较高,但对养老服务政策的满意度处于一般水平。整体而言,老人对生活满意度较高,有61%对生活整体情况表示满意,14%选择很满意,仅有5%的选择不满意或很不满意。但是,养老服务相关政策实施满意度相对较低。其中,对医养结合服务的满意度相对较高,有13%的选择不满意或很不满

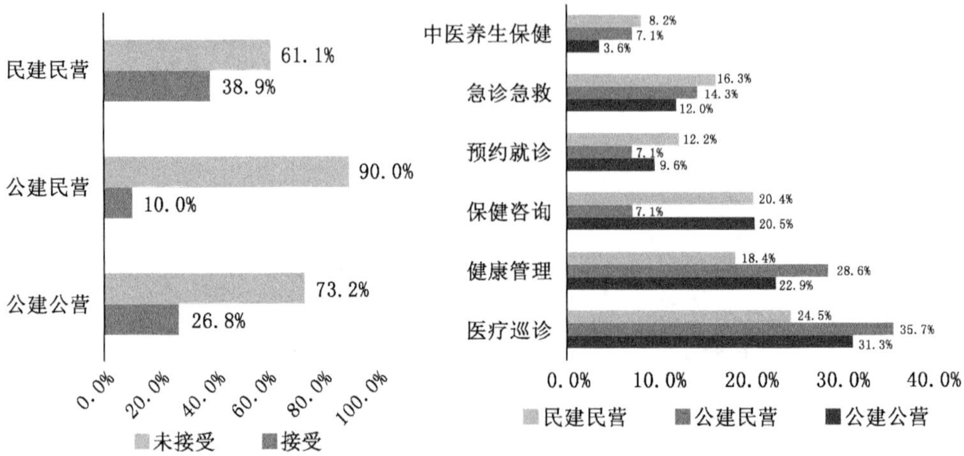

图 13－5 老年人接受医养结合服务及服务项目的比例

意,43%和6%的老年人对医养结合服务选择满意和很满意;而对居家和社区养老服务满意度相对较差,40%的人觉得一般,而有14%选择不满意或很不满意;高达44%的人对长期护理服务的满意度为一般,且仅7%的人表示很满意(图13－6)。

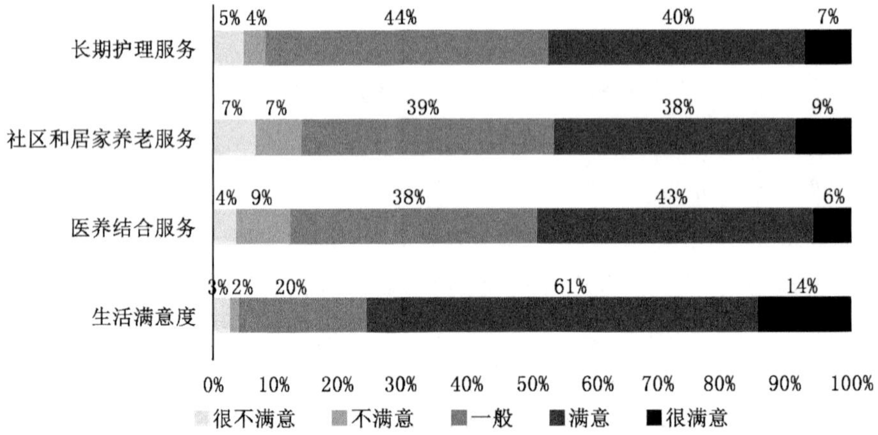

图 13－6 养老服务政策满意度

(5)政府有关养老补贴的总体覆盖面较低,不同老人群体间有较大差异。总体而言,调研老人范围内享受到高龄补贴的老人比重仅占27.7%,总的覆盖面仍然需要很大提升。不同老人群体接受高龄补贴的程度也存在显著差异,特别是不同居住模式和不同退休前职业老人间的差异。分不同居住模式来看,养老机构老人高龄补贴覆盖率显著高于其他居住模式的老人,居住在养老机构的老人接受高龄补贴比重最高,高达39.6%,与子女同住的老人接受高龄补贴的比重最低,仅有16.1%。分不同退休前职业来看,国有企业职工受到养老服务补贴待遇的程度明显高于其他职业,退休前为国有企业职工的老人接受高龄补贴的比重最高为45.0%,私营企业职工接受高龄补贴的比重最低,仅为7.7%(参见图13—7)。

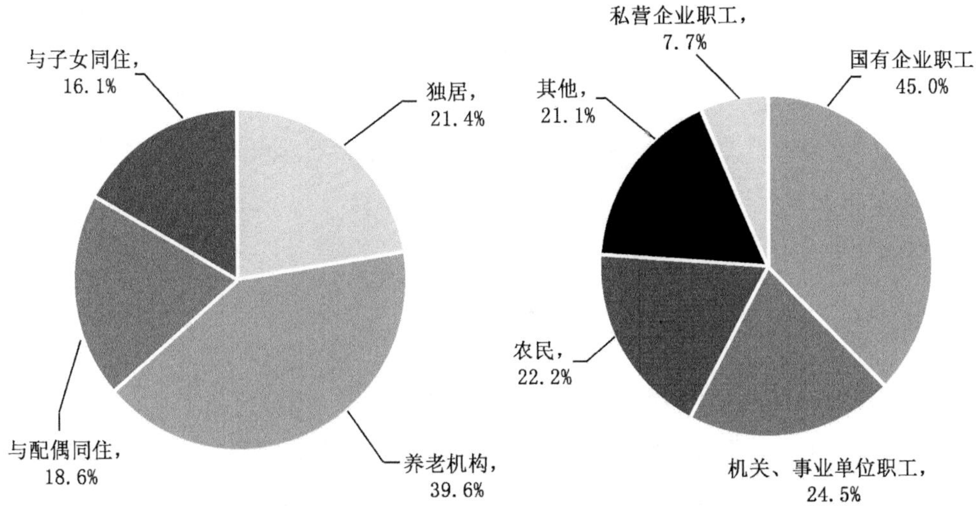

图13—7 不同居住模式和职业老人接受高龄补贴情况

13.2.2.4 受访者对养老服务质量的意见

根据调研问卷对养老服务的有关意见进行整理汇总,总结而言,老人们针对社区养老服务、养老机构服务和养老金待遇、医疗就诊和政策普及等四个大方面提出了自身看法。

首先,就社区居家养老服务来说,多数老年人认为目前社区养老服务质量有待提高。特别是针对孤寡老人缺乏日间照料中心,一些孤寡老人生活和行动不方便,没有老年食堂或送餐服务,社区家政上门服务、社区互助养老发展有待提升。此外,已有的社区老年食堂并不是免费,吃饭需要支付费用。物质支持方面,社区诊所相对较少,医护人员数量不足,看病的费用较高。精神赡养方面,老年人缺乏一定的精神娱乐生活,老年活动中心的数量不足。

其次,就养老机构服务和养老金待遇来说,养老机构的价格普遍较高,养老金待遇水平较低,对于老年人来说负担比较大。并且,养老机构的医生太少,看病不方便,医养结合服务的发展程度低。养老金待遇普遍较低,尤其农村老人的养老金收入待遇最低,此外对一些特殊群体如军人遗属的待遇不够。另外,部分老年人对养老金待遇的公平性提出质疑,主要表现为机关事业单位职工的养老金过高,而私营企业职工的养老金水平低。

再次,就医疗就诊来说,多数人认为目前看病难、看病贵的问题仍然没有很好解决，看病的流程烦琐复杂，特别是药价一直居高不下，增加老年人负担。另外，医疗保险报销的起点太高、保险比例低。从我们调研情况来看，老年人每年的门诊和住院支出费用偏高，占老年人主要收入来源（养老金收入）的比重严重偏高，农民的负担最重（表 13－6）。并且，很少有老人在看病过程中享受过绿色通道、优先就诊等便利渠道，医院也极少专门设立老年病科，看病过程比较烦琐。

最后，政策的宣传和普及力度不高，老年人对国家政策的了解不够。社区方面需要加强对国家和本地养老服务政策的宣传，当前社区缺乏入户普及相关政策知识和讲解，老年人对政策缺乏了解。同时，可以进一步通过电视、广播和网络媒体加大对养老服务政策的普及。

13.2.3　青海养老服务质量的案例分析

13.2.3.1　西宁市城北区老年养护中心案例分析

城北区老年养护中心（下称中心）坐落于西宁市城北区柴达木路 120 号夏都名邸 2 楼，是目前离市区最近的一家集康复、疗养、护理、娱乐、休闲于一体的综合性公建民营养老机构。西宁市城北区民政局投入专项资金 1 250 万元，构建了城北区老年养护中心，2018 年 1 月通过公开招标，采取公建民营的方式，确定青海昆仑益寿院为第三方运营商，青海昆仑益寿院再投资 350 万元用于完善中心的基础设施。中心于 2018 年 8 月 7 日正式投入运营，面向全社会招收失能、半失能和失智老人，为老年人提供专业的康复、理疗、护理服务，更好地满足老年人需求。中心建筑面积 1 726 平方米，现有房间 30 余间，拥有养老床位和老年病床共计 60 余张。中心开展医养结合的方式主要是与附近的卫生医院，社区医院等签订合作协议，并定期（2 次/周）对老人进行基本体检。

中心提供的服务有：能自理老人的常规性机构养老服务；半自理、不能自理老人的分级护理服务；老人日间托养服务；老人喘息式照护服务：为有需要的家庭提供老人短期照护，提供日托、周托、月托服务；老人助餐服务（见表 13－8 至表 13－11）。

针对以上服务，中心可以自订服务费用（服务内容和费用见下表），政府对价格的制定没有干预，但是中心目前仅面对中等及以上收入的老人，暂不承担“五保户”等老人。

表 13－8　　机构养老服务

服务分类	服务标准（元/月）	服务内容
自理老人	伙食费：900 床位费：900 服务费：600 杂支费：100 费用合计：2 500	清扫室内卫生，督促更换并洗涤床上用品及衣物，送开水，督促按时用餐，有病报医，联系家属

续表

<table>
<tr><th>服务分类</th><th colspan="2">服务标准(元/月)</th><th>服务内容</th></tr>
<tr><td rowspan="10">介助老人</td><td rowspan="5">介助一</td><td>伙食费:900</td><td rowspan="10">清扫室内卫生,督促更换并洗涤床上用品及衣物,送开水,协助洗脸、洗脚、剪指(趾)甲、理发、洗头、剃须,协助整理老人物品,倒便盆、尿盆,有病报医,联系家属</td></tr>
<tr><td>床位费:900</td></tr>
<tr><td>服务费:1 200</td></tr>
<tr><td>杂支费:100</td></tr>
<tr><td>费用合计:3 100</td></tr>
<tr><td rowspan="5">介助二</td><td>伙食费:900</td></tr>
<tr><td>床位费:900</td></tr>
<tr><td>服务费:1 500</td></tr>
<tr><td>杂支费:100</td></tr>
<tr><td>费用合计:3 400</td></tr>
<tr><td rowspan="10">介护老人</td><td rowspan="5">介护一</td><td>伙食费:900</td><td rowspan="10">清扫室内卫生,衣物和床上用品随脏随换,喂饭、喂药、给水,登厕、清理大小便,洗脸、洗头、洗脚,剪指(趾)甲、理发、洗头、剃须,定时翻身,整理老人物品,倒便桶、尿壶,有病报医,联系家属</td></tr>
<tr><td>床位费:900</td></tr>
<tr><td>服务费:2 000</td></tr>
<tr><td>杂支费:100</td></tr>
<tr><td>费用合计:3 900</td></tr>
<tr><td rowspan="5">介助二</td><td>伙食费:900</td></tr>
<tr><td>床位费:900</td></tr>
<tr><td>服务费:2 600</td></tr>
<tr><td>杂支费:100</td></tr>
<tr><td>费用合计:4 500</td></tr>
</table>

表 13—9 日间托养服务

<table>
<tr><th>服务标准</th><th>服务对象</th><th>服务时间</th><th colspan="2">伙食标准</th></tr>
<tr><td>30 元/日</td><td>自理老人</td><td>周一至周五
9:00—17:00</td><td>提供午餐</td><td>两荤一素</td></tr>
</table>

表 13—10 喘息式照护服务

<table>
<tr><th>服务分类</th><th>服务标准</th><th>服务对象</th><th>服务时间</th><th colspan="2">伙食标准</th></tr>
<tr><td>日托</td><td>100 元/日</td><td>自理老人</td><td>24 小时</td><td>一日三餐</td><td>三荤三素</td></tr>
<tr><td>周托</td><td>630 元/周</td><td>自理老人</td><td>7 天</td><td>一日三餐</td><td>三荤三素</td></tr>
<tr><td>月托</td><td>2 500/月</td><td>自理老人</td><td>30 天</td><td>一日三餐</td><td>三荤三素</td></tr>
</table>

表 13—11 助餐服务

服务分类	服务标准	服务对象	伙食标准	
机构就餐	10 元/餐	60 岁以上老人和残疾人	午餐	一荤一素
	14 元/餐		午餐	两荤一素
	20 元/餐		午餐	三荤一素
送餐服务	12 元/餐		午餐	一荤一素
	16 元/餐		午餐	两荤一素
	22 元/餐		午餐	三荤一素

13.2.3.2 海东市日间照料中心、互助幸福院和医养结合案例分析

社区老年日间照料中心是为社区内生活不能完全自理、日常生活需要一定照料的半失能老年人提供膳食供应、个人照顾、保健康复、休闲娱乐等日间托养服务的设施。目前乐都区已建成社区日间照料中心 8 所，正常运营的 6 所分别是：碾伯镇滨河路社区、古城东社区、九哈家社区、寿乐镇社区、高庙镇社区、洪水镇社区。滨河路社区老年日间照料中心设在小区内部，通过购买已建成小区的部分建筑改建而成，中心目前共有 3 层，在一楼设有健身服务大厅供老年人锻炼身体，同时内设儿童之家以供带孩子的老年人在锻炼之余方便照料孩子。在中心二楼，分别设有书画室、阅览室、心理咨询室、棋牌室、手工室、休息室以及餐厅等，以满足老年人的日常用餐、兴趣爱好和休闲娱乐等。中心三楼设有理疗师、消毒室和休息室等以供老年人进行理发、精神慰藉、康复护理、卫生保健等。

老年互助幸福院提供的服务主要有集中助餐、文化娱乐、助洁、卫生保健。目前海东市乐都区已建成农村互助幸福院 141 处，正在运营的有 96 处，运行率已达到 70%。2016 年，高庙镇长里村把原村“两委会”大院改造成为老年人养老服务的互助幸福院，由村老年协会管理实施，区民政局为长里村配备 3 万元的设施设备，配有办公桌椅、沙发、床、电视机、麻将机、棋牌桌、洗衣机、餐具、文化娱乐器材、儿童之家等，建设了农村互助幸福院，供老人平时休闲娱乐。2017 年区民政局又投资 18 余万元对互助幸福院基础设施进一步进行了能力提升改造，转变了长里村居家和社区养老服务环境，打造成为乐都区示范性农村互助幸福院。该互助幸福院在服务方面创新农村养老服务新模式，根据农村地区经济状况和老年人生活特点，采用互助幸福院“互助养老(集中服务)＋居家养老(上门服务)”模式，坚持农村互助幸福院建设余居家养老服务相结合。按照“集体建院、集中活动、互助服务、自我管理”的原则，在村老年人互助幸福院让老年人集中享受助餐、理发、卫生保健等日常照料服务，对不能到参与

活动高龄和失能老人采取上门服务,做到集中服务和上门服务相结合,满足不同老年人的养老需求,促进长里村居家养老服务工作持续健康发展。

青海恒生长者照护服务中心是位于海东市互助县的一家民建民营的机构,它集养老、医疗、康复、临终关怀为一体的"医养结合"型非营利性社会养老服务机构。该"医养"中心共计投资 1.6 亿元、占地面积近 6 600 平方米,其中五层养老护理员宿舍楼房 3 栋,康复护理院独立五层楼一栋,道路及老年人活动场地 10 000 平方米,共有养老、医疗床位 1 340 张,以收住失能失智老人、半失能老人、健康老人入住及医疗。

恒生"医养"中心目前共有养老床位 1 040 张,实际入住老人容量可达 800 多人,编设养老护理员约 280 人(2∶5),机关和后勤保障人员约 90 余人,目前养员入住 220 余人,养老护理员 46 人,护士 9 人,行政人员 20 人,后勤保障人员 35 人。同时中心的康复护理院床位 300 张,编设人员 310 人,现试运营期间有医(技)护人员 85 人。其中,中高级职称 24 人,初级职称 61 人。该中心的主题服务项目有:老年人养护、日间照料服务、居家养老服务、养老服务咨询、养老养生、异地养老、医养融合、老年健康管理、老年文化服务、社会工作服务等。另外,该中心也提供居家养老的技术服务,主要有:一日生活及排泄物的照料、医护上门服务、健康及失智失能养老护理、住院医疗、心理疏导、文化娱乐等项目。该中心对于住院病人可以进行异地结算业务。该中心服务内容的收费标准见表 13—12。

表 13—12　　恒生长者照护服务中心服务内容的收费标准

<table>
<tr><th>等级</th><th>适用对象</th><th>服务内容</th><th>收费标准(月)</th></tr>
<tr><td>一级</td><td>生活能自理老人</td><td>唤醒起床、早上洗漱、打饭洗碗、端开水、更换衣服、更换床单、测体温、晒太阳、洗头、理发、剪指(趾)甲、洗脚、换洗鞋子、换洗袜子、整理房间、整理衣物、扫地拖地</td><td rowspan="4">床位费:豪华标准间 800 元/月;豪华单人间 1 600 元/月
伙食费:分为三个标准,600 元/月, 800 元/月,1 000 元/月
护理费:根据老人需要的护理内容计算,最低 840 元/月
杂支费:标准间 240 元/月,单人间 260 元/月
暖气费:在采暖季节按房间收取,480 元/间。</td></tr>
<tr><td>二级</td><td>生活半自理老人</td><td>在一级护理的基础上加:搀扶走路、协助床下大小便</td></tr>
<tr><td>三级</td><td>失能、失智老人</td><td>在一、二级护理的基础上加:轮椅服务、穿衣服、脱衣服、床上小便、床上大便、洗澡、擦身体、清洗下身、刮胡子、翻身、喂饭、喂药、褥疮护理、情绪障碍疏导、介入康复、系尿袋、体重超胖护理</td></tr>
<tr><td>四级</td><td>需要专护老人</td><td>该级别老人在一、二、三级护理的基础上,配备专人专护服务。</td></tr>
</table>

13.2.3.3　海东市平安区社会福利中心案例分析(互助型生态养老院)

青海省海东市平安区社会福利中心成立于 2012 年(公建公营),目前有 232 张床位,入住 45 位老人(全部是免费入住的五保户),其中 1 位荣休军人,暂时没有社会老人入住。福利中心由原平安民政局救助管理站站长、共产党员张任邦担任主任，自1996年从部队转业以后，他先后救助过的流浪乞讨人员、麻风病人、困难群众、未成年流浪儿童等多达4 000余人次，曾把多名弃婴、未成年流浪儿童带回家中抚养，把自己的家当成救助站。在担任平安区社会福利中心主任以后，他更加坚定了做好社会福利事业的决心，将福利院建设得像家一样美好，让住在这里得每位老人过上幸福得晚年生活，他自费为福利院老人过生日、买药治病。

在福利中心运营和管理中，最大的两个特色是互助和生态。张院长为了管理好院民生活，提高生活质量，促进自我管理、自我理财、自我服务的原则成立了院民生活管委会，管委会成立了以院务管理组、安全管理组、种植组和养殖组为主的管理机构小组，各小组的组长和成员由福利中心的院长、管理人员以及老人担任。院长张任邦与院民同吃、同住、同劳动，在敬老院原有的大片闲置空地、建筑垃圾场基础上，他挽起袖子，带领身体健壮的老人开垦出5亩菜地，种植了西瓜、辣椒、茄子、南瓜、青菜等20多个品种的蔬菜，栽了100多课果树，动手搭建了养、兔、鸡等畜棚，利用平时吃剩的饭菜和种植的蔬菜养殖猪、羊、鸡、兔等牲畜。在福利中心，有能力参加劳动的老人也会被安排参与院内轮值浇水、食堂劳动、安全执勤等工作，老人在此生活养老能够享受自己的劳动果实，丰富了老年生活、提高了养老质量。另外，福利院内设临终关怀室，由张任邦院长亲自负责老人的临终关怀工作，同时还设有卫生室，但是由于卫生和民政系统协调不到位，并没有医生常驻。

总之，在受制于客观条件的现实背景下，即便有不完善的地方，但是张院长带领的平安区社会福利中心让我们看到了一种养老的新模式——互助型生态养老院，这种模式可以为其他地区开展养老服务工作提供一定的借鉴和指导。

13.3 青海养老服务发展中的问题与挑战

近年来，青海省各地区面临着相似的人口老龄化趋势，经济增长下行压力大，养老服务需求逐渐增加等问题，但在养老服务发展的规划和建设过程中，各地区又都面临着不同的具体问题。

13.3.1 青海(西宁)养老服务发展中的问题与挑战

13.3.1.1 *居家养老服务能力有待加强*

关于居家养老服务的相关支持政策有待于进一步完善，城乡社区居家养老服务中心缺乏资金和专业人才，服务功能较为单一，居家养老服务体系构建不足(“9064模式”中对于“90”部分的解决不到位)。虽然居家养老服务按照国家“五助”(助餐、助洁、助医、助行、助浴)标准执行,但是目前主要以助洁为主,在助医方面,社会力量的薄弱和老年人的不信任感导致其开展程度不高,老年人对助医需求不高。同时,在家中护理的失能老人其护理人员(主要是老人的子女等)没有进行相关的专业培训,暂时也没有实施“喘息服务”和高龄老人营养餐等制度。另外,针对农牧区的居家养老问题存在代养服务成本高的严峻问题:牧民之间居住地距离较远,为其提供服务需要耗费较高的交通成本、时间成本等。在青海省六个州中,牧区老年人比例大约30%,即便是补贴高(失能老人补贴700元/月),但是很多人依然不愿意干,代养服务也存在服务人员缺失的挑战。

13.3.1.2 城乡养老服务设施建设有待于均等化

农村地区养老服务设施严重落后于城市,养老机构入住率偏低。居家养老服务有效性滞后于机构养老服务,机构、社区和家庭中面向空巢、高龄和失能老人的医护康复服务功能较弱,有待于日后进一步加强。目前,国家的居家和社区养老服务试点地区的财政拨款是一次性的,如何在未来继续加强养老服务质量提高和均等化也面临资金上的问题。

13.3.1.3 医养结合发展有待于深化

养老和卫生资源的结合仍然不紧密,协调工作不到位,进入养老机构卫生资源严重不足,一些养老机构中的医疗资源不满足于医养结合工作的需求,进入医保覆盖范围内的医疗性、康复性养老资金偏少,卫生、养老等机构的沟通协调渠道有待于打通。目前,青海省医保基金不足,因而在养老机构开展医养结合工作存在一定困难,70家养老机构内设医疗机构的有10家,但是没有全部联通医保,大部分联通医保,大部分养老机构开展医养结合的方式都是与邻近的医院等医疗机构签订合作协议或者上门巡诊服务。在居家养老服务中,虽然与社区服务站等机构的医生签约,家庭医生签约率为65%左右,但是相关的医疗服务完全没有跟上,签约医生并不会上门提供医疗服务。签约医生的服务是免费的,缺乏专项资金支持,对签约医生也没有补贴。社区养老服务机构同样是几乎都与社区卫生院签约,但是同样是没有上门服务,缺乏相应的补贴和报酬。

13.3.1.4 社会力量主体有待于加强

虽然近年来,青海省出台了一系列针对社会组织的优惠政策,但实际效果并不明显、社会组织的发育仍然不足。西宁市的社会组织力量在全省是发挥作用最强的,但是与东部发达地区相比,社会组织的建立和发挥作用依然不够,存在很大进步空间。目前,青海省有8个民办的养老机构,总共有4 000多张养老床位,但是由于民众在观点上不相信民办养老机构等原因,导致其入住率仅能达到20%多,其盈利主要来自政府为老人购买的护理服务、居家养老服务等(企业主要依靠政府生存),很多民办养老机构入住的老人以失能半失能为主，政府按照最低工资的20%、30%和50%对失能半失能老人护理补贴，目前没有依靠市场生存的民营养老机构。

13.3.1.5 养老服务专业化队伍的专业化水平不够、薪酬工资偏低和晋升渠道缺少

青海省虽然与学校等机构建立护理人员培训制度，基本每年都会培训100名左右的专业人才，但人才外流非常严重，服务技术水平高的专业人才往往流失至一些发达地区，现存的服务队伍呈现出文化程度低、年龄偏大、责任心偏差等。其中，西部地区的养老服务护理人员面临严重的薪酬工资偏低的问题是人才流出的重要原因之一，目前青海省的护理类大中专毕业仅能达到2 000～3 000元左右/月，而培训的护理人员工资则为2 000元/月左右。国家在资金配置上需要考虑到这一现实情况。另外，护理人员在养老机构工作目前没有晋升职称的渠道，而卫生系统的护理人员可以通过护士职称评定实现职称晋升，问题的解决需要卫生、养老和人事等各个部门协调合作。由于难以招到护理人员，当前的护理人员难以满足养老需求，因而即便是各个养老机构的床位十分充足，但是养老床位的入住率非常低且服务质量不高。

13.3.1.5 养老床位供求不匹配问题非常严重

青海省目前拥有床位2.5万张左右，其中包括敬老院中的床位，民营养老机构有4 000多张，但是公建民营养老机构床位相对较少，床位量非常充足，供过于求。受制于观念问题，除非失能等原因，大部分老人不愿意去养老机构养老，仍然偏好于家庭居家养老模式。然而国家的床位要求为每1 000位老人需要达到35张(3.5%)，青海省目前已经达到3.3%，未来为了完成预定指标目标，希望通过改建不达标床位、提高民营的养老床位数量等方式完成指标(缺少1 200张左右)，在未来达到民办养老床位高于公办床位。

13.3.2 海东市养老服务发展中的问题与挑战

随着人口老龄化、高龄化、空巢化进程进一步加快，全市养老服务需求也将不断加大，但养老服务工作在政策、设施、服务、机制、队伍等方面仍然存在不少“短板”和问题，与海东市人口老龄化形势、社会需求期盼相比还存在较大差距。

13.3.2.1 供给结构不优

一些政策没有细化实化，难以落实落地，民间资本、专业力量进入动力不足，全市除互助县恒生和政府托底养老外，大众需求的养老服务占比很低。由于中央及省级未将养老服务补助资金形成财政补助基数，市县区财政财力困难，影响工作安排部署。

13.3.2.2 供给质量不高

现有养老人才队伍整体素质不高,福利待遇较差,机构运转相对困难,尤其是个性化、专业化服务缺失,群众普遍关注的医养结合处于初级阶段,相关机构数量短缺,护理型养老床位数量严重不足,后续发展任务繁重。特别是对于医养结合而言,很多养老机构仅仅内设有保健室,达不到进行治疗的标准,内设医疗室的机构仅是在市级层面的养老机构存在,但是区一级养老机构都没有设有看病功能的医疗室,医养结合的水平和质量不高,需要进一步加强。也没有设立家庭病床和家庭医生制度。

13.3.2.3 供给效益不佳

养老设施既总量不足,又还有较高的空置率,管理服务标准体系尚不健全,尤其是社会组织服务范围较窄、内容单一、质量参差不齐,难以满足个性化服务需求。虽然目前市场有很多公司提供养老相关服务,可以保障供给数量,但是一般家政服务转型,十分欠缺专业化、高层次的护理人员,数量严重不足。另外,也没有为当前的护理人员购买相关护理保险。

13.3.2.4 供给设施不全

海东市已建成日间照料中心 33 个和互助幸福院 756 个,但与“达到标准的养老服务设施覆盖所有城市社区、90%以上的乡镇和 60%以上村”要求不相适应,建成设施功能配套缺乏和资金投入不足,运行十分困难。

13.3.2.5 后续资金没有保障

虽然海东市民政局为未来的养老服务供给规划 19 亿元,但是这部分的资金来源没有保障,市级财政收入太少无力承担该部分费用,只能依赖国家的专项转移支付和补贴。目前省政府每年下拨 4 000 多万承担政府购买服务费用支出,这部分资金只能用于机构、社区和居家养老,其他的运营费和设施设配费等来源缺乏,现在主要来源于省级财政和彩票公益金等。

13.3.2.6 养老床位的供需不匹配问题

海东市公办公营的养老机构有 47 家,床位数达到 3 000 多张,占总床位数的 70%左右,但是由于老年人的收入普遍不高以及观念问题等,使得机构床位的入住率不高,很多大的养老机构的入住率仅达到 30%左右(青海恒生长者照护服务中心)。但是,民政部政策要求每 1 000 位老人配置 35 张床位,这一政策可能并不一定适合于青海省等地区,“一刀切”的政策很可能会导致资源配置效率低、资源的严重浪费。过多的机构养老可能不一定符合当地的风格,从当前的情况看,居家和社区养老似乎更加符合当地实际,因此青海省的养老床位供需不匹配问题尤为突出。

13.3.3 海东市平安区养老服务发展中的问题与挑战

13.3.3.1 制度体系不健全

养老服务事业发展和投入机制不健全，法规法制体系不完善，养老服务工作人才匮乏、条件落后。政府、社会、老百姓应对人口老龄化的能力较差，“十三五”期间，平安区各级财政虽然加大了对老龄事业发展的投入，但仍然难以满足日益老龄化的社会需求。

13.3.3.2 养老基础设施薄弱

新建服务机构运营管理困难较多，公共财政对养老服务投入不足，民间资本投入养老服务受限，部分农村偏远地区缺乏养老服务设施，一些城镇老旧小区的居家养老服务用房落实困难，养老机构服务设施设备老化，缺少专项维修资金。一些社区日间照料中心及农村互助幸福院建成后无配套资金、无运营经费、运营成本高，难以正常维持，影响了社会力量参与养老事业的积极性。例如，平安区 2015—2017 年间，利用原有的村子中的空房子、村委会的办公地点等建设、改建了 23 家农村互助幸福院，并且由民政局投资的基础设施也已经全部完善，主要的服务对象是那些因子女白天外出工作而无法照料的老年人，为其提供午饭服务、休闲娱乐服务等。但是总体来说运营效果不好，最主要的原因是财政资金投入不足。目前，财政上没有对互助幸福院的运营进行补贴，只能由第三方参与(公办民营)、依靠向就餐的老年人收费的方式运营，因此一般每餐至少需要花费 4 元左右，老人不愿意花钱前来就餐，行动不方便等使用效果不好。

13.3.3.3 服务核查机制形式单一、人员紧缺

针对老年人开展的实际服务，第三方核查回访速度慢、入户回访率低，不能真实地反映养老机构地服务质量。从事养老服务的工作人员不足、待遇低、条件差，不能满足工作需要。各乡镇和社区没有设置专门的老龄工作机构或专业地工作人员，老龄工作到乡镇、村(社区)无抓手，信息上报，核查工作无法保证，制约了养老服务工作地深入开展。另外，对于提供养老服务的公司而言，由于养老服务目前是青海省的新兴行业，服务公司欠缺相关服务经验，只能保障覆盖面广，但是服务的质量和水平不是很高。加之，海东市平安区个别乡镇中的大多数住户搬搬至城镇，仅留下几十个老人，老人居住分散、不愿意集中到一起，因而服务起来比较困难，且成本很高。

13.3.3.4 在医养结合的工作开展方面程度较低，工作力度不够深入

主要表现在：缺乏规范化管理，没有形成常规的规章制度式的管理模式，对老年人的护理工作和监管的制度化、规范化管理跟不上当前的需求；符合开展医养结合的资质机构较少，服务人员较为缺乏，且服务专业化程度不够，不能满足日常的护理服

务工作需求。这个问题也是青海省普遍面临的挑战;医养结合督察和检查工作仍然不到位。

13.4 可行性的政策建议

为促进青海省养老服务高质量发展,就要从青海省的实际出发,从养老服务保数量向保质量转变。以青海省目前的老龄化现状来看,养老正处于产业发展初期,政府必须根据青海省的实际,因地制宜的发挥支持扶持的主导作用,通过规划、政策、土地、资金、税费优惠等引导社会力量参与,培育市场主体,不盲目追求数量指标的完成率,要注重养老服务质量的提升。由于区域经济发展及历史地理等因素,青海省目前整体老龄化程度较全国而言仍属于较低水平,且呈现分布不均,存在养老服务供需不平衡,不充分等问题。从长远来看,青海省要做大做强养老服务业,政府的职责将更多地放在质量监督、行业监管、营造公平有序的市场环境上,最终建成覆盖全民、城乡统筹、权责清晰、保障适度、可持续的多层次社会养老保障体系。

因此,现阶段政府对发展养老服务业的基本原则是政府主导、社会主办、市场运作,逐步建立和完善以居家养老为基础、社区服务为依托、机构养老为补充的养老服务体系。同时,政府应因地制宜的整合多元服务提供主体,完善其在供给侧上对养老服务供应链条的推动作用,推进养老机构强化医养结合服务能力,从而有效推进养老服务高质量发展。

13.4.1 推进养老服务供给侧改革

调研中老年人反映最突出的问题是养老服务的质量仍有待提高,重点反映在社区养老机构的服务能力、养老服务补贴力度、看病难看病贵等问题上。作为养老服务最大的提供方和监管者,政府应该从养老服务的供给侧进行改革,着力破除养老服务高质量发展的短板,因地制宜的落实各项改革措施。

打造“一刻钟养老服务圈”。健全养老服务网络,达到标准的养老服务设施覆盖所有城市社区、90%以上乡镇和 60%以上村,大力发展居家养老服务,统筹社区范围内的各类养老服务机构、医疗卫生服务机构、社工服务机构、志愿服务组织和服务性企业。

改革现有的养老服务补助方式。针对养老机构的床位空置率较高的问题,结合青海省老年人养老服务需求中的实际,探索将现有针对养老机构的床位补助转为老年人入住养老机构的生活补助,一方面能够减轻老年人入住养老机构的成本,另一方面也能够使得现有养老机构床位空置率下降,有利于养老机构的可持续发展。

加大政府购买养老服务力度。健全完善农牧区老年人代养服务机制，健全高龄补贴、养老服务补贴政策，确保65周岁以上老年人健康管理率达到90%，建立完善生活不能自理困难老年人护理补贴制度，基本养老服务补贴覆盖率达100%。

支持社会力量举办养老机构。鼓励采取特许经营、政府购买服务、政府和社会资本合作等方式举办养老机构，改革社会养老机构补贴资金管理办法，进一步降低资助门槛，对社会力量投资兴办的养老机构按实际入住床位数发放运营补贴。有条件的市县区，可适当提高补助标准，逐步使社会力量成为养老服务业发展的主体。

13.4.2 着力提升居家养老服务能力

在实地调研中，大部分老人不愿意去养老机构养老，养老机构床位需求量不大，空置率高，老年人仍然偏好于家庭居家养老模式。因此，要在青海省养老服务体系规划中增强居家养老及社区养老的服务能力，加大对居家及社区养老服务项目的补助力度，重点加强老年人日间照料中心建设，提升托养服务能力，落实服务质量。

积极探索区域统筹建设模式。在街道(乡镇)探索建设区域性居家养老服务中心，重点解决社区站点服务能力有限、资源分割、绩效不明显等问题，把老年人普遍需求、社区站点却无力承担或承担不好的服务项目，如老年助餐、康复护理、日托照料等由区域性中心承担，最终构建街道(乡镇)、社区(村)两级设置、功能互补的居家养老服务网络。

探索农村(牧区)居家养老服务新模式。根据农村老年人的需求特点，可采取以宅基地换养老的方式建设农村养老公寓，推行家门口集中式居家养老，针对偏远牧区养老难问题，可通过建立老年互助会和互助小组，推行低龄老人服务高龄老人的“以老助老”服务模式。

完善分层分类服务。进一步加强对高龄、独居、失能、失智等困难老年人的服务保障。省级财政对城乡最低生活保障家庭中失能、失智的老年人，根据评估结果给予一定标准的养老服务补贴。各市根据实际情况，扩大补贴范围，对补贴范围之外，养老生活又有一定困难的老人，采取志愿结对方式，为老年人提供帮扶服务。

推动居家养老服务社会化。从用房保障、资金补助、税费减免等方面给予优惠扶持政策，将社会力量举办的居家养老服务机构纳入城乡社会组织直接登记范畴，开办资金实行认缴制，简化登记手续。

13.4.3 推进养老机构强化医养结合服务能力

针对调研中出现的老年人知晓却难以享受医养结合型养老机构服务的现状，政府在加大宣传力度的同时应该做好相关的鼓励和扶持工作，重点要从资金和政策上积极鼓励扶持“医养结合”型养老模式,推进现有养老机构强化医养结合服务能力。

积极促进医疗卫生护理服务向社区和家庭拓展。提升基层医疗卫生服务上门服务的水平和能力,规范为居家老年人提供的医疗和护理服务项目,将符合规定的医疗费用纳入医保支付范围,鼓励符合条件的社会办医疗卫生机构为居家老年人提供健康养老签约服务,并享受同等的收付费政策。

建立健全医疗卫生机构与养老机构合作机制。鼓励二级以上综合医院与养老机构开展对口支援、合作共建,建立医疗机构和养老机构之间的预约就诊绿色通道和双向转诊通道,鼓励符合医疗服务项目开展和基本标准的养老机构经相关部门审核通过后开设医疗卫生服务,内设医疗机构,不符合医疗服务项目开展和基本标准的养老机构可根据“就近原则”,与周边社区医疗卫生服务中心、乡镇医院等进行签约合作。

推进责任医生签约完善居家医养服务。优化有效签约服务模式,建立责任医生签约服务评价机制,组织全科医生按约定内容为辖区户籍的签约老年居民提供可及、连续、综合、有效、个性化的医养结合健康服务,根据签约对象的健康评估情况及实际需求,为社区高龄、重病、失能、部分失能以及计划生育特殊家庭等行动不便或确有困难的老年人提供上门巡诊、社区护理、家庭病床等个性化服务。

建立医养结合养老模式专项基金或基金会。对开办老年病医院、提供康复护理服务的养老机构进行专项补贴,对符合条件的新建或在建医养结合项目,进一步完善并落实各项优惠政策,对于民间资本举办的非营利性医养结合机构与政府举办的医养结合机构应在规划、政策、土地、资金、税费优惠上享有相同的待遇,鼓励营利性医养结合机构发展,推动各种税收优惠政策的进一步细化、量化和操作化。

13.4.4 探索与建立长期护理保险机制

长期护理服务的顺利开展需要老年人经济支付能力的有效支撑,更依赖于长期护理保险机制的建立与健全。根据上海市的试点成果,长期护理保险能够为老年人,特别是失能、失智、半失能、高龄老年人享受集生活照料、医疗保健、健康康复、精神慰藉为一体的综合性、持续性的长期护理服务提供保障。从青海省实地调研的结果来看,绝大多数老年人对长期护理保险持积极态度,希望政府尽快出台相关政策加以落实,因此,应根据青海省老龄化实际情况,探索建立覆盖面广、需求分级与评估机制统一标准化、给付向居家及社区养老护理服务倾斜的长期护理保险制度。

建立有序稳定的筹资渠道。应当把保险缴费作为长护险主要的资金来源,同时鼓励引导商业保险公司为老年人提供健康、意外伤害和长期护理等保险产品,形成多元化的保险筹资模式,推动解决失能、半失能老年人基本生活照料和相关医疗护理等所需费用问题。

探索采用多样化的保险给付方式。在报销环节，要因地制宜，针对青海省的老年人口分布、城乡差异和民族特性，探索采用以实物支付、现金支付和混合支付相结合的保险给付方式，满足不同老年群体的不同照护需要。

建立针对特殊群体的跟踪和定期巡查机制。针对高龄老人、低保户、五保户人员及牧区老人的护理需求，可以采用上门服务和巡诊的模式，由社区或乡镇卫生院专业护理人员进行跟踪和定期巡查，同时，鼓励社会非正式家庭护理服务的发展，对这一类型的医疗护理服务可采取直接现金支付的形式，在丰富医疗护理服务资源供给的同时有效降低并节约护理成本。

建立护理人员责任保险。针对专业护理人员在实施护理服务过程中可能发生的服务纠纷探索建立护理人员责任保险，进一步为其开展专业化的护理服务提供有效保障。

13.4.5　构建多层次的养老服务人员培养模式

养老服务专业人才的培养是一个系统复杂的过程，需要社会、学校及学生等多方面的共同努力。针对调研中老年人集中反映的社区卫生中心医护人员数量不足，养老机构内医生太少，看病不方便，医养结合服务的发展程度低等问题，关键还是要从养老机构专业服务人员的培养机制和保障措施上进行改革。

建立有序的人才培养机制。将老年医学、心理咨询、康复护理和社会工作等专业人才作为急需紧缺人才纳入全省中长期人才发展规划，鼓励省内大中专院校开设老年护理和管理专业，增加职业素养教育，依托青海大学藏医学院开设“基层（牧区）医生免费培养计划”，为少数民族地区和牧区培养基层医护人员。

构建人才培养保障体系。通过省级财政、福利公益金及中央专项转移支付设立“养老服务人才发展基金”，逐渐建立对老年护理专业人员的免费教育培训机制，针对少数民族地区及牧区设立与“乡村医生”计划相补充的专项基金用于支付参与培训人员的培训费及生活补助，对在职业高等院校学习医疗护理等相关专业，毕业后依然从事相关医养护理工作且工作时间达到一定时限的人员，分期返还其在学校阶段的学费，费用由专项基金财政转移支付。

建立养老机构与学校的人才输送衔接机制。充分利用高等院校和正规医疗机构的专业技能培训人员对社会医疗护理人员进行职业技能培训，提升他们的专业化技能和服务水平，高等院校相关专业的学生可到养老机构中实地参观和实习，养老机构高层次管理人才可到学校课堂中传授实践经验，促进在校学生正确认识本专业并树立正确的择业观。

改革养老机构内医生就业限制。鼓励执业医师到养老机构设置的医疗机构多点执业,有专业特长的医师及专业人员可到养老机构规范开展非诊疗行为的健康服务,对退休且有余力的医生可鼓励其至基层医养结合机构再就业,可参考“银龄计划”设置专项基金用于奖励及保障。

13.4.6 提升政府服务职能及监管能力

针对调研中老年人反映的养老金待遇普遍较低和养老服务供给公平性的问题,政府应该强化对养老服务的提供和监管能力,着力提升全省老年人社会保障水平。

切实提高养老金待遇水平。健全完善城镇企业职工和城乡居民基本养老保险,确保城乡居民基本养老保险参保率达到98%以上,争取实现基本养老保险基金省级统筹,逐步提高养老金发放标准,对符合条件的农村牧区计划生育家庭的老年人,继续实行奖励扶助制度,适当提高扶助金标准。

强化养老服务的跨部门协作策略。在养老服务跨部门协作中应遵循“鼓励、就近、优先”的三个原则:第一,鼓励社会资本参与养老服务设施的建设和运营,各部门建立行之有效的协调机制为其跨部门报建、审批等环节提供便利。第二,就近建设医养结合服务设施,引导新设置医疗或养老机构在选址时尽量靠近现有的养老或医疗机构,以便形成功能互补,便捷服务的空间格局。第三,优先布局养老服务设施的建设规划用地,在土地政策上以划拨土地的形式支持新建养老服务项目的建设。

着力提升养老服务资源有效配置能力。针对调研中老年人对公办养老机构的旺盛需求,政府应该合理分配有限的养老服务资源,探索和建立第三方评估主体参与的统一的需求评估机制,对老年人入住公办养老机构的需求进行合理分类和定向输出,确保有限资源的精准分配,优先保障失能、半失能、高龄、失智、低收入群体等的养老服务需求。

加强养老服务质量监控机制。政府应以入住老年人的生活质量满意度为重点,进行全方位的服务质量监控,确保入住老年人生活质量的同时,避免出现服务资源和医保费用的浪费,进一步落实养老服务提供项目主体的责任意识,提升公建民营和民建民营两类项目主体的服务质量,真正实现老年人的分流和养老资源的合理配置。

积极推进“互联网+”养老服务创新。推动建立老年人生活状况统计调查制度,探索老龄信息共享和信息化建设协同推进机制,健全涵盖老年人口、为老志愿服务、老龄工作等主要内容的青海省老龄信息管理系统平台,逐步推进养老服务信息平台与户籍、医疗、社会保障等信息资源对接,促进养老服务公共信息资源向各类养老服务机构开放。

13.4.7　以精神赡养完善老年人关爱服务体系

随着生活水平的日益提高，目前越来越多的老年人已经不再仅仅满足于物质生活的需要，而有一定的精神赡养的要求，针对调研中老年人反映的缺乏一定的精神娱乐生活，老年活动中心的数量不足等精神赡养上的问题，政府应完善老年人关爱服务体系，做好对老年人精神赡养工作。

大力发展为老志愿服务，健全为老志愿服务激励机制。重点开展面向农村留守老年人、城市空巢家庭老年人、贫困家庭老年人的志愿服务，有序引导更多社会志愿服务人员参与养老护理服务，在社区成立互帮互助的老年人志愿者服务队，力争老年志愿者数量达到老年人口的15%以上，鼓励低龄老人向高龄老人提供日常护理服务，建立养老服务志愿者登记储备和奖励制度；

促进老年人参与文体教育活动。通过新建、改建和整合等途径，增加老年活动设施和场所，力争县级老年活动中心实现全覆盖，继续推动各级各类博物馆、美术馆、科技馆、纪念馆、公共图书馆、文化馆(站)、体育馆等公共服务设施和资源，向老年人免费或优惠开放，依靠社区，开设老年大学社区分部，发展老年电视大学、老年网上大学，加强老年人文体活动骨干培训。

鼓励老年人参与基层社会治理。鼓励社会力量支持基层老年协会建设，力争老年协会城镇社区创建率达到95%以上，农村社区(行政村)创建率达到85%以上，引导和鼓励低龄健康老年人按自愿和量力原则，广泛参与维护社会治安、环境保护、纠纷调解、邻里互助等志愿服务，推进离退休人员服务管理社会化，力争企业退休人员社区化管理率达90%，充分发挥离退休人员在社区治理创新中的积极作用，实现社区对离退休人员的服务管理与老年人服务社区双向互动。

深入开展“敬老爱老助老”主题教育实践活动等宣传创建。办好老年刊物，鼓励各级广播电台、电视台、报刊等主流媒体开设敬老文化专题栏目和专题网页，各级人民政府及其有关部门对维护老年人合法权益和敬老、爱老、助老成绩显著的组织、家庭或个人，按照国家有关规定给予表彰或奖励，推动形成全社会尊重、关心、帮助老年人的风尚。

13.5　成果要报：推进养老服务高质量发展

为了解目前我国欠发达地区养老服务高质量发展的具体情况，上海财经大学公共经济与管理学院青海省调研组在西宁市、海东市以及周边县市等地区开展了以“推进养老服务高质量发展”为主题的暑期调研活动。青海省西宁市和海东市是第一批国家级医养结合试点单位,也是居家和社区养老服务改革试点地区。调研组从养老服务发展的供给侧与需求侧等方面出发,对退休老人、部分养老机构和民政部门的负责人进行调研,广泛深入地考察了青海省在养老服务高质量发展方面存在的关键问题,获得了丰富的一手调研数据,以客观真实的现实依据来为欠发达地区政府如何推进养老服务高质量发展建言献策。

13.5.1 欠发达地区养老服务发展的短板

随着人口老龄化、空巢化进程进一步加快,欠发达地区养老服务需求也呈现出较快增长趋势,但地方养老服务质量发展在资源配置、机制设计、人才队伍、医养结合、市场参与主体、政策激励、基础设施、财政投入效率等方面仍然存在不少问题和短板,其中,迫切需要重点解决以下几方面问题。

13.5.1.1 养老床位资源供给过剩

在养老机构与民政部门的调研中,最为突出的问题就是,为了满足国家标准,地方政府部门并未遵循当地老龄化发展的实际情况,盲目追求床位数量指标的完成率,造成养老机构床位空置率较高。受制于传统养老观念的影响,除非失能等特殊原因,欠发达地区很多老年人对机构养老比较抗拒,不愿意入住到养老机构。目前,青海省拥有床位 2.5 万张左右(包括敬老院床位),其中民营养老机构有 4 000 多张,床位量非常充足,供给明显大于需求。然而,按照国家民政部政策要求每 1 000 位老人配置 35 张床位(3.5%),青海省目前已经达到 3.3%,缺少 1 200 张左右。为完成指标,地方政府未来仍将通过改建床位、提高民营养老机构床位数量等措施办法来完成指标。“一刀切”的政策要求导致青海省等欠发达地区养老机构的床位资源配置效率低、资源浪费现象严重。

13.5.1.2 “医养结合”服务破冰艰难

“医养结合”养老模式是养老服务高质量发展的重要探索。从调研的情况来看,目前青海地区“医养结合”还处于初期阶段,进入养老服务的医疗资源严重不足,医疗卫生和养老服务的沟通渠道有待于进一步打通。内设医疗室的机构仅是在市级及以上养老机构存在,很多养老机构达不到“医养结合”养老模式的需求。目前,青海省 70 多家养老机构内设医疗机构的仅有 10 家,并且没有全部联通医保,也缺乏在慢性病治疗等方面的医疗服务。大部分养老机构开展“医养结合”的方式,仅是同临近医疗机构签订纸上合作协议;在居家养老服务中,虽然同社区服务站、诊所等机构的医生签约,但是相关的医疗服务完全没有跟上,签约医生并不会上门提供医疗服务。社区养老服务的“医养结合”情况相类似(签约率 65%左右)。欠发达地区“医养结合”的程度和质量太低,亟须健全和完善。

13.5.1.3 养老服务参与主体严重不健全

近年来，青海省出台了一些针对社会力量参与的优惠政策，但与东部地区相比，青海地区社会养老组织的培育、运作机制明显不足，有很大提升空间。根据调研数据，青海省仅有8个民办养老机构，总共有4 000多张养老床位，入住率也仅达到20%多，利用率太低。民办养老机构主要以失能、半失能老年人为主，其盈利主要来源政府为老年人购买的护理服务、养老服务补贴等，政府按照最低工资的20%、30%和50%对失能半失能老人进行护理补贴。目前，青海省没有一家依靠市场机制生存的民营养老机构。欠发达地区养老服务机构投资主体比例失衡，仍以政府直接投资为主，社会力量参与严重不足。这不仅导致养老服务高质量的供给缺乏活力，还直接加重政府的财政和管理负担。

13.5.1.4 养老服务从业人员队伍亟须改善

从调研数据来看，青海省养老服务从业人员主要存在人才流失严重、薪酬待遇偏低、专业化水平低和职业发展空间受限等问题。虽然政府与高等(医)院校建立起护理人员培训协定，每年培训100名左右的专业护理人才，但养老服务工作强度大，特别是完全失能老人的护理，人才外流严重。目前，青海护理类大中专毕业生薪酬待遇水平仅达到2 000～3 000元/月，培训上岗的养老护理员工资在2 000元/月左右，薪酬待遇低。大多从业人员没有护理职业资格证书，持有证书的，多为初级等级，养老服务内容也大多仅限于日常照料，质量不高。护理专业毕业年轻人在养老机构缺少职业晋升渠道，且也很难转到管理岗位，职业空间有限。欠发达地区养老服务从业人员队伍建设迫在眉睫。

13.5.2 欠发达地区养老服务质量提升的路径与策略

随着我国经济社会的快速发展，老年人对美好生活的需求日益增长，对养老服务从“量的需求”逐渐转变为“质的需求”。针对目前欠发达地区存在的民生短板及面临的现实性条件限制，调研组本着既要提升养老服务质量，又要考虑政府的财政能力及其可持续性；既要强化政府责任，又要处理好政府与市场关系的原则，提出如下政策建议和路径。

13.5.2.1 推进养老服务供给侧结构性改革

针对养老资源配置失衡、养老床位空置率高的典型问题短板，地方政府应着重推进养老服务供给侧结构性改革，大幅度提升养老资源配置效率。

一是避免“一刀切”政策要求，因地制宜制定措施将养老服务从保数量向保质量转变。为实现养老床位资源的优化配置，以青海目前的老龄化现状来看，政府应扭转盲目追求数量指标的观念，有必要建立需求导向的评估制度，实现养老床位供需的动态平衡机制,提升养老资源的利用率。

二是优化机构养老服务补贴的资金配置。政府应积极探索将现有针对床位的补助转化为老年人入住养老机构生活补助的措施,一方面能够减轻老年人入住养老机构的成本,扩大政策的受益面和提高享受的待遇标准,使老年人的幸福度提升;另一方面也使养老机构床位空置率下降,有利于养老机构的良性健康发展。

三是在调研中,大部分老人不愿意去养老机构,偏好于居家养老模式。为此,政府应在养老服务供给体系中增加对居家及社区养老服务项目的补助力度,重点加强老年日间照料中心建设,落实服务质量,提升本地居家养老服务能力。

13.5.2.2　快速推进"医养结合"养老服务模式发展

"医养结合"作为一种新型养老服务模式,除向老年人提供日常的生活照料之外,更为重要的是提供疾病治疗、康复管理等医疗服务。从实地调研情况来看,欠发达地区既要加快"医养结合"养老服务发展,又要结合当地的实际需求及未来可能的形势。

一是建立养老机构与医疗卫生资源的衔接机制。根据上海市在医养结合方面的经验,建议当地政府尽快引导二级以上医院与养老机构开展对口支援、合作共建,打通和落实对养老机构的直达绿色通道、双向转诊等通道;同时引导养老机构,走内设与签约服务相结合的模式,取长补短,为住养老人提供更便捷的全科兼专科医疗服务。

二是改善医生执业机制,建立签约医生服务评价机制。根据上海市的经验,建议当地政府建立医生多点执业机制,将现有的全科、专科医生资源充分利用起来,通过机制鼓励医生在多家养老机构轮换执业;根据医生在养老机构提供的巡诊、病床医治等服务情况,建立动态、有效的责任医生服务评价机制,落实签约服务内容,而不停留在走过场的形式上;对退休且有余力的医生可鼓励他们到基层医养结合机构再就业,具体办法建议参考退休教师"银龄计划"中的措施。

三是扶持老年医院和康复护理床位建设。依据调查问卷的分析结果,青海各级医院极少专门设立老年病科。高龄重病、失能半失能以及计划生育特殊家庭等老年人对康复护理的需求也较为迫切。为此,建议政府加强对老年医院建设的政策扶持,适时将低效营运的医院转型为老年(护理)医院。同时,政府应暂缓一般性养老床位的供给,转而提高对康复护理床位的扶持和供给力度。

13.5.2.3　拓展高质量养老服务的提供主体和途径

一是明确政府角色,引导社会力量参与。养老机构投资主体比例失衡,社会力量参与严重不足的重要原因在于,相应的政策措施没有细化实化,难以落实落地,民间资本、社会力量进入动力不足。欠发达地方政府应在中央及省级财政资金撬动作用的基础上,因地制宜通过税费优惠、贷款、财政补贴等多种措施,积极引导社会力量参与，培育市场主体。

二是养老服务供给方式多元化。针对欠发达地区养老服务因供给主体单一而导致效率低下、质量不高的问题，政府应适时放开养老服务市场，完善高质量养老服务的供应链条。鼓励社会力量采取特许经营、服务外包、股权合作、PPP等模式，养老服务供给方式多元化，以满足老年人多样化的养老服务需求。

13.5.2.4 优化相关政策，支持社区居家养老服务高质量发展

一是完善社区居家养老服务购买机制。全面放开社区居家养老服务市场，从投融资、养老服务场地等方面给予政策支持，鼓励社会力量建设和运营日间照料中心或其他社区养老服务，引入市场竞争机制来提升服务质量。同时政府应注意整合各项行政规费，为进一步提高社区居家养老服务质量提供良好的营商环境。

二是统筹规划社区居家养老服务网络。充分利用现有的公共基础设施，整合市、区、街道及社区的养老服务资源，通过设立区域性居家养老服务中心来解决老年人普遍需求、社区站点却无力承担的养老服务项目(如康复护理、慢性病管理等)。打造成区域中心—社区(村)功能互补的居家养老服务网络，实现1+1>2养老服务效益。

13.5.2.5 多措并举，缓解养老从业人员紧缺困境

这看似老生常谈的观点，却依然是养老服务高质量发展中亟须解决的现实重要问题。因为调研组发现养老服务从业人员专业化水平低、人员大量流失，以及养老机构内看病不方便等问题，这些是造成欠发达地区养老服务质量低下的重要原因。当务之急，必须想尽各种办法缓解这一困境。

一是破解从业人员薪资待遇的短板，鼓励提供优质服务。养老服务从业人员工作强度大、工作时间长、薪酬待遇低，继而抑制了养老服务领域从业人员队伍的建设。为此，政府应通过行政手段，落实更具吸引力的保障措施，逐步建立和完善养老从业人员相对合理的薪酬动态调整机制以及职业晋升空间，吸引接受过相关专业教育或培训的人从事养老服务方面的工作。同时，加强对从业人员提供优质养老服务的奖励力度，进而提升养老服务质量。

二是强化专业人才培养与就业指导机制。将老年医学、康复护理和心理咨询等专业作为急需紧缺人才纳入当地中长期人才发展规划，持续鼓励省内大中专院校开设老年护理和健康等专业，加快培养养老服务专业型人才；建议政府设立“养老服务人才发展基金”，定期对从业人员进行免费培训和教育；建立相关专业就业指导机制，并搭建人才供需平台，尤其对学校培养的初次进入社会的专业人员进行就业指导，帮助为他们与需求方牵线搭桥，优化专业人才就业机制。

14. 长三角社会保障一体化调研成果要报

2019年8月4日—7日，上海财经大学公共经济与管理学院师生一行五人在江苏省南京市和安徽省芜湖市等地，通过调研问卷、街头访问和政府访谈三种形式就长三角社会保障一体化问题开展了调查研究工作。调研小组详细考察了长三角社会保障一体化取得的进展以及面临的障碍和存在的问题。调研组有以下几个方面的发现。

14.1 长三角社会保障一体化的目标

(1)各方在长三角社会保障一体化目标上存在共识，对前景持乐观态度

公众以及各级政府部门均认为：长三角社保一体化应当实现统一的服务网络，无论服务对象来自哪里均可便捷地享受所在地的社会保障服务。各方对前景都表现出乐观的态度，受访居民认为只要政府推动就一定可以达到目标，政府各级部门也认为尽管存在许多困难，但这些困难都是可以逐步克服的。

(2)长三角社会保障一体化的最终目标是实现社会保障“美团化”

也就是说，形成区域内统一的社会保障服务网络，覆盖区域内全部社会保障主体，给予参保人以去属地身份的均等化的待遇。所谓均等化的社会保障待遇并非是指完全没有地域之间差异和个体差异，而是这种差异来自个人的选择，而非其属地身份。

(3)长三角社会保障一体化目标的实现是区域一体化发展的重要组成部分

碎片化的社会保障体系严重阻碍区域劳动力、资本、信息等生产要素的自由流动，不利于发挥规模效应以更有效统筹使用区域内社会保障相关资源，容易加剧区域发展的不平衡。实地调研中，居民对长三角社保互联互通有很高期待，对目前各地待遇不均、相互分割的社保体系表现出强烈不满。

14.2 长三角社会保障一体化的现状

(1)一体化已经取得了许多进展

最突出的表现是医疗异地结算体系和养老保险转移接续和异地资格认证。这也

是两个民众最关心的领域。在其他方面，如养老服务一体化、跨区域劳动监察、长三角人才库建设等方面也做了大量努力。特别是在推进省内的社会保障一体化方面已经有了显著的改善，为下一步长三角一体化打下了基础。

(2)目前开展的工作很多，但居民获得感不强

在社会保障每一个小领域中，长三角各地政府部门都开展了一些互联互通的工作。例如，在医疗保险中开通跨省异地结算，居民通过卡鉴权可享受异地医疗服务。在养老保障中开展的工龄认定工作，失业保障中的跨省失业信息比对等等。然而，调查中发现居民获得感并不强。究其原因可能是多方面的：目前长三角社保一体化受益人群相对来说比较小众。如对异地用工侵害事件的处理，这项工作虽然重要，但是面向的群体较少。另一些社保一体化工作是预防性的，如长三角欠薪黑名单制度的建立，居民获得感也不强。但是，居民获得感不强主要还与一体化进展集中于服务中后台而非服务终端有关。

(3)进展主要在服务中后台而非服务终端

目前长三角社会保障一体化更多是各个政府部门为解决跨省事务而建立的内部工作机制，与面向跨省流动人口的统一服务机制还有很大差别，未来需要从服务体系中后台融合而转向面向终端服务对象的融合。打个比方，消费者并不关心美团内部是如何协调运作的，而关心的是消费终端是否能够异地无障碍消费。同样，参保人并不关心社会保障体系背后的协调和互联互通，在意的是在服务终端能否无障碍的享受及时社保服务，这是政府开展了大量工作而居民获得感不强的根本原因。

(4)各地社会保障发展缺乏统一的布局和规划

这是长三角一体化面临的难点之一，其成因包括：首先，社会保障改革中普遍采用了“中央提供精神、地方自行探索”的模式，虽然这有利于激发地方的创新热情，但造成了各地在数据、政策、管理、服务等各个领域无法互联互通，未来长三角需要加强顶层设计，开展自上而下的改革实践探索。

(5)顶层设计的缺乏导致了政策和标准上的巨大差异

这种差异表现在许多方面，如养老服务人员资格认定、福利补贴标准互认，再如基本药品目录、异地结算办法，还有人力资源管理中缺乏统一的人才认定标准，劳动监察中缺乏统一欠薪企业黑名单标准等。而且，这种差异会随着后续的制度变革和新的“土政策”的继续叠加而固化、加强和扩大。所以，未来一定要在顶层设计上加强协调，慢慢弥合这种差异。

(6)相互绩效竞争和创新示范影响了合作与互联互通

各个地方政府部门之间存在绩效竞争，都希望取得更好的相对绩效，这种锦标赛对于提升地方政府绩效和鼓励政府创新发挥着重要作用，但也造成各地对相互合作

缺乏经验和积极性。因此,这需要行政绩效考核和官员培养方式做出一定的调整,建立有助于合作而非竞争的制度体系。

(7)在少数领域,地方利益确是主要的障碍

例如,在人才体系共享中,长三角中小城市担心上海等少数几个中心城市产生"虹吸效应"。反过来,在医疗体系一体化中,上海等城市又担心周边居民挤占本地资源。突破这些地方利益,需要各地在财权、人事权、决策权方面的适当让渡。长三角社会保障一体化目标的最终达成不可能完全沿着互利共赢的帕累托改进路径实现。

(8)地方政府部门对社会保障基金并不存在特别严重的既得利益倾向

一种观点认为社会保障一体化的主要障碍在于各个地方政府希望掌控更多的资源,同时基金结余较多的地区不愿意与结余较少的地区开展统筹。但实际调研表明,由于社会保障基金已经独立于财政体系,且有较强的监管,所以各个地方政府部门并没有太强的既得利益,政府官员也在调研中对统筹表现出积极的态度,甚至由于社保基金管理容易出现行政风险,反而希望缩小行政自由裁量权。

(9)数据普遍存在有"上行",而没有"下行"和"平行"

数据的互联互通对于优化长三角社会保障管理至关重要,但各级政府对于数据共享持有比较谨慎的态度。这种谨慎既源于担心自身绩效信息外泄,也有出于对参保者信息泄露风险的考虑。

(10)技术障碍仍然是存在的,并在一些领域带来了很大的协调成本

多数民众认为长三角一体化中的障碍主要是制度障碍和部门既得利益,而不是技术障碍。但调研中发现实际上技术障碍仍然是一个很重要的问题。例如,一个省内各地的社保信息系统是由数十家信息公司分别建立系统的,形成了大量信息孤岛,在系统整合中有大量的工作需要协调和推动,对一体化的速度有显著的影响。

根据调研中的发现,调研小组有如下的建议:

14.3　长三角社会保障一体化的建议

14.3.1　从社保服务中后台的一体化转为面向终端的一体化

长三角社保一体化不能局限于建立一个各地处理跨省事务的内部工作机制,只有面向服务终端的一体化才是真正市民最有获得感的一体化。未来有必要建立:其一,可以互联互通的服务清单。对社会保障服务类型进行编码,清单中列明当地可以开办的一体化服务编码类别、内容和需要提供的材料。其二,长三角社保一体化服务窗口。在各社会保障服务窗口设立长三角业务窗口,提供咨询和通办服务。

14.3.2　各地适当让渡部分规划权、人事权、财权和管理权

长三角一体化既已上升为国家战略，那么就不再仅仅是各个地方相互磋商、沟通、协调以及合作的机制，需要适度改变缺乏规划、绩效竞争、分灶吃饭、各自为政、独立管理的现状。有几个方面工作可以开展：

(1)尽快建立跨区域社保一体化布局规划机构

该机构致力于拟定未来长期内可以实现社保一体化的事项，实现一体化的步骤、时间表，同时对中央的改革制定适用于整个地区的地方方案，确保各地共享一张蓝图。

(2)建立长三角区域内各政府部门间新的激励机制和工作机制

实现最终的目标需要转变激励机制。这种转变包括人才培养方式的转变，绩效观的转变以及建立广泛的学习合作机制。尽管转变是极为困难的，但仍是必要的。

这些转变可能包括：建立区域内公务员的联合培养机制。推动组织部层面的合作，建立长三角统一的政府人才库，提高人才利用的灵活性，通过借调、挂职等多种方式促进区域内政府部门的合作和公共部门人才的共享，这对于提高长三角政府间合作的积极性大有裨益。将合作纳入行政绩效考核体系，尝试实施横向项目式的考核。长三角各个社会保障政府主管部门应当避免过度着眼于相互绩效竞争和创新竞赛，而将合作进步、互联互通以及标准化作为目标；建立多部门跨区域的协调组织和相互学习机制。一地成功实践可用于其他地方，一案的解决可以被区域内学习并援引为标准。这种“案例——援引”的互联互通方式应当得到重视和制度化。

(3)未来考虑建立长三角社保调剂金或跨省清算中心

目前，在养老保险方面，国家已经建立了全国性的调剂金制度。在医疗保险、失业保险、工伤保险、生育保险等其他社会保险领域，以及住房公积金、社会救助、社会福利等领域也可以在信息互联互通的基础上建立集中调剂金制度或跨省清算中心。

14.3.3　分三个阶段来实现长三角社会保障一体化，每个阶段工作的侧重点不同

第一个阶段目标是实现统一的布局和规划以及信息数据的互联互通。数据的对接需要按照时间表首先实现省内信息系统的互联互通，并留好跨省接口，再彻底实现信息在长三角的互联互通。第二阶段实现社会保障政策以及社会保障相关服务和认定的标准的统一。第三阶段最终实现统一的去属地身份化的待遇和服务，助力区域一体化高质量发展。

通过调研，调研小组与受访公众和政府官员的观点一致，认为长三角社会保障一体化工作十分重要，前景可期。路虽远，行则必达，事虽难，做则必成。